儒学から見出した韓国キリスト教会の成長

金燦亨 著／朴成均 訳／徐正敏 監訳

かんよう出版

推薦の辞

筆者 金燦亨牧師は、日本宣教協力会の韓国側事務総長として約三〇年間にわたり事務と財政を担任してきた。彼は、任された仕事を誠実に遂行し実務能力にも長けている。多くの役割を担いながらも温和な性格で誰に対しても柔和に接し、会員からの絶大な評価と信頼を得ている。

この度、彼が『儒学から見出した韓国キリスト教会の成長』という本を出版し、この研究で名高い延世大学で博士学位を取得した。私は、彼を現場中心の牧会者であると見ていたが、牧会と中会や総会対外活動にまで携わりながらも、学問研究を極める学者であるとは驚嘆に値する。

本書は著者にとってわが子のような産物であり金燦亨博士の著書という点で、私は快く推薦する。

キリスト教は、人類救済の世界的な宗教である。あたかも金脈を掘り進めるように、引き継ぎ、聖書の真理を深く探求していかなければならない。同時に、人類歴史と社会文化とキリスト教との関連性を見つけ出し、多様な方法で宣教活動ができるように研究していくことが切に求められている。

韓国教会の歴史は、一三〇余年の短い歴史である。そのため、まだ人類歴史や社会文化とキリスト教との関連を深く研究する学者が多くない。幸いに、牧会者であり学者である金燦亨博士がこのような貴重な本を出版し日本語版で刊行されたことを嬉しく思う。そして、この時代の牧会者とクリスチャンたちが本書の真髄を読み取り、宣教における参考図書としてほしい。

二〇二二年 三月

林 寅 植（Rev. Dr. In Shik Rim）
大韓イエス教長老会（統合）第六八回 総会長
崇実大学校 第一三、一四、一五代 財団 理事長
鷺梁津教会 元老牧師
日本宣教協力会総裁

推薦の辞

著者金燦亨牧師は、韓国の「ある地域では信仰継承の実が非常に豊かである」、けれども、「別のある地域では信仰継承の実があまり豊かではない」と思われることに注目して、その原因を多角度的に検証しこの本に詳述されました。

この本の内容は、韓国延世大学の博士号取得論文です。ですから、内容を十分に理解するのは決して容易ではありません。特に、日本人の私たちにとっては、韓国の地理やその地域の特徴に関する知識があまり豊富でないからです。その上、日本人の私たちは、著者が取り上げている「儒教」に精通しておらず、韓国キリスト教会の状況と日本人との隔たりが決して小さくないと思われるからです。

けれども、そのような事にも関わらず、著者の重要な考察の一つとして信仰継承に関する研究は、日本のキリスト教会にとって非常に重要なものです。特に慶尚道（ヨンナム）地域の信仰継承と全羅道（ホナム）地域の殉教の歴史は、大きな示唆を与えるものだからです。

この本をきっかけに、日本のキリスト教会の中で、特に「信仰継承」という大切なことが、より一層重要視されますように。そして、日本のキリスト教会の中で信仰継承の実が豊かに結ばれますように。そのことを願って、是非、多くの牧師、兄弟姉妹たちに、この論文に一生懸命取り組んで読んでいただきたいと願います。奮闘して読む価値のある本です。心から推薦させていただきます。

二〇二二年三月

日本宣教協力会日本側会長
福音交友会高石聖書教会協力牧師
清 水 昭 三

はじめに

韓国におけるキリスト教は、伝播してから短期間の内に驚くべき成長を遂げた。その成長の原因は、様々であるが、「ネヴィウス式宣教」[一]と「地域分割」という宣教方法、そして「宣教師たちの献身」と「韓国人 助師（チョサ）[二]の積極的な活動」であった。それ以外にも、宣教師と助師の手の届かない場所には、韓国人自身が教会を建て、福音を受け入れた地域住民による「自発的伝道」も大きな役割を果たした。また、当時、主権を奪われ国のない民として、新たな希望を教会で求めるという特殊な状況が複合的に働いたのだろう。

しかし、韓国教会の成長に関する状況を見ると、このような理由だけでは説明できない要因がある。その代表的な要因が、地域別福音の受容率である。福音受容において右記の同じ条件ならば、各地域の教会成長の傾向も類似するはずだが、湖南（ホナム、全羅道地域）と嶺南（ヨンナム、慶尚道地域）での福音受容率に差異が現われる。この研究は、その理由が何かについて注目したものである。

私が、以前から教会で奉仕をしつつ常に抱いていた疑問は、「なぜ地域的な福音化率の偏差が現れるのか」というものだった。

福音化率の偏差（慶尚道地域九－一一％、全羅道地域二〇－二六％）だけでなく、教会運営においても、「プロセスに中心」を置いたり、「実利に中心」を置いたりする地域性を見ることができた。このように福音化率の偏差が倍以上であれば、ここには地域ごとに特別な要因があり、その理由が地域特性であると考えた。

そして、筆者は、このような地域特性を韓国の精神世界を成す儒学によって地域特性と気質を把握しようと試みた。その中でも特に韓国の精神世界に深く刻まれており、地域別に大きく分かれている退渓（トゥェギエ）[三]、栗谷（ユルゴック）[四]、南冥（ナンミョン）[五]の儒学思想によって解題しようと試みたのである。

地域別福音化率の相違についての研究は、一九五五年から一九六七年まで宣教活動をした米国連合長老教会の宣教師であるシアラー（Roy E. Shearer）が先行した。彼はこの問題についての研究結果を『韓国教会成長史』（Wildfire : Church Growth in Korea、大韓基督教書会、一九六六年）として出版した。この本において、シアラーは爆発的に成長する韓国教会に対する深い関心を示し、地域間の成長率偏差に注目した。多くの要因の中で韓国人が持つ文化、特に家族ごとに信仰生活をする点に注目し、一人の回心が一家に影響を及ぼして成長することに関心があった。しかし、シアラーは外国人として韓国人の精神世界を深く知ることができなかったため、表面的な研究にとどまるしかなかった。それにもかかわらず、この問題に対する先駆的役割を果たし、手がかりを提供した。ところが、シアラーが研究して以来、地域間に存在している福音受容率についての研究は活発ではなかった。

福音受容率の差は、韓国社会の内面世界を支配する儒学から見出すことができる。韓国の内面世界を支配する儒学の特性を把握することで、地域的な特性と気質を把握しようと試みた。

そこで、儒学の奥深い本質を知り理解するまでは多くの時間を要するため、具体的には、生活内で適用されている家礼（冠婚葬祭）を中心に調べた。家礼によって地域別の特性を探し、信仰継承問題と経典に対する姿勢などで、湖南（ホナム）と嶺南（ヨンナム）は何が同じで何が異なっているのかという点について考察しようと思った。それは、地域と地域に合った文化と精神を、我々の福音に融合させていく時、韓国民族の心と性格にさらに適合する教会となると考えるからだ。

この度、日本語版出版のために惜しみなく支援して下さった韓日宣教協力会の林寅植（リムインシク）総裁と姜信元（カンシンウォン）牧師に感謝申し上げると共に、日本側日韓宣教協力会の清水昭三牧師と大阪教会の鄭然元（チョンヨンウォン）牧師にも感謝申し上げます。また、コロナと前代未聞の厳しい時期に熱意をもって翻訳して下さった朴成均（パクソンギュン）牧師、そして困難な状況でも喜んで出版して下さった、かんよう出版社の松山献代表にお礼申し上げます。徐正敏（ソジョンミン）教授には、本を書き始める時から日本語版出版まで、温かいご指導ご鞭撻を賜りました。感謝申し上げます。このすべての栄光を神様に捧げます。

金　燦亨（キム　チャンヒョン）

目　次

第三章 来韓長老教会宣教部と地域特性との出会い 79

表目次

第一章　序論

この本は、「なぜ、地域別に福音化率に差が生まれるのか」という問いから始まった。福音を受け入れる割合が人口に対して、嶺南地域（ヨンナム、慶尚道）[六]は、九―一二％、湖南地域（ホナム、全羅道）[七]は、二〇―二六％である。地域的な福音化率の偏差が二倍に達している。このように福音化率も偏差が二倍を超えて現れるなら理由があるはずであり、その理由は、地域特性だと考えた。

私たちは地域特性（県民性）があることは知っている。教会の中でも地域特性があるが、その特性を見つけ出そうとするが、発見しにくいのである。安易にすれば、地域特性を「地域感情」[1]にすり替えてしまう恐れがある。地域特性としては、地域的特有の共感を形成する要因にその地方の方言がある。同じ地域の人々が共感する方言は、相互の共同性を確認するものでもある。方言によって地域特性を共感し、確認することはできるが、その方言で確認できる他の地域特性を見つけるのは難しい。

韓国では、歴史的かつ政治・経済的にも、社会文化面においても嶺南と湖南という強い地域特性が存在する。そして、この「地域特性」が持つ肯定的かつ否定的な要素を葛藤と和合という用語をもって、社会において共有している。また、私たちは地域特性の差を肯定的な部分よりは、否定的な面でより多く扱っている。私たちの中にある否定的な面とは、偏見と地域感情と言える。地域ごとにこの肯定的であれ、否定的であれ地域特性をもって、それに応じた生活しているが、この地域特性の肯定的・否定的な実体を言及するのは簡単ではない。

理性的には地域特性があるのを知り、認知しているが、これが具体的に何なのかを表現するのは難しい。地域特性に対しては、肯定的な部分よりは、否定的な面でより多く学習してきたので、お互いを認めるのに一苦労するのも理由になるだろう。

教会においても、量的成長が語られる場合には、否定的な要因が目立ちやすいが、量的成長にもっと多くの意味が付与されていたというのも事実である。教会成長から量的成長をより重視した場合は、ほぼすべての地域で似たような成長ぶりを見せるべきではないかという思いがあるだろう。しかし、韓国の教会成長傾向は似ておらず、地域ごとに偏差が大きく現われる。シアラー（Roy E. Shearer）は、『1966年 Wildfire: Church Growth in Korea』で、彼は韓国の長老教会が地域によって成長が早いテンポで進められたり、遅くなったりする理由を見つけるための徹底した研究が必要だと考えた。韓国の教会成長の原因をネヴィウス式宣教といった地域分割的な宣教的方法と「一〇五人事件」[八]のような環境的な要因が、韓国教会の成長要因ではない可能性も十分にあると見た。

各道別（県別）に長老教会成長を記述した筆者の研究は、今後もう少し深い研究が行われ、特定の期間に早い成長を示している各道の多くの地域が現れる際には修正を行わなければならない。教会成長の真の理由は、各教会を深く研究して結果が出る時に良く分かるだろう。私たちがこの研究で探求しようとするのは、教会が韓国社会の中でいかにして親戚関係によって成長していたかを明らかにすることだ。[2]

一九五五年から一九六七年まで韓国で活動したシアラーは、自分の研究に基づいて地域別に偏差が現れる長老教会の成長史を正確に記述しようと努力した。しかし、韓国典礼の伝統と習慣に不慣れな外国人としての限界を認めて、後学たちにこの課題を残しておくとした。それでもシアラーはこの原因を探そうと努力し、特に韓国社会の中で、家族別に信仰生活をする点に関心を抱き、親族同士で教会が成長することにも関心を持った。

居住地を移して引っ越したキリスト者は、時々、引っ越した町で新しい教会を始めた。長年の親戚たちも彼を通じてキリスト教信者になったのだから、彼の新しい隣人たちはどうしてキリスト教信者にならないだろうか。我々は、平壌（ピョンヤン）で一二マイル離れた所に引っ越してきた金さんの話を聞いた。彼は引っ越した後も、しばらくは平壌にある教会に通った。しかし、遠いので引っ越した転居先で村人たちに福音に関する話を伝えながら、毎週一緒に集まって礼拝を始めた。金さんは彼らの先生となり、彼らと共に礼拝堂を建てた。一九六五年、数人の韓国の牧師たちと話をする中で、同地域でスタートした多くの教会がこのような方法で建てられたということだ。[3]

シアラーは社会変化による要因とともに家族関係における要因、つまりイエスを信じる親族によって血縁的な教会成長を遂げたと思った。しかし、平安道（ピョンアンド）地域が他の地域より福音収容率が高く現れた理由を彼が見落としていることは、韓国の伝統思想である儒学的土壌に対する理解が、不足している点である。

本書は、高麗時代の仏教の影響から脱し、朝鮮時代の精神的な伝統を享有した儒学思想を基に展開させようとしている。一八八五年の宣教師の入国で始まった韓国プロテスタントは、約一三〇年という短い歴史において急速な受容と発展という大きな進歩を遂げた。ところが、詳細を見ると、地域的な福音受容率の差が大きく現れている。このように福音受容率が地域ごとに異なるのは、麗末鮮初から基盤であり伝統となった儒学が、地域ごとに受容における差を見せたところに理由があると見た。儒学の思想的特性が地域における暮らしの特性となり、そして福音を受け入れるのに大きな影響を与えたと見てこの事実を立証しようとした。これまでの先行研究は、嶺南地域より湖南地域の福音受容が高い理由を嶺南地域が強い儒学的伝統を保持しようとする傾向性だと把握している。

本書では、地域ごとに偏差を見せる福音受容率の原因を地域ごとに異なる儒学思想から探求しようとする。まずは、冠婚葬祭の違いを通して地域の違いを説明し、その違いから生まれる原因を明らかにしようとする。麗末鮮初以来、韓国の儒学思想は社会的生活習慣である冠婚葬祭を土台として定着した。儒学が社会風習として根深く定着したが、地政学的な条件と生き方の条件が合わさって地域固有の特性に発展したことを提示しようとする。

今日の儒学を土台とする社会的生活習慣である冠婚葬祭は、有名無実になったように見えるが、途切れる事なく続いている。冠婚葬祭中の婚礼は、伝統婚礼と対比される「西洋式」へと変貌したが、結婚式自体の内面が持つ意味は大きく変わってない。結婚式後に屏風を立てて、韓服（ハンボク）を着た新郎と新婦が両親にあいさつをする「幣帛（ペベック）」[九]が、今日でも伝統婚礼の命脈で続いている。

いまだに多くの人々が、喪礼（サンレ）[一〇]と祭礼（ジェレ）[十一]を儒学の「礼学」に準じて行っている。教会でも祭祀形式を脱して礼拝をしているが、基本的な形式である臨終礼拝、入棺礼拝、出棺礼拝、下棺礼拝（納骨式、埋葬式）、初墓参りなどは、儒学の喪礼と祭礼の形式である。名称のみを礼拝形式に代えて、行っている。同じ儒学による礼学だが、慶尚道（キョンサンド）と全羅道（チョルラド）において、喪礼と祭礼をささげる時の相違点が、嶺南（ヨンナム、慶尚道）の福音化率にも影響したのではないのかという点について調べてみた。これまで残っている冠婚葬祭の中で冠礼は象徴的な意味しか残っておらず、婚礼は西洋式に変貌している。従って、筆者は、冠礼と婚礼は別として、今日まで根深く残っている喪礼と祭礼を通じて地域特性を探そうと試みる。

そして、地域特性として現れたこのような特徴が教会の中ではどう表現されたかを明らかにしようとする。

教会の中でも地域特性が現れている。地域特性として表面的に数字化できる地域福音化率と三代長老（祖父、自身が長老である場合）、そして殉教地を調べてみる。

地域特徴として、先に福音化率を全体的な観点から見ると、人口比率で全羅道（チョルラド）地域一三％、慶尚道（キョンサンド）地域一〇％で、大きな差が出る。他の地域特徴は湖南地域には殉教地が多い反面、嶺南（ヨンナム）地域には三代長老が全体二五二人のうち一一八人である。四七％を占めている。嶺南地域の福音化率が一〇％にとどまるのに比べて三代長老は四七％という高い割合を占めている。逆に、殉教地の場合は、ある教会で信徒全体が殉教した場合には全羅道地域に多く見られるが、嶺南地域では個人的な殉教にとどまっている。

地域特徴を客観化できる福音化率と三代長老、殉教者の統計を調査することで儒学の土壌の下で福音の種を受け入れた地域に偏差があらわれていることを見ようとする。そして三代長老が湖南（ホナム）地域より、嶺南地域に集中した現象、そして殉教地が嶺南地域より湖南地域に集中した現象を詳しく理解するために儒学の思惟方式および背景、四七論争（四端七情論争）[12]、嘉礼[13]、礼訟論争[14]、そして各国の宣教部における宣教現況とその宣教方法を考察する。

そして、儒教文化の土壌で育った韓国人が、西洋の宣教師が持ち込んだ福音の種をどのように受け入れ、実を結ぶことになったかを見る。また、それによって韓国のキリスト教をよりよく理解し、発展させる一つの手段として提示しようとする。

わが国は、高麗時代から伝わってきた儒学の影響で独自の思惟体系を形成したのがキリスト教の福音を受け入れて伝道する基盤となった。柳東植（ユドンシク）は「宣教師によって理解された一定の福音が伝わるが、それが伝達される過程でこれを受け入れる韓国人の文化的状況と意識構造によって再解釈されることによって、韓国的理解が形成される」[4]としている。

一七八四年カトリックが入った後の一七九一年に、全羅道珍山の尹持忠（ユンジチュン）が母親の権氏の死亡時に朱子家礼による祭祀不履行のために起こったのが辛亥（シンへ、一七九一）[一五]迫害である。一一月一三日、尹持忠（全州）と権尚然（クォンサンヨン）が斬首された。この事件後、嶺南と海瑞地方（今の黄海道）は他の地方と異なると語った正祖（第二二代国王）の話は、次のように記録されている。

このごろ、嶺南と海瑞地方だけは、特に邪学に染まっていないという。百年が過ぎても、むしろ先正の遺風が漂っており、慕い求める心は、なんと切実であろう。その方には会うことはできないが、その子孫に模範を求める必要がある。文純公李滉の祀孫[一六]である李志淳（イジスン）を禧陵参奉に任命し、文元公李彦迪の子孫である李廷圭（イジョンギュ）を兵曹参判に抜擢し、文成公である李珥（イイ）の子孫、李恒林（イハンリム）を全羅道水軍節度使としてそれぞれ任命せよ。[5]

このように、儒学の地域別差異が朝鮮時代から今日まで地方特性として受け継がれてきた。今日でも嶺南は、儒教の影響で宣教が難しいと言われるのも事実である。朝鮮時代は儒学という価値観のもとに自分と志を共にする人々と朋党をつくった。われわれは、朋党を「四色党派」[一七]という表現によって混乱を起し閉鎖的な権力争いと分裂を招いたものと認識した。しかし、朋党[一八]の四色党派は、自分たちの信念による存在根拠であり、熾烈な論争で自分たちが依拠している実存の座を確認していたのである。

韓国の一九五〇年代の長老教会の分裂も、このように自分たちと長老教会の教理解釈について派閥を作り、分裂しながら、自分が依拠する実存の座を確認したのだ。したがって、その実存の座を確認するために、意を共にする共同体に集結しなければならなかった。その集まった共同体は、儒学の思想的基本概念を共有している地域を基盤とし、この地域的な基盤の根拠が今日まで続いているのである。

一九五〇年代の長老教会の教団分裂は、教会共同体に否定的な影響を及ぼして、教会分裂を不可避とする正当性と当為性を強調した。地域特性から見ると、その地域の思想的背後と同時に内面を覗いてみることができる。そして地域特性を詳しく考察すれば、一九五〇年代の長老教会の教団分裂の共通的な原因も観察することができ、教団分裂が表面的な原因から脱し、より深層的な地域問題として関わっていることが分かるようになる。

今日まで一九五〇年代の長老教会の教団分裂は、表面的な事件が原因だと考えられていた。表面的な原因としては、一九五一年の高神派の分裂は神社参拝による信仰問題であり、一九五四年の基長（韓國基督敎長老会）の分裂は自由主義神学の問題であるということだ。さらに、一九五九年の「統合」と「合同」の分裂は、連合機関と「長老会神学校」の校長詐欺事件による教権主義として見られていた。しかし、外国から来た宣教部、活動した宣教地域を中心にして、長老教会が分裂した理由をさらに探求してみたい。つまり、分裂した原因となる表面的な事件が分裂した中心地域と分裂した地域の土壌である思想との相関関係を考察しようとする。

慶尚北道地域の研究は、韓紙に漢文体で書かれた『慶北敎會史一八九四—一九二三』が挙げられる。この本の編集者は朴ドクイル牧師、朴ムンヨン長老であり、校閲した牧師は、朴ムンチャン、ヨムボンナム、李ムンジュとなっている。同書の序文には、プロテスタントが初めて伝播した時、「嶺南地方ではカトリックのような宗教であると誤解され、無父無君、滅倫敗常の宗教として見なされていた。かろうじて、部落に教会が形成されると、一つの村に住んでも、信徒ではない人々とは水や火を分け合わないほど深刻な衝突をもたらした。」[6]と記されている。一つの村で人が生活するのに最も必須の水と火を分け合わないということはお互いを認めないということである。だから信仰を持つということは、一人暮らしの不便さを受け入れる勇気と決断が必要であった。

西洋の勢力から対抗するために、学者たちは衛正斥邪運動を繰り広げた。朝鮮の儒教思想を守るための「為政斥邪運動」は、西洋世界を十分に知らず、中国が世界の中心であるという「世界観」が招いた結果であった。我々が正しく生きる場合、邪を退けるという為政斥邪は、正しく生きる理想的な理念である儒学を中心に、邪である西学を排斥しようとした。

北長老教会宣教師ベアードが大邱（テグ）に初めて来た時の一八九六年の記録を見れば、「求道者は少なくない。しかし、地位や教育がある人が異なる道に対して非常に迫害を行った時に、裵偉良（ベアード宣教師）が到来し、耶蘇教の道を伝えた。彼らは、耶蘇教はカトリックと同道だと誤解し、真っ向から反対したので信者も得ることができなかった[7]」。

同年一八九六年に開設された羅州（ナジュ）宣教部は、両班（ヤンバン）[19]の縄張り意識が強く、外国人たちが市内で生活しようと入ったら殺すという脅迫を続けた[8]。また、羅州では、日本で聖書を翻訳した李樹廷（イスジョン）に津田仙を紹介した安宗洙（アンジョンス）[21]が羅主府参書官を務めたこともある。羅州地域は、一八九五年の乙未事[20]と断髪令をきっかけに、全国的な義兵が起きており、翌年には安宗洙が殺害されるなど地域文化を守ろうとする情緒が強かった。そして、一八九七年には住民の激しい反対のために羅州宣教部が閉鎖されているのを見ると、湖南（ホナム）の地域情緒も嶺南（ヨンナム）に劣らぬほどの拒否感を持っていたことを示している。

韓国における米国南長老教会の宣教は、韓国で先に宣教していた米国北長老教会・アンダーウッド宣教師が休暇時に（一八九一年一〇月）行った、ネシュビルの「米国への海外宣教神学生連盟（Inter-Seminary Alliance for Foreign Missions）での演説によって始まる。南長老教会「海外宣教実行委員会」は、北長老教会とアンダーウッド宣教師の兄の支援を受けて一八九二年一〇月に七人の宣教師が到着した。しかし、来韓した七人の宣教師のための住居も準備できておらず、北長老教会の助けによって、米国南長老教会の宣教活動は始まった。北長老教会は教団宣教部の主導の下、韓国宣教を開始し、南長老教会は教団宣教部ではなく北長老教会と個人の支援で出発したが、成果は異なった。

儒学にはこれまで多くの研究業績があるが、本書は儒学史に関する綿密な研究ではなく儒学の概括を扱い、嶺南と湖南の地域特徴につなげようとするものである。

朝鮮では、退渓（テゲ）と栗谷（ユルゴク）の登場で性理学が花を咲かせ、退渓（テゲ）と奇大升（キデスン）の四七論に関する進行過程と、退渓と栗谷の理と気を区別する。退渓は「理気二元論」で、「理」が発して「気」がついてくるもので、栗谷は理気一元論で、気が発した状態より、理が気に乗って一つになると言った。このように、大きく「理気二元論」と「理気一元論」を中心に儒学を研究して見ようとする。

このような儒学の土台には、西洋神学と東洋儒学の接点となった崔炳憲（チェビョンホン）、柳永模（ユヨンモ）、金敎臣（キムギョシン）などが存在した。彼らは、儒学の土台と素養が完成された成人の時にキリスト教を受け入れた。彼らの儒学形成過程と神学の受け入れ過程を調べながら、儒学的思考で表現される神様の姿を模索していくつもりだ。

そして韓国の土着化神学としては、尹聖範（ユンソンボム）の「誠の神学」「民衆神学」がある。その中で、歴史的アプローチ方式には徐南同（ソナンドン）、聖書神学的なアプローチには安炳茂[三二]（アンビョンム）、文化的アプローチには玄永學[三三]（ヒョンヨンハク）がいることを区別し、「モッ」と「ハン」と「サム」を通じて表現する柳東植の風流神学を研究する。崔炳憲、柳永模、金敎臣らは個人的な信仰体験を経て儒学的思考で表現される神の姿を模索した。土着化神学は、尹聖範、徐南同、安炳茂、玄永學、柳東植などによって一つの体系に発展した。このように儒学が一つの思想体系に発展した特性を明らかにして整理し、韓国の土壌である地域特性から教会がどのように成長したのかを研究する。

韓国神学は、神学を発展させた個人能力による神学的思考の拡大だと考えて来た。しかし今は、神学者が育った土壌を研究し分析することで、神学者個人よりも、このような神学が生まれざるを得なかった必然性を探ろうとしているのだ。この研究では、地域特性である土壌を重視し、その地域の神学者にその土壌の学問が内在されていたかを見ようとする。
地域史に関する研究が活発ではなかった時は、韓国全体を一つにまとめた。しかし、現在では地方自治時代を迎え宣教師個人の研究を超えて、地域に対する研究が活発に行われている。地域への研究が進むにつれて地域への関心が高まった。

地域別相違点を認めず、区別せず、地域感情だけを見ると、韓国の葛藤と分裂は続くしかないだろう。そのため、これからは地域に対する関心を高めていかなければならない。

一九五〇年代の長老教会の教団分裂に対する表面的な問題と内面の問題は、これまで多く研究されてきた。しかし、なぜ、長老教会の教団分裂が地域別に大きく分かれているかという点に関して、疑問は提起したが、それに対する答えは示されなかった。韓国キリスト教教団ごとに見ると、高神（コシン）[24]は、釜山、慶尚南道地域で多く集中し、基長（キジャン）[25]は全羅道地域に教団全体の四五％の教会が集中しており、洗礼を受けた信徒数では四九％を占めていることが最も大きな現象である。それだけ韓国キリスト教会教団分裂に地域性が強く現れていることを反証するものだ。

本書では、地域性を儒学の地域間の違いとして区別し、儒学の地域間の違いは先祖に仕える方法として提示する祭祀（ジェサ）があり、その祭祀の内容と形式が地域ごとに異なっているところに注目した。儒学の地域間の違いは、地域特性として固定され、地域的違いから教会の信仰類型も地域によって異なる特性を持っていることを見ようとする。

今まで韓国教会を概括する場合には、宣教師の個人的な研究が主流であった。ところが、二〇〇四年に、地域史研究として嶺南（ヨンナム）地域に関しては朴チャンシクが『米国北長老教会の嶺南地方の宣教と教会形成（一八九三〜一九四五）』で、全羅道地域に関しては宋賢康が『大田・忠南地域の基督教伝来と受容に関する研究』（同年）によって、全州大学にてそれぞれ博士学位の授与を受けた。二〇一二年には、日本の明治学院大学の徐正敏は、『地域分裂の先駆者韓国長老教会・長老教会分裂と地域性の相関性回顧』で、ネヴィウス式宣教による地域主義を地域における政党別選挙結果を通して韓国長老教会と長老教会の分裂の歴史を説明した。『キリスト教思想』では、二〇一二年韓国長老教総会一〇〇周年記念特別座談会において李萬烈（イマンヨル）は「朝鮮イエス教長老会神学校[9]（平壌神学校）を中心とした長老教会があったが、解放に伴い慶尚南道の出獄した信徒と咸鏡道（ハムキョンド）地域の進歩的立場の神学者らが、全羅道地域と連帯した。その延長で統合と合同の分裂でできた四つの宣教部が宣教した地域と四教団の分裂された地域的様相が似ている。」とし、四教団の分裂を地域性問題として言及した。右記の研究で見るように、近年になって教団分裂に対する地域特性は認めているが、分裂させた地域性は何かがいまだに明らかにされてない。

　このように長老教会の教団内でも地域主義が表れるようになったのは、儒学思想による地域特性が退渓（トゥエギェ）、栗谷（ユルゴック）、南冥（ナンミョン）の学派が地域を中心として形成され、その学派の礼学思想が社会生活においてその地域の祭祀方式として現れている。地域別の祭祀方法の違いは、朝鮮時代に熾烈だった「礼訟（イェソン）論争」でみられ、現在でも地方で祭祀を行う際に使う紙榜（ジバン）[二六]に「処士（チョサ）」と「学生（ハクセン）[二七]」と異なる表記をしている。このように異なる礼学思想が地域特性として現れた。今日では地域別の福音化率の差、三代長老、殉教地域が、地域特性として見られる。

　米国北長老教会海外宣教本部で、三四年間にわたり行政総務と総括総務を歴任したアーサー・ブラウン[10]は、韓国人の性質が日本人や中国人よりも感情的だと話した。韓国人の心を動かし同情心を起こすのは相対的に容易であるため、教会が中国や日本より韓国でより早く成長した理由の一つだという。[11]ブラウンは、韓国式方法の特徴の一つは、自分のために牧師が代わりにしてくれることを望まず、物質的な補償を期待せず自分の生活の領域で暮らし、福音を教えて、キリストのための証人になるのが弟子たちの義務と特権だと言う。[12]

　儒教は、中国から韓国に伝来し実践的な面が強い性理学として発展し、それによって社会全般から家礼中心の文化が形成されてきた。本稿では、儒教という言葉よりは「性理学」と呼ばなければならないが、儒教の影響力を排除できない韓国社会で、全般的な儒教のすべてを含む意味で「儒学」と総称する。

儒学とキリスト教の研究として、ユヒョンイクは『李商在：キリスト教の鎧を着た儒家のソンビとして新大韓建設に献身』（二〇〇二年）また、李スンジュンは『ソンビ（儒者）クリスチャン』（二〇〇八年）を発刊した。孫ユンタクは、嶺南大学の大学院博士学位論文として『ソンビ精神が初期キリスト教に及ぼした影響』（二〇一二年）を、李徳周は『忠清道の儒者たちの信仰話』（二〇〇六年）を、裵ヨハンは『神学者が解説した儒教の話』（二〇一四年）を、それぞれ出版した。これらの書籍は、儒学の学者精神をもってキリスト教神学と結びつける努力をしている。しかし、儒学のソンビ精神がキリスト教の福音受容に影響を与えたという広範な思想を紹介するのに止まっていた。

孫ユンタクは次のように主張する。儒学が韓国キリスト教の定着に及ぼした影響として、大韓帝国末期、多くのソンビ（儒者）たちがキリスト教に改宗したので、教会が成長できる多くの人的資源が確保された。書堂と書院[二八]を中心としたソンビ（儒者）活動が、教会を中心として活動する信仰観を持たせるようになった。経典中心の儒家思想は、聖書中心の教理と神学の雰囲気を醸成した。ソンビ（儒者）の忠君愛国は、教会でもそのまま引き継がれたという。学縁と地縁と出身による儒家と儒者の派閥意識と決して無関係とは言えないし、階級と序列の権威主義が形成されたと言う。そして、裵ヨハンは儒学の概念を神学者として、儒教と西洋哲学、中国の儒教、韓国儒教の歴史、現代社会と儒教、儒学とキリスト教を叙述した。儒学とキリスト教の関連性から先祖の祭祀問題を選択し、祭祀を拒否する理由について説明した。

このように、儒学を説明しているにもかかわらず、現代に儒学の影響として教会で現れる現象が何なのかと言うと、明確に言えないのが現実である。儒学の基本的概念と儒学が教会に及ぼした外形的な影響は説明されているが、肝心な儒学の土壌とも言える地域的な畑で育った教会の内面的な影響と現象については説明ができていない。

儒学の土壌で育ってきたプロテスタントを説明するために多くの現象があるが、代表的な類型として一九五〇年代韓国教会分裂現象を見てみよう。一九五〇年代の長老教会の分裂は、各地域の地域特性が集まって一つの外形的な類型として現れたためである。一九五〇年代の長老教会の教団分裂の原因に関する研究は、相当蓄積されている。この論文では、教団分裂の原因となった事件があり、その事件の背後には地域の土壌によって外形的な類型として長老教会が分裂したことを明らかにする。

第一章では、なぜ地域別に福音の受容率が違うかという点に対する問題提起と研究目的を明らかにしている。そして、地域差を区別するための研究方法を示す。研究方法により地域性を区別するため、韓国の至る所に根づいている儒学の根元を探る。麗末鮮初に中国から一つの儒学として受け入れられたが、地域ごとに強調点が異なる。異なる形で現れているのが今日の地域特性であることを調べてみる。

第二章では、韓国の思想的な流れから見た儒学を研究のため、朝鮮性理学の地域特性と強調点を考察する。地域によって儒学の強調点が異なっている。それを、学派別にして退渓学派、栗谷学派、南冥学派を研究し、儒学の土台の下、開化期に福音が受け入れられ、儒学と神学の出会い、さらに土着化神学を考察した。そして、儒学にともなう礼の表現類型である冠婚葬祭を通じて、礼訟（礼節に関する議論）論争による地域間の違いを究明し、祭礼文化より地域間の違いと特性が現れていることを調べてみる。

儒学の研究方法としては、麗末鮮初儒学の伝来から退渓学派と栗谷学派が成立してから南冥学派が分かれ、朱子家礼の形式を通じて冠婚葬祭が普遍化するが、朱子家礼ですら退渓学派と栗谷学派が異なることに注目した。

慶北地域の退渓学派は古礼を重視し、出来る限り守ろうと努力しながら今日まで継承しているが、湖南地域の栗谷学派である沙渓金長生（サゲ　キムジャンセン）は、時代に合わせて朱子家礼の変化を試み、礼学の宗匠と言われた。したがって、冠婚葬祭が、嶺南地域の朱子家礼と湖南地域の嘉礼集覧[二九]と四礼便覧[三〇]に変化しながら、受け継がれてきた湖南地域では、どのように生活の中で表現されているのかを調べようとする。これは、礼学の地域差を地域特性の始まりとして見ようとするものである。礼学の代表的な形式は、喪礼と祭礼だが、祭礼の形式では祭祀を行う際、紙榜形式が嶺南地域では「處士」を使うが、湖南地域では「学生」を使用する最も大きな違いが現れている。このように故人を指す名称から異なっているのが、その地方のアイデンティティの違いに発展することだ。

第三章では、来韓宣教部の活動を研究しながら、今まで嶺南地域と湖南地域で福音の拡散に向けて努力してきた慶尚北道地域の米国北長老教会宣教部、湖南地域の米国南長老教会宣教部、慶尚南道地域の豪州宣教部、咸鏡地域のカナダ宣教部が、それぞれの地域社会で行った伝道方法とその過程を考察した。各宣教地と各国の来韓宣教部は、地域の土壌に合うように、進歩的立場を取る人は進歩として、保守的立場を取る人は保守として活動した韓国長老教会宣教部とそれに伴う宣教方法と宣教師の活動を研究する。

来韓宣教部の宣教部活動を通じて各宣教部の宣教師と宣教部が支援した財政、これによって成長した各地域の教会と洗礼者数を見ると、福音を受け入れる受容者の畑である土壌を確認することができる。来韓宣教部の宣教師が伝える福音の種が、韓国の各地域に植えられているが、地域ごとに福音受容率が異なれば、土壌が違っているのが表明されることであり、また、それぞれの土壌は異なる思考を持って生活していることを前提しているからである。これによって、長老教会の教団宣教が、来韓宣教部の成功的な宣教活動として評価されているネヴィウス式宣教と同じ宣教方法の下で始まったが、宣教結果において差が表れた。ここではその地域別福音受容に対する違いを確認しようとする。

ネヴィウス式宣教方法の一つとして活動する宣教区域を定め、宣教活動をしたにもかかわらず福音受容率の差が明確であれば、来韓宣教部の宣教活動における福音の種が同じだと前提する場合、韓国各地域の土壌によって異なる結果を収穫したと考えることが出来る。

第四章では儒学の受け入れから現われる地域的な差が来韓長老教会宣教部の活動でどのような実を結んだかを研究した。各地域に福音を受容するにあたって、受容率の差が各地域によって異なることが一つの特徴として示される信仰類型に注目した。また、それぞれ異なった信仰類型として嶺南（慶尚道）地域で多く現れる三代長老とプロテスタントとカトリックの書店、村里の学校である郷校と書院、朝鮮後期の文集の発行を調べてみて、湖南地域で多く現れる殉教地域をそれぞれ考察する。福音受容率については、人口全数調査（統計庁二〇〇五年版）を根拠に各地域の人口とプロテスタント、カトリックの信者の現状と各教団で発表した教勢統計を引用して地域ごとに異なって現れるのを見た。

各地域の代表的な信仰類型を見てみると、嶺南（慶尚道）地域は慶尚北道地域を中心に三代長老（祖父―父―自分）が韓国全体三代長老の半数にのぼり、慶南（キョンナム）地方は神社参拝拒否をどの地域よりも積極的に推進する活動を展開した。それによって、神社参拝の問題で長老教会では、高麗派が初めて分裂する時、慶尚南道地方を中心に分裂される結果を見ることができる。また、湖南地域は他地域より殉教地と殉教者の数で大多数の部分を占めている。湖南地域以外の地域は、個人的な殉教が主流だが、特に湖南地域はある教会の信者全員が同日に殉教するという特徴が見られる。このような地域特性が、韓国信仰共同体の中で存在していることを明らかにした。

三代長老については、一九七六年から毎年、「大韓イエス教長老会」[三二]全国長老連合会において授賞している。

受賞した三代長老二五〇人が出席する教会が属した地域を調べてみた。特に一つの地域に三代長老が多数輩出されたとしたら、慶尚北道地域の退渓学派が「理」の思想をもとにする原因として、三代長老が多く輩出されたことを研究した。

書店の数は、プロテスタント書店協会の統計とカトリックの全国組織網を有する書店を選別し、嶺南と湖南の店舗数の差を見て地域の特徴を考察した。また、最近のプロテスタントとカトリックの書店の数だけでなく、朝鮮時代の郷校と書院についても調べる。今日の初等教育機関に該当する官学である郷校は、全国的に比較的等しい分布を見せているが、私学である書院は地域によって大きな偏差を見せている。朝鮮後期の文集発刊が嶺南（ヨンナム）地域で五七％にのぼる高い地域性を示していることなどで嶺南地域における、本に対する愛着心を見ようとする。

次は、殉教地域である。全国的な殉教地も地域的な偏差が多かった。「大韓イエス教長老会（統合）」殉教者記念事業会で実施する「韓国教会殉教遺跡地巡礼」と計画中の殉教地巡礼のために制作された資料を中心に殉教地の基準とした。殉教地の中で一人だけが殉教した所と、一つの教会で信徒全員が殉教した地域があることを区別しようとする。

第五章は一九五〇年代長老教会の教団分裂は、これまで事件の原因だけで説明されてきたが、本論文では、地域特性によって、すでに異なる物が形成されていたことを提示しようとする。長老教会の教団分裂は地域的な違いで生まれた事件として見た。まず分裂した高麗派は信仰の問題で、基長（ギジャン、韓国基督教長老会）は神学の問題で、統合と合同は連合の問題が分裂する原因を提供した。しかし、原因による結果ではなく、原因よりも深いところにある地域特性に教団分裂が左右されたということである。

一九五〇年代には、三回の長老教会の分裂があった。三度の長老教会の教団分裂は、これまで明らかになった原因として、神社参拝による信仰の問題、自由主義神学的なアプローチで新神学の問題、ＷＣＣなど連合機関との教権問題などが原因であることは明らかであった。しかし、分裂する時、特定の地域が主導して進行するのを見ると、その地域性が分裂する教団と合致するというのを見た。今までは一九五〇年教団の分裂は、事件を中心に分裂の原因を区別したが、ここでは分裂の原因である根因があり、根本的な原因としては地域性に応じた原因を提示しようとしている。

これまでの研究においては、福音という「種」にとても関心があった。現在多くの研究が「種」を中心にどのように蒔かれたか、何を蒔いたか、誰が蒔いたか、どの場所に蒔いたかについての研究が進み、伝達者による「種」の研究が数多く行われた。それに比べて伝達者の「種」を受け入れた土壌についての研究は不足していた。何を蒔くかの「種」も重要だが、どの畑でどのように成長するかにおいても結果が異なるからである。聖書では百倍、六十倍、三十倍の実を結ぶためには土壌が重要であると言われている。

本研究では「種」を蒔いた人々と「種」を受け入れた土壌の相関関係を研究した。来韓宣教部で「種」を蒔いたが、その蒔いた「種」が各地域の土壌でどのように成長し、どのような実を結んだかを見た。地域によって、土壌と思想によって、よく受け入れる地域もある一方、うまく成長できない地域があることが分かった。

これまでは、この全てを「儒学の結果」とまとめて言及した。しかし、韓国に幅広く儒学思想が根づいているが、ある地域は早く成長するが、他の地域はそうではなければ、儒学思想の相違によるとしか言えないだろう。本書では、混在している地域間の儒学の違いで現れる地域特性をも併せて究明した。

韓国のすべての分裂と葛藤には地域特性が内在しているが、地域感情として曖昧にし、その内容を見ることに躊躇があった。しかし、今はその特性を認めながら、肯定的な面へ進むならば、分裂と葛藤は減少するだろうという希望が生まれる。

1 特定地域の住民及びその地域出身の人々に対する、他の地域の人々が抱く否定的な考えや偏見。

2 Roy E. Shearer, Wildfire: Church Growth in Korea,（Michigan: William B. Eerdmans Publishing Company, 1966）p.217.

3 Wildfire: Church Growth in Korea, p.118.

4 柳東植『韓国神学の鉱脈』（ソウル：展望社、一九八二）一三―一四頁。

5 『正祖実録』一五年（一七九一年）一一月二四日（乙未）。

6 朴徳逸、朴文瑛編集『慶北教会史』一八九四―一九二三、序文

7 車載明『朝鮮イエス教長老会史記（上）』（京城：朝鮮基督教彰文社、一九二八）一七四頁。

8 G. T. Brown, Mission to Korea（Board of World Missions, 1962）p.48.

9 一般的に言う平壌神学校は、朝鮮イエス教長老会神学校が正式名だが、「朝鮮イエス教長老会」史記上巻解題においても平壌長老会神学校、平壌神学校の名称を使用している。平壌にあった神学校という意味で、「平壌神学校」という別称が多く通用しており、意味は明らかだ。したがって、本書では平壌神学校に統一したい。

10 ブラウン（Arthur Judson Brown 1856-1963）は牧師、著述家、宣教行政家として、米国海外宣教運動の最盛時に、米国北長老教会海外宣教本部の運営に参加し、海外宣教およびエキュメニカル運動に大きな影響を及ぼした。彼が学んだレイン神学校は新派（復興運動を支持する派、new side）であったため、神学的には開放的だった。北長老教会で按手を受け、一二年の牧会活動とオレゴン大会大会長を務めた。そして三四年間、世界最大の宣教本部であった米国北長老教会海外宣教本部の行政総務・総括総務を歴任し、米国長老教会海外宣教本部を率いた。海外宣教本部の総責任者としてイラン、中国、韓国などに建てた大学の理事（長）を務めた。Arthur Judson Brown, The Mastery of the Far East: The Story of Korea's Transformation and Japanese Rise to Supremacy in the Orient、柳大永&池チョルミ訳『極東の支配：韓国の変化と東洋における日本の覇権掌握』（ソウル：韓国基督教歴史研究所、二〇一三）七―九頁。

11 同上、二八八頁。

12 同上、五六八頁。

第二章　韓国の思想的流れから見た儒学

第二章では、儒学を地域的特性として調べてみる。麗末鮮初に性理学が伝来し、高麗仏教から朝鮮儒学に移る新しい歴史が始まった。儒学にも様々な分野があるが、その中で「礼学」を中心に概観する。

高麗時代末期、性理学の受容は、「中国の元」との政治的関係により、高麗末期の支配階層である権門細族に対抗した新進士大夫[三二]の思想的背景となった。新進士大夫の背景となったのは、高麗末、排仏論の台頭と知識層が自発的に嘉礼を受け入れ、当時の政治的混乱と弊害を克服し、新たな儒教的秩序を作り出そうとする新進士大夫の努力に対する結果[1]とみている。圃隠・鄭夢周（ポウン ジョンモンジュ）は、親の死亡時に、朱子家礼に従って三年間侍墓を行ったという記録が『高麗史』[2]に記載されている。しかし、当時は仏教が栄えており性理学は定立していなかったため、一般人までには及ばなかった。

朝鮮礼学の観念として、孔子は礼を人間の自覚的倫理である「仁と義」に基づいて人本主義的「礼」を説明した。孟子は、性善説に基づいた哲学的な論証で礼を行い、「心中に思うところ」を守ることを強調した。朱熹は、礼を心性論として社会の時宜に従う実用的な礼書を著述した。宋代の性理学は道教と仏教に対する強い排斥意識から始まり[3]、儒教の人間的かつ現実的な実践倫理を強調した。朝鮮時代は性理学的思考が主流を成した社会であり[4]、性理学的「礼儀式」が政治、社会すべての分野に適用された。性理学が人の内的心性に重点を置けば、礼学は外的な規範形式に重点を置くといえる。

すべてが善良だという道徳的心性論なら、善であるにもかかわらず、すべての人間がなぜ倫理的でないのかという問題が出る。これに対して孟子は、孔子が言う人らしく生きる「仁」を動物と区別する「仁義礼知」と考え、性善説を主張した。悪が発生する要因を個人的（主観的）な要因として、怠惰による自暴自棄で良心が力を失った場合と、環境的（客観的）な要因として飢えや渇きで是非を判断する余裕がない時に分類している。[5]

　これとは逆に、筍子（ジュンシ、紀元前三〇〇年―二三〇年）は「哲学の世界よりは、人が生活する現実の世界で経験する悪を見ると、人が善であるとは言えず、人の性格が悪という性悪説を主張して、相対的な悪を除去することで善人になっていける」と言った。

　先秦（原始）儒学者たちが生きていた春秋戦国時代は、強力な中央集権体制が異民族の侵入によって崩壊した時期だった。中国歴史上、代表的転換期である春秋戦国時代に出現した人文主義的思想運動として諸子百家の多くの学派が、自分の思想を変換期の解決策として提示し、政治的、現実中心的な色を帯びるようになった。[6]だから、実質的な問題に重点を置くようになり、理論的な問題に関して朱熹（シュキ、一一三〇―一二〇〇）は、儒学の四書（大学、論語、孟子、中庸）に解釈を付けて必読書とし、新しい解釈学の形を提供した。新儒学といわれる性理学の代表的学者とも言える朱熹の人間観は、「伝統的儒学に立脚した人間の善き本性を認めたうえ、人の気質により、良き本性が隠れることを警戒し、絶え間ない修養を強調」[7]したので、朱熹は新儒学の集大成者として見なされている。先秦儒学（春秋戦国時代）は新儒学に比べて理論的な側面より実際的な側面、すなわち行いと実践の問題に重点を置いたが、これは春秋戦国時代の状況から生まれたものである。

　新儒学としての性理学は「礼」をより重要視した。先秦儒学以後、「礼」思想を受け継ぎ、その「礼」に対する形而上学的合理化作業を徹底させたものが「性理学」と言える。中国の唐末・宋初に道教と仏教に対する反発と排斥意識で始まった性理学は、仏教の弱点と弊害を克服するために儒学者たちが従来の儒学を新しく構成して発展させたものである。当時の儒者たちは、仏教で出家することを無父、無君の滅倫、害国の行動だと非難した。[8]したがって社会倫理を樹立するためには、仏教を捨て三綱五倫[三三]の儒教に従うことが道だと判断し、性理学者たちは原始儒学以来、礼儀遵守と実践をさらに強調して礼学の傾向が深くなった。

朱熹は、太極（宇宙万物の源となる実体）である「理」を、超越的な存在であり同時に内在的な存在として見た。「性」は理である。心にとっては「性」と呼び、「思」にとっては「理」と呼ぶとし[9]、性と理を同一のものだと考え人間本来は善良であるという根拠を提供した。

> 太極である理は、すべての存在の究極の根源で、宇宙にあるべき姿を作る原理である。すべての物には生成と消滅があるが、理は永遠不滅であり、万物に先在し、最初の根源である。理は万物の主宰者または事物の存在様式を規制する統制原理であると同時に、善自体であるだけでなく、すべての善の根源的な善で、仁義礼智である。また、太極、「理」は万物に内在し、理は超越的かつ内在的な存在で、「理」が内在化して現れたのが「人性」である。[10]

「理」とは、「所以然之故」―必ずそうなるべき理由であり「所当然之則」―当然そうしなければならない法則のように、すべての自然変化の原因として、原理と善とみなされる規範法則である。「気」は気力と現象、事物の材料を意味する。自分が自分であることができる正名論の存在法則として、「理」は、私が私として存在するために履行していかなければならない実践的理法であり、私が実践すべき当為の法則として規定する。従って、君主らしさ（仁）、臣下らしさ（義）、親らしさ（慈）、子らしさ（孝）の存在原理に忠実であってこそ真の意味「君臣父子」であり得るという当為の原理といえる。

表１　理気論の内容

理 （嶺南） 退溪	宇宙的本質、理性、観念、四端（道徳的感情、純粋） 不相離 不相雑、居敬窮理、格物致知 理氣二元論／理発而気隨之	
	義 （慶南） 南冥	敬／人の内側を明るくすること（内明者敬） 義／外側に行いを決断させること（外断者義） 敬義／左と右に回ってから歪みがないようにせよ。
氣 （畿湖） 栗谷	経験、実際、実用、七情（一般的感情、欲求） 本然之氣、理通氣局、聚と散 理氣一元論／氣發而理乗之	

程頤（テイイ、一〇三三—一一〇七）は、万物を生成させる根源的な「理」とそれぞれの物にある「理」に分類した。朱熹はさらに具体的に世界を貫徹する絶対的な原理（規則）と、具体的かつ個別的な事物や現象の中に内在するそれぞれの特殊的原理（法則）の一致性を説明する理論へと発展させた。

朱熹は、「まだ、気が存在しなくても、性（理）はすでに存在した。気が存在しなくても、性はむしろ常に存在する。たとえ、性が気の中にあったとしても、気は気であり、性は性である。互いに混合しない。」[11]と考えた。しかし、李滉は次のように語った。（存在論的強調から）理と気は本来混合しているのではないが、また互いに離れているわけでもない。「理と気を分離せずに言うと、区別が出来ない一つの物になってしまい、それらが互いに混合されていないということが分からないだろう。理と気を一つに合わせて言わなければ、極めて異物になってしまい、それらが互いに離れているということが分からないだろう。

朱熹が「理気離合論」で説明するのは善と悪を同時に解決しようとしたからだ。理気を「離看」という論理的な立場と「合看」という経験的立場を区分しなければならない。合看から見れば、「二元論的一元論」になり、離看から見れば「理気二元論」になるということだ。

Ⅰ．朝鮮性理学の地域における特性

朝鮮性理学の特性は儒学の「理、気」という概念から見出すことができる。地域的にも理と気のどちらかに更に偏り、偏向的な理論を展開する傾向が中国でも見られないほど徹底していた。中国と朝鮮は、おなじ程朱系[三四]の性理学だが、相互反対性向の理論らと対立し葛藤も激しかった。[12]

理と気は、いずれも生成と運動の原因者と形相であるため、原理的根拠である「理」がより根源的なのか、現象的な働きに該当する「気」のほうが根源的なのかは両者を解釈する立場によって見解の違いが現れ、どの概念をもっと重視するのかの主観的な立場によって変わりつつある。[13]

「理と気」の区別を日本の学者である高橋亨（一八七八―一九六七年）[14]は、京城帝国大学法文学会第二部論集において儒教を初めて「主気」と「主理」に区別した。李滉（イファン）と奇大升（キデスン）の「四端七情論」を中心とした学派は東南に流れ、嶺南学派になって理を重視する主理説で発達し、栗谷を中心にした学派は西南に流れ、「畿湖学派」になり、気を重視する「主気説」に発達したと定義した。

一九六四年に、阿部吉雄[15]は「日本・朝・明における朱子学の二系統と朱子学のすべての特性」で理気をどう見るかによって理と気に分けた。一九八〇年、山井湧[16]は『明清思想史の研究』で明清時代の「気」をもっと重視する反朱子学的思想傾向を「気」の哲学と呼んだ。朱子学を「理の哲学」とする理由は、「理先気後」を主張し、単純な表現で「理」は善であり、「気」は悪い気質になることになる「理の哲学」と「気の哲学」に分類した。

このように性理学の分類方式を日帝強占期に、高橋亨が「主気派」と「主理派」に分類した。この分類方式を玄相允（ヒョンサンユン）の「朝鮮儒学社」[17]（一九四九）と裵宗鎬（ベジョンホ）の『韓国儒学史』でそのまま適用し、主気派、主理派、折衷派[18]に分類している。

尹サスンの『韓国儒学の諸問題』（一九七七）、李東熙（イドンヒ）の『朝鮮朝朱子学史における主理・主気用語使用の問題点について』（一九九一）、崔英鎮（チェヨンジン）の『朝鮮朝儒學思想史の分類方式とその問題点』（一九九七）などで、主理派と主気派で区別することは執着性と従属性であり、これらの学問の分裂が党派分裂につながったと言う。また、主気と主理の二分法、または図式的説明では、中間の数多くの創意的説明を排除する不十分な方法として見た。

不十分ではあるが、やむを得ず分類するならば、趙ナムホの「朝鮮で主気哲学は可能か」という論文で提示している「理」を重視する場合は退渓学派として、「気」を重視した場合は栗谷学派として、そして「義」を重視する場合は、南冥曹植の南冥学派として定義しようとする。[19]

一．慶北地域と退渓学派（理）

嶺南儒学は李滉と曹植を中心として、退渓の「慶尚左道」学派と曹植の「慶尚右道」学派が生まれた。南冥学派を率いていた鄭仁弘（チョンインホン、一五三五―一六二三）[20]は、李彦迪（イオンジョク）と李滉の学問を批判し、これらの文廟従事[21]を阻止したことで、八道の儒者らから弾劾を受けて儒生の人的事項を記録した名簿から削除された。この波紋で、仁祖反正[22]により光海君政権の責任を負って処刑され萎縮し、李滉学派が中心となった。

李滉（イファン、一五〇一―一五七〇）は、朝鮮中期の文臣・学者である。本貫は眞寶、名前は景浩、号は退渓、退陶、陶叟であり、栗谷とともに朝鮮性理学の二大巨頭である。退渓は理を義理之学の立場から解釈しようとした。したがって朱子の理気論自体を発展させ、批判するよりは人間の生活の中で実践する「理」を研究し、実践する立場から「理」の意味を明らかにしようとした。

李公浩は、「理」について次のように質問した。朱子によると、理は、情意も造作もないと言っていたのに、すでに情意も造作もなければ、陰陽も生み出せません。しかし、万が一、生むかも知れないと言うなら、これは、始めは「気」はなかったが、一旦、太極が陰陽を生み出した後に、その「気」がはじめてできたのではないでしょうか[23]、と。

この質問に対する退渓の説明は、『朱子がかつて言った。「理」に動と情があるため「気」も動と情があるのだ。もし、理に動と情がなければ、気がどこから動と情を生み出すか。たいてい理が動けば気が付いてきて、気が動けば理が付いて現れるのだ[24]』と答える。「理は情意も造作もない」という朱子の定義と理が発してから動くという退渓の主張は確かに矛盾している。

退渓はこの問題を「体用論」で克服するが、理は本体的（体）、機能的（用）二つの様相を持っている。理の本体的な様相は、何もない広い世界であるが形はない。もちろん理自体は、無聲臭、無防体、無内外、無情意、無造作、無生死、無尽なものと見なした[25]。しかし、これは、理が存在論的に「無」であることを意味するのではない。奇大升に返答したことを見ると、次の通りである。

もし、いろいろな道理をうまく考え、究極にまで至れば、この物事が極めて空虚でありながらも極めて充実である。極めて無でありながら極めて有である。動きながらも動きがなく、静かでありながらも静けさもない貞潔なものである。少しも加減することができないので、陰陽五行と森羅万象の根本でありながらも陰陽五行と森羅万象の内にあることでもないことが分かるだろう。それなのにどうしてそこに気を混ぜて、理気一体として認識し、一つの物と見なすことが出来るだろうか[26]。

書、答奇明彦 若能窮究衆理 到得十分透徹 洞見得此箇物事 至虛而至實 至

無而至有 動而無動 靜而無靜 潔潔淨淨地 一毫添不得 一毫減不得 能爲陰陽五行萬物萬事之本 而不囿於陰陽五行萬物萬事之中

この文は退渓が語る「理」とは何かをよく説明している。「至虚而至實 至無而至有」は、「理」の実在性を示す。退渓は、天下に「理」より充実なものはなく、音も匂いもないため、天下に理より空虚であるものはない。ただ「無極而太極」というこの一言しか表現できないと言った[27]。儒教思想家であり、性理学の基礎を築いた周敦頤（しゅうとんい）[28]の「太極図説」のうち、「無極而他極」という表現は、退渓の解釈によれば、理は形象も方向と場所もないが、確かに存在するものがあり、確かに実態があることを意味する[29]。退渓は無極と太極を用いて、真理が形象・方向・場所がないにもかかわらず、確かに実態があるものとし、太極と理を関連付けて理既太極、太極既理とした。

李滉は理気二元論を原則としているが、「気」よりは「理」を優位に置こうとする傾向から、「気の発現」を認める畿湖学派によって絶えず挑戦と批判され、後代になるにつれて「理」を重視する傾向がさらに強まった。

李滉は朱熹の理気論を基本的には受け入れたが、朱熹が否定した「理」の能動性を理論的に定立した点に最も大きな違いがある。理気は、すべての根源であり、どちらか一方に従属するか、または派生させることはできない。しかし、李滉は、周易から起源し、周敦頤[30]を経て性理学の理論的基礎を築いた「太極が陰陽を産む（太極生陽陰）」という命題を解釈する形式で、「理が動けば気が伴って生まれる」と主張する。

また、「理には本体と作用がある（理有体用）」という説だ。朱熹は「体」と「用」は現れないものと明らかになるものを意味する。また、根源的実在と根源的実在の分化形態を意味する。しかし、李滉は存在者とその機能を意味すると言う。「体」として、理は動かないが、用として「理」は動くと見る。これは、「理」には「体用」二つの側面があるが、前者はその存在を意味し、後者はその適用を意味するということだ。

「理」の動きがなければ、事物は死んだものなので、「理」が死んだ物であれば「気」を動かす能力がないということだ。「気」だけ動く能動的であれば、人間行為と社会現象の規範性と道徳性に関して、「理」が責任を負えなくなるということだ。したがって「理」が完全な絶対性を持つべきということと、それが人間社会に実現されなければならないということを力説する。

奇大升にとって「四端七情」[31]は別にあるのではなく、四端と七情は人間の内面的な気質に含まれ、現される情である。ただ、四端は情の中で善良な部分だけを抽象化した概念という点で、七情の一部である。したがって、四端と七情は概念的にも論理的にも区別されるが、個体の存在内では混ざっているため、「理発」、「気発」で対立したり対照して表現したりすることはできないという考えである。つまり、存在と概念という二つの範疇を徹底的に区分しようとするものだ。

これに対して李滉は、四端と七情を別々に論じるからといって、七情と無縁の四端が別にあるというわけではないと主張する。彼が言う「四端」は純粋に善良なもので、善悪が決まっていない七情とは混同できないということであり、善玉のものと悪いかも知れないものを混ぜて使用することはできないということだ。これは単純な概念ではなく形而上学的実体として区別し、気と区分しようとすることである。

奇大升は、「四端七情後説」と「総論」を作ってから自分の思考に精密さが欠けていることを告白し、退渓の主張を大部分は支持する意思を示した。四端の心を拡充して「仁義礼智」をあらわすことを実践した方法として「敬」のことを言う。「敬」は、心性を貫く修養の原理として、自分に与えられた絶対的な命令として、宗教的な敬虔性とともに、自分がそれを実現できる信頼とその実現に向けた自らの誓いなどを包括するものとして理解される。奇大升は、心と行動を正しくし、工夫を深め、知識と行いを共に進ませるため、後輩と弟子たちに「聖学十図」と「戊辰六條疏」を徹底的に学ばせた。

退渓学派と栗谷学派は李滉と奇大升の四端七情に続いて、李珥（イイ）と成渾（ソンホン、一五三五―

一五九八）の性理学論争を経て、畿湖（キホ）儒学と嶺南儒学を区分する契機に発展した。[32]
退渓と高峰（ゴボン）の四端七情論争の発端は推輓 鄭之雲（チュマン チョンジウン、一五〇九－一五六一）[33]が製作した『天命図説』から始まる。朱子学の様々な理論を分かりやすく一つの絵に描き、簡単な説明を添えた天命図説は、天命、心性、五行、理気、四端七情、存養、省察など、性理学の核心が整理されている。退渓は理と気を分離して対称的に見て、四端と七情は別物だというのだ。退渓は、人間は理性的動物ということから出発して善良な行動をするために人間は理性を実践的に使用すべきであるというのだ。
宣祖（ソンジョ、第一四代国王）二年の奇大升（一五二七－一五七二）[34]は論語を講義する席で、性理学の伝来について言及した。

韓国の学問を見ると、箕子朝鮮（古朝鮮の一つ）時代は書籍が現存しないので考察するのが難しく、三国時代には天性が粋美でしたが、まだ学問の功はなく、高麗時代には学問はありますが、単に詞章（詩歌や文章の総称）を中心としていました。そうするうちに高麗末になると、禹倬、鄭夢周以後、初めて性理に関する学問が分かるようになったが、とうとう世宗朝に至って礼楽と文物が驚くほど一新されました。東方の学問が互いに伝わった順序で言えば、鄭夢周が東方理学のルーツとして、吉再（ギルジェ）が鄭夢周から学び、金叔滋（キムスクジャ）は吉再から学び、金宗直（キムジョンシク）は金叔滋から学び、金宏弼は金宗直から学び、趙光組（チョグァンゾ）は、金宏弼から習っていたと言えます。このように本来の源流がありました。その後、儒学者が聖賢の学問を学ぶようになったのですから、上から思想改造を主張すれば、今こそ復古できる機会だと思います。学問に励んでいる人はそれほど多くなさそうですが、今の議論を聞いてみると、学問に優れている人が奇妙年に比べると多いそうです。[35]

李滉（イファン）の性理説は、人間の心性問題において、四端は理が発し、気がそれにともなうこと（理発而気随之）であり、七情は気が発し、理がそれに乗ること（気発而理乗之）という「理気互発説」を基礎とし、宇宙と万物のすべての現象も「理気二元論」として解釈した。李滉は、ソンビに対する粛清を不義と規定し、正しい価値秩序と倫理を育成し根ざすために、理と気の混同、天理と人欲の混同、四端と七情の混同、善と悪の混同を警戒した。

二．湖南地域と栗谷学派（気）

栗谷学派は京畿（キョンギ）、忠清（チュンチョン）、湖南である畿湖（キホ）地域に関連し、李珥中心の栗谷学派が中心として主気派、気学と呼ばれた。[36] 湖南地方の性理学の伝統は一六世紀後半の奇大升により退渓学派と論争を繰り広げることになるが、奇大升は、理とは離れられないという点に重点を置いて気だけが運動性を持っているという。四端七情においても、李滉が伝統的な説を一層綿密に「理気互発説」としてまとめていたならば、奇大升は「気」の論理を補強し、それを批判した。

李珥（イイ、一五三七―一五八四）は朝鮮中期の学者であり、文臣である。本籍は徳水、名前は叔獻（スクホン）、号は栗谷（ユルゴック）・石潭（ソクダム）・愚齋（ウジェ）であり、退渓とともに朝鮮性理学の両大山脈であった。栗谷は、理と気の問題に関して退渓と見解を異にする。彼の理気観は自然における理と気を先に観察した後、体験することにより、その原理を説明した。栗谷の理気観は成浩原に答えた文で明確に表れている。

理と気の奥深い道理は分かりにくく、話も難しいです。理の源は一つだけです。気の源も一つに過ぎません。気が動いて一定にならなければ、理もやはり動いて一定になれないので、気は理を離れないし、理も気も離れることができません。このような説明であれば、理と気は一つですから、どこで差が見られるか。いわば、「理は理であり、気は気である」とすれば、どこでその理は理であり、気は気であるということが見られるか?[37]ということです。

理氣之妙　難見亦難説　夫理之源　一而已矣　氣之源　亦一而已矣　氣流行而參差不齊　理亦流行而參差不齊　氣不離理　理不離氣　夫如是則理氣一也　何處見其有異耶　所謂理自理氣自氣者　何處見者理自理氣自氣耶

このように栗谷は、朱子の理気の概念をそのまま受け入れているのが明白であり、理を形而上的な存在と言う。また、退渓の「理気互発説」と区別される「気発理乗」は、栗谷性理学の特徴である。栗谷は退渓と異なって、理から発するのは不可能であることをいう。

理は形而上であり、気は形而下のものなので、この二つは互いに離れられません。もはやお互いに離れることができなければ、その発するところもひとつですので、それぞれ互いに発し合うことは言えません。もし、互いに発し合いがあると言うならば、これは、理が発する時に気が及ばない場合があり、気が発する時に理が及ばない場合があるでしょう。そのような場合、理と気は離合があり、前後があり、動情に糸口があり、陰陽に始まりがあるため、そのあやまりは小さくないと思います。ただ、理は、無為、気は有為なので、情が本然の性から出て、形気には隠れていないことを理に所属させ、最初は、たとえ「本然の性」[三五]から生まれたが、「気という形」に隠されたものを「気」に属させたのですから、これはまた、やむを得ない理論です。[38]

答成浩原「理 形而上者也 氣 形而下者也 二者不能相離 既不能相離 則其發用一也 不可謂互有發用也 若曰互有發用 則是理發用時 氣或有所不及氣發用時 理或有所不及也 如是則理氣有離合 有先後 動靜有端 陰陽有始矣其錯不小矣 但理無爲而氣有爲 故以情之出乎本然之性 而不揜於形氣者屬之理 當初雖出於本然 而形氣揜之者 屬之氣 此亦不得已之論也

形而上というのは自然の理であり、形而下というのは自然の気です。この理があればこの気があり、この気があれば万物が生まれざるを得ないです。この「気」が動くと陽となり、静であれば陰となります。一度動いて一度静にする実態は気であり、動かし、静にする原因は理です。[39]

萬物 一五行也 五行 一陰陽也 陰陽 一太極也 太極 亦强名耳 其體則謂之易其理則謂之道 其用則謂之神 ：： 夫形而上者 自然之理也 形而下者 自然之氣也有是理則不得不有是氣 有是氣則不得不生萬物 是氣動則爲陽靜則爲陰 一動一靜者 氣也 動之靜之者 理也

栗谷の正統を受け継いだ金長生の家礼輯覧は、礼学の礎石を築き、金長生の息子である金集（キムジップ、一五七四—一六五六）による『疑禮問解續』と宋時烈（ソンシヨル一六〇七—一六八九）による『尤庵經禮問解』（ウアムキョンレムンへ）著述は、礼学時代を開いた。宋時烈の後を継いだ権尚夏（クォンサンハ一六四一—一七二一）は「人物性同異」問題を中心に論争した。

奇大升の学説は李滉の学説に修正を加え、李珥によって継承された。しかし湖南学派は独自の学派として発展できず、栗谷学派に吸収された。この時期、湖南出身の性理学者としては鄭澈、朴祥、朴淳などがいるが、政治的には西人（ソイン）の系列に立った。

それに対して、奇大升は四端と七情、理と気を一つの現象、すなわち存在論的立場から見る。つまり、理と気は分離することはできず、四端と七情は混ざっているということだ。したがって、彼は理と気は因果関係を持ち、七精は四端を含んでいるという。

李滉と奇大升で始めた四七論争が終わった一五六六年に、明宗の母親の文定王后は仏教を崇拝して儒学を忌避し、奉恩寺住職ボウを兵曹判書に任命した。士林（サリム）らは乙巳士禍（一五四五年）[40]と丁未士禍（一五四七年）[41]以降、朝廷から退き、山林で在野研究者生活をしていた。四七論争で儒学者たちが情熱を持って性理学を勉強し、宣祖が即位すると動舊派（フングパ）が消えて士林（サリム）たちが登場するようになった。

成渾（ソンホン）は、彼より一歳年下の李珥と宣祖五年（一五七二）から九回に及ぶ書状を通じて、道徳的理性である「人心」と肉体的欲求である「道心」の論争を続けた。成渾は人心と道心が区別されており、理気互発を昔から聖賢がいずれもそれを根本としているから、人心と道心が区別されているという李滉の議論も間違っているわけではないとした。しかし栗谷は、心を道心と人心に分けることができるのは、「性命」と「形器」が区別されるため、情も四端と七情に区別するのは、理を語る時と気を語る時が同じではないためであるように、人心と道心はともにできないが、お互いに始まりと終わりになることはできる。四端は七情を兼ねることはできないが、七情は四端を兼ねることができるとしている。

栗谷は理気之妙[42]で理と気が一つで存在と事実を語り、理と気が離れた現実はあり得ないと言った。理は動きがなく、気だけが動くので、両者はいつも一緒に働くことで存在を構成するのに、気の働きに対して、理はその主宰になるということだ。理が先行し、理は気の主宰であったとしても、理は能動的実体でも、気の働きの原因でもない。実践的認識で、李珥は認識の主管である心は主観であるため、客観的に自分の中で理を把握することはできない。実践的修業は真理を悟って自分が実践できるという信頼と謙虚な姿勢の居敬と客観的世界の探求の工夫、そして悟ったことを強く実行する三つの努力で行われるといった。

しかし実践的意味でもっと重要なことは、絶え間ない反省を通じて自己改革を成し遂げていく心の働きである義を充実させるのが誠である。敬が修養の進行を貫く原理なら、性は実践的効果を果たす土台であるといえるため、実践的修養は敬から始まり、誠に至るのである。

三．慶南地域と南冥学派（義）

嶺南で性理学は退渓学派と共に南冥学派が成立した。南冥曺植[43]は李滉と共に、朝鮮後期思想史の展開に大きな比重を占めている嶺南学派の形成に実質的な礎石を置いたが、李滉とは確実に区別される思想と現実に即した方法論を持っている。

南冥学派の形成は南冥が金海、三嘉、晋州において学問研究した時に、江右地域を中心に全国から多くの文人が押し寄せ、一つの学問集団が形成されたからである。一般的には、尚州（サンジュ）以下の洛東江（ナクトンガン）の西が江右地域であり、その他の地域が江左地域だが、南冥学派で言う江右地域には尚州（サンジュ）が除外され、玄豊（ヒョンプン）、昌寧（チャンニョン）、霊山（ヨンサン）、密陽（ミリャン）などは含まれている。高麗成宗一四年には全国を一〇道に分けて、尚州中心の嶺南も、慶州中心の嶺東も、晋州中心の山南道に区分した。[44]従って、南冥の江右地域は山南道に当たり、広義では晋州圏だと言える。

南冥曺植は宇宙万物の運行を太極自体の動静として見ただけでなく、太極（テグク）を本然之妙としての「理」、動静をその「理」に乗る「気」とし理気互発説を認めた。南冥は晩年に修養の要点を「神明舎図」に図式化したが、「敬」による内的存養と義を基準とする外的省察、私心や私用が発するのを厳しく察する審幾とこれを即席で退ける克治の三段階と見た。[45] 義を敬に入れないのは内的存養を重視するように外的省察も重要だと考えたことである。

曺植は、無尽年に宣祖に捧げた封事[46]で、次のように自分の学問の所信を述べている。

明善というものは、道理、法則を究めるものであり、誠身は体を磨くことを言います。性分の中にはあらゆる道理が整っているため、仁・義・礼・知がその体であり、あらゆる善がすべてここから出てきます。心とは、道理が集まった場所の主人であり、体とは、心を入れておく器です。道理を窮めることは将来、活用しようとすることであり、体を磨くことは将来、道を行おうということです。道理を窮めるもとになるのは、文を読んで義理を明らかにし、物事が適しているかどうかを求めることです。体を磨く中心になるのは、礼です。礼によらなければ、見ることも、聞くことも、言うことも、動くこともしないのが、それです。[47]

所謂明善者、窮理之謂也。誠身者、修身之謂也。性分之内、萬理備具、仁義禮智、乃其體也。萬善皆從此出。心者、是理所會之主也。
身者是心
所盛之器也。窮其理、將以致用也。修其身、將以行道也。
其所以爲窮理天地、則讀書講明義理、應事求其當否、其所以爲修身之要、則非禮勿視聽言動。

曺植は、慶尚道の金海と晋州を中心に鄭仁弘（チョンインホン）、呉健（オゴン、一五二一―一五七四）、金宇顒（キムウオン、一五四〇―一六〇三）、鄭逑、郭再祐、崔永慶、金孝元、金沔などと行動を共にし、郭再祐、鄭仁弘、金沔、趙宗道、李大期など五〇人余の義兵長が輩出された。[48]

『宣祖修正実録』處士曺植卒[49]で、曺植の学問は心から道を悟り、自らの行動に注意し、社会に貢献することを重視した。このような南冥思想の特徴を晋州中心の在野元老学者たちは、自分の心を明かす「敬」と他人と関わる事を正しく処理する「義」を中心とするから「敬義之学」としている。[50]

Ⅱ．儒学と神学の出会い

一．土着化神学体系作業以前の文化と儒学の出会い

我が国の神学思想体系として、一九六〇年代から「誠の神学」、「民衆神学」、「風流道」などの神学体系が樹立される以前も、すでに神学思想体系で土着化作業に向けた試みがあった。韓国における宣教初期、宣教師による伝統神学と韓国文化である儒学の交流を図った人物がいた。その名は、崔炳憲（チェビョンホン）、柳永模（ユヨンモ）、金教臣（キムギョシン）などが挙げられる。

崔炳憲[51]は一八五八年に生まれ、三〇年あまりの間、漢学を勉強し、二〇歳頃に世の中を治めることを志して上京し、科挙（グァゴ）を受験した。しかし、試験場において当落を左右するのは実力ではなく家柄などの背景であることに気づき、官権で民衆の金品を奪取する治安の悪さを目撃し、民族の救援問題を考え、社会改革に志を置き始めた。そして民族救援の本当の道は民衆の啓蒙と宗教運動を通じてなされなければならないという信念を抱くようになった。[52]一八八八年に貞洞（チョンドン）の洋館でアペンゼラーに会って漢文聖書を渡された。一八八九年、培材（ベジェ）学堂の漢学部教師に赴任して、新約聖書をハングルに翻訳し始めた。一八九三年に受洗し一八九五年には農商工部の官職に在職した。一九〇二年に牧師按手を受けて、西海岸で殉職したアペンゼラーの後任として貞洞第一教会担任牧師になった。

崔炳憲は、聖書を孔子と孟子の道を探究する経学[三六]の対象として研究した。これは、キリスト教教理を理解する絶対的根拠を聖書に置いていたためである。従って、一八八八年に漢文聖書を渡されて以来五年を経て、一八九三年に洗礼を受けるようになった。彼は一九〇〇年、ジョーンズ（George Heber Jones、趙元時、一八六七―一九一九）宣教師と共に学問的な情熱で韓国初の神学誌『神学月報』を創刊した。崔炳憲は聖書研究を通じて『神学月報』に一九〇七年に儒・佛・仙とキリスト教を論じた『聖山遊覧記（ソンサンユラムグィ）』、一九一〇年には『罪道理』を掲載した。罪道理は六頁の短い書であるが聖書神学の縮約版で韓国人の初の論文だった。主人と客との間の問答形式で罪の原因と結果そして解決策を三位一体の信仰と関連して解釈した[53]。

崔炳憲は三〇歳まで儒学に携わっていたが、受洗礼後には儒学とキリスト教を比較した。儒学には修身、齊家、治國、平天下の信仰論はあるが、来世論がないので宗教と見ることは難しい[54]としながら、一九一六年から一九二〇年まで『神学世界』に東西古今の諸宗教[55]を網羅して『宗教弁証論』を連載しており、一九二二年には『萬宗一臠（マンジョンイルリョン）』という単行本で出版した。韓国文化と密接な関係を持ち、『萬宗一臠』の前半である上巻で儒学と仏教を集中的に取り扱った。

柳永模（ユヨンモ）[56]は、若い弟の死で生と死の問題に没頭し、キリスト教信者として老子と仏教に心酔することもあった。彼は韓国の思想からキリスト教を見つめ、地平融合（元著者のテキストと解釈者のテキストはどちらが優位ということなく、融合して一体化するのだという説）を成し遂げた[57]。柳永模は五二歳に神様のみ声を聞いてから六五歳まで自分を磨き、六六歳から神様を伝え始めた。柳永模はすべての宗教と哲学の核心が飲食問題と男女問題にあると考えて、一日一食と解婚状態を維持しながら指導研究にあたった[58]。

柳永模の思想的背景は、韓国伝統思想である天地人思想と弟の死をきっかけに仏教経典を深く研究し、生まれた時代が儒学の文化であり、幼少期に儒学経典を勉強したことが基になった[59]。

柳永模の孝に対する理解は儒教的教えである「父子有親の孝思想」からである。柳永模の孝思想は、「神様の息子」と呼ぶところから本質が見られる。父と息子は二人ではなく、一つという言葉を父子不二と表現し、父子有親はすべてのものを超えて絶対者である「神」に帰ることを意味する。柳永模にとってイエスは儒教的な観点から「父子有親」の概念でとらえている。

人が唯一の神を慕い求めるのは止められない。それは父と子の関係だからだ。父と子は二人であり、一つである。父子不二である。これが父子有親ということだ。はじめであり、真理である父なる神を懐かしむのは、どうしようもできない人間性である。それが人間の真の意味だ。しかし、この人間の真の意味は必ず行われる。それが「誠意」だ。思いは懐かしさから出る。恋しくて思うようになるのである。[60]

柳永模は神と一つになることを単純に存在論的な側面だけを扱うのではなく、儒学の概念である「父子有親」を通じて存在論的な神と道徳的な神との一致を追求した。これは、柳永模が儒教の世界観からキリスト教を把握しようとする視点があったからだ。柳永模は、幼い頃からアペンゼラーに会う時までの三〇年間は、儒学の思想体系に慣れ親しんでいたため、受洗してキリスト教信者として生活しながらも、儒学理解は彼の生活でにじみ出てきたのだ。

金教臣[61]の人生は、咸興農業学校を卒業後に東京で内村鑑三から信仰教育を受けた時期と、『聖書朝鮮』[62]の創刊期、教師と編集者として日帝の迫害を受けながら活動していた時期と、そして咸興窒素肥料工場での勤務時期に分類できる。

死後、天使に変化されたり、或いは、地獄の火に燃やされたりするのは、私の最大緊急問題ではなかった。

如何にすれば、私の現在の肉体と心情を持って、一日でも完全に近づけるかが私の最大関心事だった。彼は、こう証した。これは、ただ七〇歳になって完成する問題ではなく、ただ今、二〇歳の青年であっても信仰に入る途端に願えばできないことはないと。[63]

金教臣は孔子の語録である『論語』爲政篇四章の「吾十有五而志于學、三十而立、四十而不惑、五十而知天命、六十而耳順、七十而從心所欲　不踰矩」を引用し、人間の完成を七〇歳まで先送りすることではなく、今日という暮らしの座を語ることは、彼が儒教の教えに影響を受けていることが分かるところだ。咸錫憲（ハムソコン、一九〇一―一九八九）は『金教臣と私』という文で金教臣の入教の動機を明らかにしている。

いつかこんな話をしたのを覚えています。『論語』で孔子の教えを見ると本当にその通りであると思い、その中にある言葉をそのまま実行しようとしたのです。やればできるという勇気を持って始めたということです。しかし、やってみたら、どうしてもできないので悩みが生じるようになった。そうするうちにもっと勉強しようと思って日本に行ったのだが、心の中には良心の悩みが続いた。ある日、神楽坂というところを通る途中、ホーリネス派の人々が出てきて、路傍伝道をすることを聞いて感動し、入信するようになりました。[64]

金教臣は、厳格な儒学一家の下で孔子の教えを実現しようと努力したが、思うようにならず、もっと勉強しようという気持ちで日本留学を決心し、日本で入信することになった動機を明らかにした。二〇歳まで厳格な家で儒教の教えで育った彼だが、儒学の教えでは人生における具体的な方向性を見出せなかったため、キリスト教に入教するようになったとみられる。また、儒学の修行として道徳的標準以上でなければならないキリスト教会と伝道者たちが、儒教の道徳にも及ばないことを見て「儒学家の堅実な道徳観念でキリスト教を信じる浅はかな伝道者を攻撃する点が愉快だった」[65]とも語っている。また、咸錫憲が一九四〇年「ギェウフェ事件」で大同警察署にて一年間拘束された時、一一月に父親が死去した。しかし、警察署で仮釈放をしなかったため、ソウルから龍川まで金教臣と宋斗龍が駆けつけ、喪主として労してくれた彼らの親孝行の深さに感謝した。

二．理を土台とする「誠」の神学

土着化神学を試みた尹聖範（ユンソンボム）[66]は儒学を基本として一九六三年に「桓因、桓雄、桓儉（檀君）」は、すなわち、神様である」[67]という問題提起を筆頭に、「誠の神学」と「孝」キリスト論へと発展させた。尹聖範は日本の同志社大学で神学的に制限なしですべての神学思想を勉強し、一九五四年夏学期からバーゼル大学でカール・バルト（Karl Barth）とカール・ヤスパース（Karl Jaspers）の間で神学的葛藤を抱いたが、その結果、韓国的な神学を構築する動機にもなった。カール・ヤスパースを通じてキリスト教と他宗教間の相互理解を導き、より深遠な人間理解に到達できる信念を得るようになった。[68]

尹聖範は、檀君（タングン）神話によって儒学の理と気を説明し、互いに距離があり、交ぜられないという不相離、不相雑を引用している。中国で発見された西暦六世紀の「大秦景敎流行碑」から三位一体の神論的な教理展開の特徴からみて、桓因、桓雄、桓儉の三位一体観念として、熊女（ウンニョ）を聖母の代わりと見ている。[69]これに対して韓哲河（ハンチョルハ）が形式的な類似性があると言いながら内容的には説明が必要だ、という言及に対して、尹聖範は神話の性格上、深く入れば空想論に陥るだろう、とした。

誠の神学で「誠」は、栗谷（ユルゴク）の「誠」の概念として、存在論的、超越的な神観念を「人格的—内在神論的」にアプローチしている。[70]栗谷は神概念を形而上学的な存在にとどまらず、実在論的であり、内在

化して観念化されているため、誠は他者として私たちの心に内在するのだ。尹聖範は「誠」の概念について、

啓示という不慣れな概念の代わりに「誠」という親しみのある概念を置き換え、神学的諸問題を解釈していくなら、東洋の天地はこの「誠」の概念一つとして、キリスト教の真理の接触点と出発点を持つことができると信じる。[71]

と言いながらも、誠（言＋成）は、言葉が成り立つという啓示としても説明しながら「誠」の究極な境地は、神様と同じである（至誠如神）と表現している。

尹聖範は、『キリスト教思想』（一九七一年三月号）で「韓国的な神学」を発表し、神論だけで「誠の神学」を発表し、一九七二年『韓国的神学：誠の解釋学』として出版した。この本において「韓国的神学」は、韓国の文化的・精神的伝統と西欧の神学的な伝統が共存するとき、生かされると言った。

伝統的な従来の神学では教義学とキリスト教の論理の関係に特徴づけられるが、韓国的な神学では神学と宗教として特徴づけられ、宗教は、啓示と理性の関係では理性に当たり広義の宗教と倫理においては、論理に該当すると見ている。[72]

尹聖範は、韓国宗教を儒教・仏教・道教（仙）と見て儒学の「誠」を韓国の宗教理念として見た。神学の啓示という概念の代わりに儒学の誠として啓示を解釈した。「誠」を栗谷の性理学的立場から見た「志」、「理」、「気質」の三重性から見出し、神様と共にいる「言葉（誠）の家」として人間を解釈し、「不誠無物」を話した。これを通して「誠」の「人間統治」、すなわちバルトのみ言葉の三重性である「書かれた神様の言葉」、「啓示

された神様の言葉」、「伝えられた神様の言葉」に区分し、「神様が私たちと共にいる」ことを説明している。[73] 尹聖範によれば、原啓示を「存在」と見て、救済史的啓示を「生成」と見るなら、両者の関係は常に緊張している。従って、契機だけではいかなる実も結ぶことはできない。ただ、律法の他律的契機と混合され可能であることを誠の神学は強調するのだ。[74]

福音と誠については、律法を誠の器や家とみなし、家の中に誠が込められた時、これを「思誠者」と言いながら、西洋では教義学と倫理学を同一視できるが、異邦の宗教文化とは異ならざるを得ないと述べた。土着化神学の方法として「カム」、「ソムシ」、「モッ」を提案した。「カム」とは、福音の受け入れる場所のことをいい、「ソムシ」とは福音と場所、形式と内容の関係を言う。「モッ」はソムシによって起こる美的表現をいい、生命の躍動とみなした。このように尹聖範は「福音の内容と文化ないし在来宗教的な基盤との相互接種の中で教会における神学、あるいは教義学が成立することができる」[75]と言いながら、福音の種が落ちる所で咲く福音の芽は、福音受容地の文化でもある儒学の器に神学を盛り込もうと努力した。

三．「気一元論」から見る民衆神学

民衆神学は、徐南同、安炳茂、玄永學などが東学の「気一元論」を「民衆神学」に発展させた。民衆神学の思想的体系化は、『キリスト教思想』（一九七五年四月号）で、徐南同[76]が「民衆の神学」を発表したことから始まった。

イエスは民衆と自分を同一化し、「民衆の声」を代弁し疎外された民衆を解放した。ところがその後、教会史において制度的な教会はその民衆を顧みなかった。しかし今は福音が再び民衆の宗教になり得る門が開かれた。そして韓国教会は民衆の声を聞いて代弁すべきであり、また代弁し始めているというのだ。[77]

民衆神学の方法は、「二つの物語の合流」という福音の民衆的ヘルメノイティック（解釈学）だと言った。[78] ある固定された実体の内容を分析して概念を付与し、構造を設定するよりは、相通ずる歴史的現実を示し、その方向性を示す触媒的（catalyst）な役割を自ら担うものである。

民衆神学は、一九七〇年代一〇月維新と共に軍事独裁の暗黒期に貧しさで苦しむ民衆達と連帯しようとする努力から始まっており、一九七二年一〇月維新体制のもとで誰も声を出せない状況下の翌年に「韓国キリスト者の宣言」という声明を発表した。

韓国キリスト者宣言

一九七三年五月二十日

我々はこの宣言を「韓國キリスト者」の名で発表する。しかし、一人が三権を完全に掌握し、国民を抑圧するのにあらゆる軍事力と情報組織を動員している今日の状況の下で、私たちはこの宣言に署名した人々の名前を明かすことをためらう。我々は戦いが勝利する日まで地下に身を隠し、黙って行動しなければならないからだ。　昨年十月以来韓国国民が直面した状況は非常に深刻だ。大統領に集中した権力は我が国民の生活に大きな脅威を加えている。ここにキリスト者たちは、韓国国民として今日の状況に対して我々の姿勢を明らかにせざるを得ない。さらに、私たちはメシアの国を求めて建てるべきという神様の命令に従って行動せざるを得ない。[79]

一九七二年一〇月一七日「一〇月維新」で始まった政権と信仰者の良心を代表する人々の間に、神の国を建てようとする努力が始まった「韓国キリスト者の宣言」は、私たちの信仰を告白し、直面している現実に対する信念を内容とした。行動綱領は以下の通りである。

①一九七二年一〇月一七日以降、国民の主権を無視したまま、制定された法律・命令・政策または独裁のために行っている政治的な手続きを私たちは韓国国民としてきっぱりと拒否する。この地に民主主義を復活させるために、あらゆる形態の国民的な連帯を樹立しよう。

②この闘争のために、我々のキリスト者たちは、神学的思考と信念を深め、信仰的姿勢を明確にし、権力に抑圧されている貧しい人々との連帯を強化し、神の国を宣言する福音を広く伝え、み言葉に立って祖国のために祈ることで教会を新しくしよう。我々は、我々の先人らが歩んできた茨の道を振り返りながら、必要であれば殉教も辞さない信仰の姿勢を誓わなければならない。

③私たちは、世界の教会に向かって私たちのために祈ってくれることと、我々との連帯感をより堅固にしてくれることを訴える。世界のキリスト教信者が我々に対する激励と支援を通じて、キリストによる共同的な絆を確認し続けることを望む。

このように、一九七三年五月キリスト者宣言と一九七五年四月『キリスト教思想』に発表された徐南同の「民衆の神学」で体系を取り始めた。内容的には、徐南同が歴史的かつ組織神学的に民衆神学を盛り込んだなら、一緒だった安炳茂[80]は「民衆」を制度圏の中にいる集団としているが、受ける権利を享受できない群れと規定しながら、聖書神学的に民衆神学を盛り込んだ。彼は「教会は政党ではなく、キリスト教は本来新しい価値観の上で新しい倫理を形成しなければならない。民衆のための愛の運動は組織化され、諦めから希望へと移行される必要があり、いかなる運動も暴力があってはならない。」という基本姿勢を示した。[81]西欧神学はキリスト論であると言いながら、「イエスの生涯である彼の行動と話が抜けており、イエスは神の国を説教したが、教会はイエスがキリストだと説教したことを克服しなければならない」[82]と主張した。

玄永學（ヒョンヨンハク、一九二一―二〇〇四）[83]は、文化的アプローチによって、社会的脈絡で民衆を理解した。民衆はイエスの友達になった「罪人たちと徴税人」であり、社会的関係では生れつきの権利を失った人々と見た。

玄永學はタルチュム（仮面踊り）を通じて、世の中に対する批判的超越を経験・表現し、現実に対する批判的知識や省察・無念な感情を芸術的形式として表出し、新文化と秩序を創造しようとするために「流血革命」ではなく、「ユーモアと笑いを通じた革命」と表現した。このように悲劇を喜劇にし、涙を笑いにパワーアップさせる希望の可能性をタルチュムで発見したのだ。

このように、徐南同の歴史的民衆神学、安炳茂の聖書神学的民衆神学、玄永學の文化接近的民衆神学は、韓民族の「気一元論」である東学思想を基盤に韓国的神学が定立したのだ。

四．「モッ」、「ハン」、「サム」を通じて解釈する風流神学

柳東植（ユドンシク、一九二二―）[84]は、信仰運動を後押しするための神学的傾向を「保守的ファンダメンタリズム神学」と「進歩的社会参加の神学」、「自由主義神学」に区別した。保守的ファンダメンタリズム神学を「ハン」の超越性に立脚した神様中心の神学であると考えた。代表的な人は、吉善宙（キルソンジュ）と朴亨龍（パクヒョンリョン）である。進歩的社会参加主義神学は「サム」で社会生活を通じて人間の本来の姿を実現しようとする理念で、尹致昊、金在俊と基督教長老教会の神学的な伝統を語っている。文化的自由主義神学は「モッ」で風流という自然と人生と芸術の融合と調和の中で起きる文化現象で崔炳憲と鄭景玉を挙げた。[85]このように神学的傾向を区別した柳東植は、文化的自由主義をもって神さまの御心を韓国の基礎理念である風流道から見つけようとした。[86]

柳東植の風流神学は、一九八三年韓国神学研究所の『神学思想』第四一号と一九八三年一一月、延世大学

神科大学『神学論壇』一六集に『風流道とキリスト教』で発表されており、一九八四年一〇月「韓国キリスト教一〇〇年記念神学者大会」で、「韓国文化と神学授賞：風流神学の意味」が発表され、『神学思想』四七号（一九八四年冬）に掲載された。

柳東植は風流の意味を最も適切に表現した韓国語で「モッ」を定義し、美意識的な表現とともに美しさという人生が加わった芸術的「美」の概念という。

「モッ」には生動感とリズムを伴った興があり、超越的な自由概念と呼吸が合う調和をなす特徴として、「この世を超越した宗教的自由と生活に根差したリアルさと調和から出る美しさに対する意識」[87]であると言った。

風流道は儒・仏・仙（道教）の三つの宗教を包括する言葉で、包括的な性質は韓国語で「ハン」といった。その「ハン」は、数量的に、一つで大きいという意味として使用された。従って、現代の韓国という国の名称が生まれ神の民になるのだ。衆生に関しては、教化し美しい人にするという風流道の効率性を総括する「サム」で、人は文化的価値を生産する社会的存在として理解した。「風流道」が意味する「サム」は、人間らしく生きることを意味する。[88]

現実的には「ハン」と「サム」と「モッ」の三つの概念の一つが、時代ごとに主導的な役割を果たし、展開されていくという。仏教による超越的な「ハン」の文化であり、儒教では現実的な「サム」の文化であるのに対して、近年のキリスト教では、霊的超越と歴史的現実との調和を強調する「モッ」の文化[89]だということである。したがって、仏教的「ハン」の文化と、儒教的「サム」の文化の影響を先験性に受ける韓国キリスト教の課題は、柳東植によれば、風流道の霊性に属する両者を結合させる重要要素である「モッ」の創造、すなわち風流文化を完成させるところにあるという。

宣教師の伝統的な神学は、我が国における宣教活動において我々の儒教文化に触れた。この過程の中で、キリスト教文化に触れた崔炳憲、柳永模、金教臣などがあり、土着化神学として尹聖範の「誠の神学」、徐南同の「民衆神学」、柳東植の「風流神学」があった。

このように、キリスト教の文化が宣教地で異なる文化に接しながら新しい文化を作り出しており、新しい文化は宣教地の土壌に従って作用していたことを示している。

Ⅲ．地域における「礼の表現類型」

一．地域対立から見る礼訟（イェソン）論争

儒学で礼儀表現の形式である冠婚葬祭は、儒学内容が外部的な「礼」に表現される方法である。礼は、冠婚葬祭である。その中で最も明らかな相違が見られるのは、「喪礼」と「祭礼」であり地域ごとに形式の違いが表れる。礼訟論争は、「礼」の表現方法の違いから生まれた代表的な論争であり孝宗と孝宗妃の死によって二回にわたって熾烈に行われた論争である。礼訟論争は、四端七情論で理発を否定し、気発を認める栗谷学派の西人（ソイン）は、「宗法＝天理」という絶対不変を掲げ、天下同体を主張した。栗谷学派が言う「宗法」は天理である。つまり、たとえ王であっても宗法は庶民と同じである。しかし、理の可変性を認める退渓学派の南人（ナムイン）は、理発と気発をすべて認め、「宗法＝天里だが、王や特別な場合は、変わることができる」という「王者禮不同士庶」を主張した。したがって、礼訟論争は理念を土台に、祭礼形式による朋党の哲学的な対決だった。

己亥礼訟（ギヘイェソン、一六五九）は、孝宗（李氏朝鮮の第一七代国王）の死後、大王大妃は、孝宗が嫡長子なら三年喪だが次子なら一年喪で喪服を着なければならなかったため、この点に関して議論が生まれた。仁祖は、長子の昭顕世子の死後に彼の息子の石鐵（ソクチョル）がいるにもかかわらず、次子である鳳林（ボ

ンリム）大君を孝宗として継承させた。したがって、王統は仁祖から孝宗につながったが、嫡長子が結ぶ観念からは脱して次子につながり、問題が生じたのだ。

孝宗は、仁祖の嫡統であったが仁祖の次子であるために孝宗の継母慈懿大妃は、一年間喪服を着なければならなかった。西人は、孝宗（ヒョジョン）の正統性を否定し、次子は一年間喪服を着なければならないと主張したことに対して、南人は、「天理人宗法」が王家儀礼においては、変則的に適用され王になった以上は長として三年間、喪服を着なければならないと主張した。現実的には王統の適法性と関連した問題であり、「経国大典」に収録された長子と次子との区別なく一年服喪を規定した「國制朞年服」によって結末を迎えた。しかし、この孝宗の位相に関する議論は二次礼訟である甲寅礼訟（一六七四）をもたらした。甲寅礼訟は、孝宗妃の仁宣王后の死後、孝宗が長男ならば大王大妃は長子婦として、孝宗の正統性を認める朞年服（一年）の着用の義務があるが、次男であれば大功服（デコンボク、九ヵ月）を着なければならないからだ。二回にわたる礼訟論争は、己亥礼訟では西人が、甲寅礼訟では南人が主導権を握った。

西人（ソイン）と南人（ナムイン）の礼学の違いである礼訟論争は政治的な主導権につながり、熾烈な論争を繰り広げるようになった結果が社会にまで波及し儒学で言及する祭祀形式である「朱子家礼」について新たに理解されるようになった。西人は、朱子家礼に従って補完し体系化した金長生から続く礼学的伝統であり、南人は原始儒学である六経を重視して古学へ回帰しようとした。礼訟論争は、公理公論で党争の否定的な批判につながるのではなく、実践を重視する実用の学問である例として、国を正そうとする努力と見なければならない。

さらに、嶺南（ヨンナム）の宗法は、天理に従って変わることができる王中心の思考構造である。しかし湖南（ホナム）は、王でも宗法と天理は変わらないという思考構造であり王と民の同一性を見せてくれる平等主義を示すものだ。

李滉（イファン）は、彼の理気説と人性論においても、純粋な善の絶対性、理の神聖さを確保するために、気との協力を断然拒否した。そして、李滉は、存在概念として理気を価値概念化し、理を将軍として、気を兵士として、または理を「王」に、気を「臣下」にそれぞれたとえて説明した。[90] さらに「理貴気賤」、「理尊気卑」[91]という命題を通じて、理気の厳密な区別とともに価値的秩序を設定した。

「理」を「気」より重視して強調するということは、相対的に「気」の価値を弱める意味がある。「理が善ならば、気は悪いもの」、「理が貴いものならば気は卑しいもの」、「理が高ければ、気は低い」と規定し、理と気の厳格な区別を強調したこともある。理の純粋な善を変質させ、汚染させる悪から区別するのが彼の関心だった。したがって、「理と気」は厳格に区別され、理と気を混同してはならない。そして、理は尊崇され守るべき価値として、気は低くされ警戒すべき価値に規定され、主理論的思考の枠組みが定型化されたのである。このように李滉の主理論的思考は、彼の倫理的な哲学的立場から起因したものであり、これは士禍時代という歴史的背景と関係があるということだ。

二．地域差から見る祭礼（ジェレ）文化

崇儒抑仏を掲げ、性理学の「家礼」により社会秩序を確立しようとした朝鮮王朝は、礼の施行に積極的だった。

太祖（一三九二―一三九九）は「即位教書」で「冠婚葬祭は国の重要な規範なので、願わくは礼曹は、経典を綿密に研究し古今の時勢を鑑み、明確な標準を提示することにより人倫を厚くし風俗を正しなさい」[92]としており、太宗（一四〇一―一四一九）は、吏曹の要請によって、七品以下の官職は「朱文公家礼」の試験を受けるように命じた。[93]

家礼の施行において、第一に強力に推進されたのは祭礼の中でも家廟制であった。太祖元年（一三九二）九

月に都評議使司である裴克廉（ベグクリョム）と趙浚（ジョジュン）などが、次のように進言した。地位の有無にかかわらず、いずれも家廟を建て先代を祭祀し、西人は正寝において祀り、その他の淫祀はすべて禁止する。[94]太宗元年（一四〇一）には家礼による儀礼を施行することに従わない者は罷免せよと主張した。[95]

家廟の法律は厳しくせざるを得ません。かつて親に仕える者は、親が生きている時は心を尽くして親孝行を行い、親が死ぬと生きていた時よりも更に仕えました。これは、まるで親が生存しているようにしながら死ぬまで怠らなかった。このようにするのは、その親を死んでいるとは思わないという意味です。死んだ父母たちは仏の所に移され天上界で住むという浮屠（フト、ほとけ）の速化説が広がるにつれて、養子になった者は悪巧みな言葉に惑わされ、親が亡くなると仏の所に移され天上界に住むと考え、喪を終えた後は親の亡骸を粗末なところに安置する。また廟を建てて仕えない。したがって、国家は日ごとの風俗の乱れを懸念し常に命令を下し必ず家廟の令をまず行なわせ、民の徳が高められるようにしてから既に数年が経過しました。しかし、好んで行う者がいないし、異端の邪説が固まってなかなか壊すことはできない。または祠堂を設置する方法を知らないからです。神々は思う。王城は教化の根源であり、治める根本なので、先に、士大夫[三七]の家にて行なわせた後、士大夫以外の人に行わせると、何が難しいのか。また都城の中は、家が狭くて祠堂（サダン）を設置することが困難なので、別に櫃（クェ）一つを作って神主（シンジュ、位牌）を入れて清潔な部屋に置き、簡略なしきたりで従わせる。地方ではそれぞれ州・府・郡・県の公衙（コンア）の東側に臨時に祠堂を設置し、命令を受けて出て行く首領が嫡長子ならば神主を持たせながら赴任させ、嫡長ではなければ、州県の廟（民家には家廟とも呼ばれる）で紙榜（ジバン）を書いて礼式を行わせた。朝廷であれ民間であれ、廟の祭祀をつかさどる者は、毎日夜明けに起き、焚香再拝をし、出入りをする時に、必ず告げ、すべての祭儀を一貫して文公家礼によって下の人に見せれば、勧めがなくても自然に教化が民に及ぼすはずです。たとえ初めから祠堂を建てない者でも必ずここから盛んになります。ソウルでは明年正月から、地方では二月から開始して行わせて、従わない者に対しては憲司より監察し、罷免した後に王に報告させたまえ。

家廟祭の次に奨励したのは、三年喪の遵守問題である。高麗末期の明律によって喪服制が採用され、法制として規定されていたが、手続きと内容が複雑で多くの役人は一〇〇日目に喪服を脱ぐことが一般的だった。[96] 朝鮮初期の政権は、士大夫は三年喪の実践に逆らう行為を禁止し、仏教の影響の中で行われた喪礼の習慣を家礼として従わせた。

しかし、性理学を理念とする士林の登場で朱子礼を代弁する朱子家礼は、古礼、時礼、国制、家礼儀節などを折衷して家礼を補完し拡大していった。一般的に礼学では退渓学派では古礼を重視し、栗谷学派では家礼を重視した。このような違いが礼訴論争にまでつながった。

金長生の「家礼輯覧」は、経書[三八]による考証である。学問的貢献は当然として合理性を追求し、朝鮮の実情に合わせて「国朝五礼儀」などの「国故典禮」を引用し、退渓、河西（ハソ）、栗谷、龜峰（クボン）など当代の儒学者まで全員受容し、批判をしたので、朝鮮家礼の基礎を樹立した。[97] 家礼は名目上、冠婚葬祭の事例に分類されるが、内容においては、喪礼が中心課題である。儒学で最も重要な儀式は喪礼と祭礼である。[98] 喪礼と祭礼は、人の死を知性的な面と情緒的な面に分けて、死者は死者にすぎないという知性的な面から見ると、喪礼は必要なくなる。しかし、情緒的な面で、魂だけは他の世界で永遠に生きていると信じるため、生きている人が、死者を今も生きているかのように偲ぶのだ。

朝鮮建国時に政治的に朱子学が必要だった一五世紀から、学問的修身が強調される朱子学が発達した一六世紀〜一七世紀に至って、礼学思想が栗谷李珥の学統を継承した畿湖学派の沙溪金長生の「家礼輯覧」が世に出るようになる。沙溪とその息子である金集（キムジプ、一五七四―一六五六）は、朝鮮礼学成立に中心的な役割を果たした。

礼学が成立し、祖先を祀る方法である祭礼では紙榜が使われるが、これは、紙に祭られる対象者を象徴するものにした神主（シンジュ）である。この紙榜と墓碑に学生（ハクセン）、處士（チョサ）、秀才（スジェ）という用語を使うが、嶺南地域では處士[99]を使い、湖南地域では「学生」[100]を主に使う。

沙溪曰無官而死者不稱學生則無他稱號勢不得已當書學生處士秀才各隨其意可也婦人孺人之號書亦可不書亦可丘氏謂無官婦人宜如俗稱孺人盖禮窮則從下之義也[101]

沙溪先生が言うことは官職がなく死んだ場合、学生と呼ばなければ、ほかに呼ぶ呼称がないので、やむをえず学生、處士、秀才と書くが、その中で適切に使えばよいだろう。「夫人に対する「孺人（ユイン）」という称号は書いても書かなくてもよい。丘濬（クジュン）は言う。官職のない夫人の場合には、世俗で呼ぶように「孺人」という称号で呼ばなければならないと言った。

今日では祭祀を行う家庭の大部分が「處士」よりは「学生」という用語を多く使っている。これは一九六九年「家庭儀礼準則」（一九六九.三.五、大統領告示第一五号）を初めて制定したが、ここで處士ではなく学生を使用することで学生が普遍的に使うようになった。しかし、地域的な伝統と文化は、統制によって簡単に消えるものではないため、嶺南地域では、まだ「處士」を好んで使用されている。

退溪学派の一六世紀後半から一七世紀前半の礼学は家礼を根幹として、時俗、国制などを折衷した俗礼を強

表2　礼学書とその内容

	冊	内容
高麗	古今詳定禮	後三国を統一し、新しい秩序の基準として 儒教式禮制を制定
	高麗史禮志	現存する最古の禮志 高麗の伝統的、伝来的禮俗
朝鮮	世宗五禮儀	太宗代 儀禮詳定所の業績を基本として 唐、宋、明の禮制を参照
	國朝五禮儀	世宗五禮儀に修訂 朝鮮 五〇〇年国家の典禮が完成（成宗）

表3　退渓　栗谷学派の主張と家礼

	退渓 李滉（嶺南學派、南人）	栗谷 李珥（畿湖學派、西人）
中心人物	愚伏 鄭經世、西厓 柳成龍 寒岡 鄭逑	龜峰 宋翼弼、沙溪 金長生 尤庵 宋時烈
主張	理氣一元論 四端（仁義禮智）	理氣二元論 七情（喜怒哀樂愛惡欲）
家礼立場	家礼を根幹として古禮、時俗、 國制家礼儀節などを折衷した俗例 鄭逑 五先生禮設分類（一六二九） 李瀷 星湖禮式（一七六九）	家礼を尊重しながら俗例の 長所を生かし、主體的に補完 金長生 家礼輯覽（一五九九） 李 縡 四禮便覽（一八四四）

調し、後期礼学に関心を広げたが、退渓の強い影響力を脱することができなかったし[102]、前代の礼学から朱子礼学理解をもとに学問的な進展を成し遂げた栗谷学者たちとは対比される[103]。

　退渓学派は、継承され多くの著作が出されたが朱子家礼中心の退渓影響を大きく脱することができず、礼学伝統にとどまっていた。一方、栗谷学派は金長生、李縡につながって発展したこととは対照的だ。

1 韓永愚『鄭道傳思想の研究』（ソウル：ソウル大学出版部、一九七三）一〇〇―一〇二頁。
2 高麗史列傳、諸臣三〇、鄭夢周。
3 李範鶴『宋代朱子學の成立と發展、講座 中國史Ⅲ』（ソウル：知識産業社、一九八九）一九七頁。
4 宋代の性理学は、気論、理論、心論など複雑多岐だが、高麗は、朱子学だけを受け入れた。金忠烈『高麗儒學史』（ソウル：高麗大学出版部、一九八七）一五四頁。
5 金忠烈『高麗儒學史』（ソウル：高麗大学出版部、一九八七）二六頁。
6 金ピルニョン『東西文明と自然科学』（ソウル：鵲（kachi）、一九九二）一二六頁。
7 李ガンデ、同上、三一頁。
8 中国の韓愈、朱熹、韓国の鄭道傳などがある。
9 『朱子語類』巻五「性卽理也 在心喚做性 在事喚做里」。
10 李ガンデ、三四―三八頁。
11 『朱文公文集』巻四六、答劉叔文「未有此氣 已有此性 氣有不存」。
12 尹絲淳『朝鮮朝 理気論の発達』「石堂論叢」第一六輯、一九九〇、二八五―二八六頁。
13 李愛熙『朝鮮後期 人性・物性 論争の研究』（ソウル：高麗大學校民族文化研究院、二〇〇四）一三六―一三七頁。
14 李炯性編訳『高橋徹の朝鮮留学史―日本皇国史観の光と影』（ソウル：イェムン書院、二〇〇一）一〇一頁。
15 李東熙『朝鮮朝朱子学史における主理、主気用語使用の問題点に対して』「東洋哲學研究」一二刊 一号 一九九一、一二五頁。
16 同上、二四頁。
17 裵宗鎬『韓国留学史』（ソウル：延世大學校出版部、一九七四）七〇―九二頁。
18 折衷派は朱理と朱気の両説を折衷することで、自分の体系を樹立したものである。退渓、栗谷両系統の中でも、彼らが自己師説系統だけを支持せず、他師説系統を導入することで両説を折衷したのである。同上、一四五―一四六頁。
19 韓国哲学思想研究会『論争からみる韓国哲学』（ソウル：イェ書院、二〇〇一）一四六頁。
20 鄭仁弘（チョンインホン）は朝鮮中期、後期の文官であり性理学者であり、壬辰倭乱の時の義兵長。宣祖・光海君の代に北人と北宋学派を率いて政局を主導した北宋学派の指導者であった。党派では東人だったが、鄭澈の処罰をめぐって東人が南人と北人に分かれた時は強硬派で北人だった。名前は徳源、号（別名）は来庵、本貫は瑞山。一五七三年、学問と徳行が認められ、黄澗県監に抜擢され、善政を敷いた。
21 文廟（ムンミョ）とは、孔子を敬う祠を称し、文廟従祠とは、孔子とともに祭祀を行うという意味である。
22 朝鮮時代一六二三（光海君一五）年に西人一派が光海君および大北派を追い出し、陵陽君李倧を仁祖王として擁立した事件。
23 李滉、退溪先生文集 券之三十九、書 答李公浩（木版本、一八四三）
24 退溪先生文集 巻之二十五、書 答鄭子中別紙『按朱子嘗曰 理有動靜 故氣有動靜 若理無動靜 氣何自而有動靜乎 蓋理動則氣隨而生』『朱子曰 理無情意無造作 既無情意造作 則恐不能生陰陽 若曰能生 則是當初本無氣 到那太極生出陰陽 然後其氣方有否』。
25 退溪先生文集 巻之二十四、書 答鄭子中別紙『則無聲臭 無方體 無窮盡』。
26 退溪先生文集 巻之十六。

27 退溪先生文集 巻之二十五、書、與鄭子中別紙『蓋自其眞實無妄而言 則天下莫實於理 自其無聲無臭而言 則天下莫虚於理 只無極而太極一句』。

28 周敦頤（チュドンイ、一〇一七年―一〇七三年）または周濂溪は、中国北宋（九六〇―一一二七）の儒教思想家である。性理学の基礎を築いた。敬称して朱子ともいう。

29 退溪先生文集 巻之三十九、書、答李公浩〝蓋其假彼喩此 以明此理之無形狀無方所 而至有者在焉 至實者存焉爾。

30 周敦頤は、北宋の道州・営道（ヨンド、ホナム省 道県）の人。本名は敦実だったが、英宗の名前から「敦頤」と改めた。名前は茂淑で、号は濂溪、諡號は元公。蔭補で寧県主簿となり、虎州通判などを務め、治績を積んだ。「中国歴代人名辞典」（ソウル：イフェ文化社、二〇一〇）。

31 儒学の修養論における「四端」（仁・義・礼・智）と「七情」（喜・怒・哀・楽・愛・悪・欲）。これをめぐる論争を「四端七情論」あるいは略して「四七論」と呼ぶ。四端（サダン）とは、四つの人間本性から湧き出る心、七情とは、七つの感情のことである。『四端七情』（韓国民族文化大百科）韓国学中央研究院。

32 黄義東『畿湖儒学研究』（坡州：瑞光社、二〇〇九）一三頁。

33 鄭智雲（チョンジウン）一五〇九年（中宗四）―一五六一年（明宗一六）。朝鮮時代中期の性理学者・思想家・作家で、名前は靜而、号は秋巒である。

34 奇大升（キデスン、一五二七―一五七二）は、朝鮮中期の性理学者である。名前は明彦、号は高峰・存齋、本貫は幸州である。

35 『宣祖実録』宣祖二年　閏六月七日（己酉）。

36 黄義東『畿湖儒学研究』一三頁。

37 栗谷先生全書 巻之十、書二、答成浩原（木版本、一八一四）。

38 栗谷先生全書 巻之十、書二。

39 栗谷先生全書 巻之十四、雜著、易數策。

40 中宗は第一継妃の章敬王后・尹氏から仁宗をもうけ、第二継妃の文定王后・尹氏から明宗をもうけた。これらの二人の継妃は同じ尹氏であり、章敬王后の弟に尹任がいて、文定王后の弟に尹元衡がいた。尹任と尹元衡は同じ宗氏でありながら、互いに國舅（正一品）となって勢力を握ろうと早くから反目・対立し、世間から尹任を大尹、尹元衡を小尹と呼ばれた。

41 乙巳士禍（ウルササファ）の影響で一五四七年（明宗二）に起きた士禍であり、尹元衡一派が大尹勢力を粛清するために作られた事件

42 「理気之妙」は、李珥が説明した本体論として理と気の関係を明らかにした言葉で、理と気の根源はおなじ処であるという意味である。彼の理気観は二元的に分離できない現実において、理を離れた気も存在せず、気を離れた理も存在しないという基本的な立場を取る。しかし、理と気が分離できないからといって理と実存する気を混同することはできないと考えた。形而上である理と形而下である気が離れないので、気が曇ると理も曇って見え、気が晴れたら理も晴れて見えるという説明だ。ところが、理に清濁があるのは、理自体から始まったのではなく、気の清濁によって理が清く曇っているように見えるだけだというのだ。したがって、理が曇ることを懸念するのではなく、曇った気質を明らかにするのに根本的な問題があるという指摘に発展する。本質的には「理」の根源も一つだけで、「気」の根源も一つだけだと言った。このような彼の「理気之妙」の論理構造は次の三つに集約される。第一に、理の根源も一つで、気の根源も一つであり、理と気が同じ根源であり、理と気が一つだということだ。ただ、表現形式が揃わ

なかったのは、気だけではなく、理もそうであったことを明確に知ることが重要であると強調する。第二に、不相離不相雑として「理気之妙」を説明した。不相離とは理気を二つに分けることができないということである。不相雑（混じり合えない）というのは、理と気がその実際の意味は異なるということを指摘した言葉だ。三つ目、「理気之妙」は天道と人間の性情をすべて含む概念だということだ。彼が「理気之妙」と言ったのは、理気が互いに離れない関係であることを強調し、その理由を説明するためだった。このような李珥の「理気之妙」の理論は、性理学思想において卓越した見解として評価される。

林錫珍ほか編著、『哲学事典』（ソウル：ジュンウォン文化二〇〇九）。

43 曺植（チョシク、一五〇一―一五七二）は、朝鮮前期の性理学者であり、嶺南学派の巨頭である。本貫は昌寧、名前は建仲、号は南冥。幼い頃から学問研究に熱中し、天文、易学、地理、絵画、医薬、軍事などの才能に長けていた。明宗と宣祖より、中央と地方の様々な官職を提案されたが、一度も官位にならず弟子の育成に努めた。

44 李相弼『南冥学派の形成と展開』（ソウル：ワウ出版社、二〇〇三）八一頁。

45 曺植『教監国訳南冥集』（ソウル：理論と実践、一九九五）二四頁。

46 封事（ボンサ）とは、文を封じて王だけがその内容を見ることができるように書いた文書。

47 「宣祖実録」一年五月二六日（乙亥）。

48 黄義東、『畿湖儒学研究』二〇頁。

49 宣祖修正実録五年一月一日、処士曺植（チョシク）死亡。曺植の名は楗中であり、その先代は昌寧出身として、三嘉県で育った。幼い頃、豪放で勇敢なため、礼法にとらわれず、自らその才覚を誇示したが、文章は奇異で古めかしいことを目指した。心のうちに科挙及第や功名は容易に果たせると考えていた。そんな中、かつて友人と「性理大全」を読み、許魯載が言った「伊尹が、志したものを行い、顔子が学んだことを学び、世に出ると功を立てて座り込むと節操を守る。」というところに至り、立派な男は当然このようにしなければならないとし、大きく心を整えて実学を誠実に学び、また科挙の勉強をあきらめた。かつてソウルに行き、聖水琛を訪れたが、彼が白岳山の下に家を建て、世と縁を切ったことを見て、とうとう彼と友になり、故郷に戻って官職に就かず智異山の麓で暮らした。「取捨」をむやみにしなかったため、人を認めることが少なく常に静かな部屋に端座し、行動に気をつけているため夜も気を乱したことはなかった。悠々と過ごした歳月を経て、私欲と雑念がきれいに洗い流され高くそびえ立つ気概があり、剛直な節操で悪を憎み善良でない郷人に対しては厳格であったため、郷人が敢えて接近することができず、ただ学生たちだけが慕って交わりすべて心服した。明宗の時、李恒（イハン）と共に王に呼ばれて入宮した際、王が治道を尋ねると、曺植は非常に疎略に答えたが、退いて李恒と酒を飲んで酔って冗談を言うと、「お前は上賊で、私は次なる盗賊だから我々の盗賊が他人の家の塀をくぐる儒者ではないか」と言った。その後、官位より退き、帰郷すると清廉潔白な人物として一層有名になった。王が数回官位を授けようとしたが固辞した。晩年に、病に倒れると王が医者を送って病気を治療させようとしたが、医者が到着する前に死去した。享年七二歳。朝廷大臣が謚號（シホ）を授けることを要請すると、王は、前例がないという理由で許さなかった。その代わりに、死後、大司憲職と葬儀に必要な物を与え、葬儀を行わせた。曺植の学問は心で道を悟ることを重視し、実用と実践を前面に押し出した。是非を説いたり弁論したりすることを好まないため、学生のために儒教で特に重視される文献を解説したことはなく、ただ自分を顧み自ら悟らせた。その精神が人を励まし、心を動かしたので、彼を慕って学ぶ者には、目が開かれる人が多かった。〝周易参同契〟を随分と好んで見ながら、良いところが非常に多く、学問をする上で役立つとし、また、解釈の最高の境地は私たちの儒家（中国の諸子百家の一つ）と同じであるとも言った。早くから「敬義」という二文字を壁に書いておいて学ぶ者に見せたが、臨終時に「この二文字は日月のように廃ることはできない」と言った。曺植の著書はなく、若干の詩文だけが残存するだけだが、学者たちが南冥先生と呼んだ。

50 李相弼『南冥學派の形成と展開』三三二頁。

51 崔炳憲（チェビョンホン、一八五八―一九二七、忠清北道・堤川）は、二〇歳まで故郷で漢学を学んだ。一八八〇年に『瀛環志略（ヨンファンジリャク）』を読み、泰西の文明の発達像とキリスト教の存在を知った。一八八八年に、西洋宣教師G・H・ジョーンズに韓国語を教え宣教師たちと交流を始めた。一八九三年の受洗後、聖書翻訳と独立協会などに参加し、「独立新聞」、「皇城新聞」などの紙面を通じて開化思想・政治改革思想などを発表した。一九〇二年に牧師になった後に、アペンゼラーの後を継いで貞洞教会の担任牧師になった。彼はキリスト教青年会（ＹＭＣＡ）運動にも関わり、一九一四年から一九二二年までソウル地方と仁川地方の監理司として活動した。

52 柳東植『韓国神学の鉱脈』（ソウル：展望社、一九九三）七二頁。

53 同上、八一―八二頁。

54 同上、九〇頁。

55 彼が扱った諸宗教は、儒教、佛教、仙教、婆羅門教、回回教、猶太教、印度教、埃及古教、希臘古教、白蓮教、神教、天理教、太極教、大倧教、天道教、太宗教、太乙教、敬天教、青林教、濟遇教、天主教、希臘正教、耶蘇教などである。

56 柳永模（ユヨンモ、一八九〇―一九八一、ソウル）は、幼少期に漢学を学ぶ。一九〇五年、ＹＭＣＡで有名人の講演を聞き、初代ＹＭＣＡ総務金正植（キムジョンシク）の導きでキリスト教に入門し、京城（キョンソン）日語学堂と儆新（キョンシン）学校を修了した。一九一〇―二一年に、五山学校の教師として在職し、一九一二年に日本の大学に留学したが、宗教的信念により中途帰国。一九二一年、五山学校の校長として一年間在職し、一九二八年から三五年間続いた大韓キリスト教青年会連盟（ＹＭＣＡ）聖書研究班の指導を行った。一九四二年に『聖書朝鮮』に発表した文章が問題視され、鍾路警察署に拘禁された。一九五九年『道徳経』を翻訳した。

57 韓国文化 神学会『韓国神学、これだ』呉ジョンスク、『柳永模と韓国的キリスト教』（ソウル：ハンドゥル出版社、二〇〇八）三八頁。

地平融合はガダマーの解釈学で、人間は世界の存在であり、世界の中で人間の地平が形成され、この地平を通じて人間は他のすべての地平も理解して受け入れることができるということ。

58 同上、四三頁。解婚とは夫婦で暮らしながら夫婦関係は持たず、兄妹のように友達のように過ごすことを意味する。

59 同上、四六頁。

60 朴ヨンホ編『多夕 柳永模語録』（ソウル：ドゥレ、二〇〇二）三一八頁。

61 金教信（キムギョシン、一九〇一―一九四五、咸鏡南道咸興）は、一九一九年に咸興農業学校を卒業後、同年、日本の東京正則英語学校に入学し、一九二〇年に、東京でキリスト教路傍伝道を聞いて回心した。一九二七年に東京高等師範学校を卒業し、無教会主義者である内村鑑三から信仰教育を受けた。一九二七年に帰国後、永生高校、養正高校（一〇年）、開城の松島高校（五ヵ月）、京畿中学（六ヵ月）などで教鞭を取った。一九二七年七月に、東京で内村聖書研究会に参加していた咸錫憲（ハムソクホン）、宋斗龍（ソンドゥヨン）、鄭尚勲（チョンサンフン）、柳錫東（ユソクドン）、梁寅成（ヤンインソン）らと共に『聖書朝鮮』を季刊誌として創刊し、帰国後は月刊として発行した。養正高等普通学校在職時には「水に山に」という会をつくり、学生たちとソウル近郊の古跡と陵墓・寺院などを踏査した。一九四二年、『聖書朝鮮』の巻頭文『弔蛙（ジョワ）』（凍って死んだ蛙を哀悼する）による筆禍事件が発生して獄苦を経験する。弔蛙とは、松島高等学校の在職時に、松岳山の谷間での冷水浴で見た氷瀑の中にある岩間から見た蛙であり、『聖書朝鮮』は廃刊された。その後、咸興肥料工場で労働者と共に暮らし、一九四五年春に、発疹チフスを発病して死去。

62 『聖書朝鮮』は一九二七年七月に、韓国の無教会主義者が創刊した同人誌である。創刊辞で、民族の試練を、聖書研究を中心とした純粋なキリスト教信仰で克服しようと提案したが、教会側から圧迫を受け、発行部数も三〇〇部を超えなかった。一九四二年三月に、第一五八号の内容が民族蘇生を比喩したとして廃刊され、関係者一八人が西大門刑務所に投獄され、固定読者は自宅まで捜索された後、雑誌はすべて焼却された。

63 『聖書朝鮮』第六号「入信の動機」。

64 咸錫憲『金教臣と私』Vol.17. 一九七四、九二頁。

65 『聖書朝鮮』第一〇一号「聖朝通信」。

66 尹聖範（一九一六―一九八〇、慶北蔚珍）は一九三四年平壌光星高等普通学校を修了後、一九四一年日本の同志社大学神学部を卒業した。光星学校時代に肺病ステージ三期の危機を克服し、鄭景玉教授の査経会集会を通じて神学の道に入ることを決心した。一九四五年に牧師按手を受け、一九四六―八〇年には監理教神学大学教授を務めた。一九七〇年には同大学大学院長、および一九七七年には学長を務め、一九六〇、一九六五、一九七五年に国際宗教史学会に参加した。一九七〇年には韓国宗教史学会会長、一九七七年には韓国基督教学会会長を務めた。一九七二年に、「韓国的神学、誠の解釈学」を通じて韓国的な土着化神学を主張した。これに先立ち一九六三年、「桓因・桓雄・桓剣は、すなわち神である」という文で檀君神話とキリスト教の三位一体論を結びつけたりもした。

67 「思想界」一九六三年五月号。

68 韓国文化 神学会「韓国神学、これだ」、李ジョンチャン『「海天尹聖範の「マルスムジョルロ」』の神学：誠の解釈学」（ソウル：ハンドゥル出版社、二〇〇八）一六七頁。

69 尹聖範『誠の神学』「韓国儒教と韓国的神学尹聖範全集二」（ソウル：図書出版監神、一九九八）三三―三四頁。

70 尹聖範『誠の解釈学』「韓国儒教と韓国的神学・全集二」（ソウル：図書出版監神、一九九八）六五頁。

71 尹聖範『韓国における韓国神学：組織神学における可能な道』現代と神学（ソウル：延世大学校連合神学大学院、一九六七）四〇頁。

72 尹聖範『韓国儒教と韓国的神学全集二』（ソウル：図書出版監神、一九九八）一六頁。

73 尹聖範『誠の解釈学』二二―二五頁。

74 尹聖範『誠の解釈学』四三頁。

75 尹聖範「現代神学の課題―土着化を目指しつつ」『現代神学全集Ⅰ』（ソウル：図書出版監神、一九九八）三二四頁。

76 徐南同（一九一八―一九八四、全羅南道務安）は一九三六年全羅北道全州新興中学校を修了して後に日本同志社大学神学部（一九四一年）を卒業後、平壌のヨハネ学校で教師生活を送った。一九四三―五二年に牧会活動をし、韓国神学大学教授として招聘された。一九五七年にカナダのエマニュエル神学大学で神学修士号を取得後、延世大学神学科教授として赴任した（一九六一年）。一九六〇年代に、ボンヘッファーの世俗化神学をはじめ、現代神学の潮流を国内に紹介することに注力した。一九七〇年代に入り、国内の神学者とともに発表した「韓国キリスト者宣言」をきっかけに活発な社会参加に乗り出した。一九七五年に維新政権下（朴正煕政権の強権統治期間）で、学院事態により解職された後、一九七六年に咸錫憲・金大中（キムデジュン）・文益煥（ムンイクファン）などと共に、「三・一民主救国宣言」に署名し、緊急措置九号違反で拘束された。このような社会参加の過程で、徐グァンソン、玄ヨンハク、金ヨンボクなどと共に「民衆神学」を発表し、韓国的神学の基礎づくりに努めた。

77 西南同『民衆の神学』（キリスト教思想）Vol. 9. No. 4. 一九七五、八五頁。

78 徐グァンソン『韓国の民衆神学』韓国神学研究所編、「一九八〇年代韓国民衆神学の展開」（ソウル：韓国神学研究所、一九八〇）五〇頁。

79 一九七三年五月二〇日発表の「韓国キリスト者の宣言」序文。

80 安炳茂（一九二二―一九九六、平安南道安州）一九五〇年にソウル大学社会学科を卒業、一九六五年にドイツのハイデルベルク大学で神学博士号を取得。一九五〇―五六年に中央神学校教授、一九五一―五六年に月刊『野聲』発行人を務め、一九五三年に郷隣教会を創立した。一九六五―七〇年中央神学校長、一九六九―八〇年月刊現存発行人、一九七〇―八七年韓神大学教授、一九八二―八七年韓神大学院長、一九八八年から韓神大学名誉教授を務めた。一九七三―九一年に韓国神学研究所長、一九九二年から韓国神学研究所理事長を務め、理論と実践を併せ持つ神学を追求した。一九七〇年の全泰壱（チョンテイル）焼身事件後、維新政権に対抗して抵抗運動を展開したので一九七五年と一九八〇年に韓神大学教授を解職され、一九七六年には民主救国宣言事件で投獄された。西南同・玄永學などと共に韓国的状況神学としての民衆神学を誕生させ、その体系形成に核心的役割を果たした。

81 安炳茂『民族、民衆、教会』「基督教思想」Vol. 4 No. 4. 一九七五、八三―八四頁。

82 安炳茂「民衆神学物語」（ソウル：東京、一九九一）八八頁。

83 玄永學（一九二一―二〇〇四、咸境咸興）は、韓国の教育者、キリスト教社会運動家、民衆神学者、民俗学者であり、反維新民主化運動に参加して活動した。梨花女子大学神学科教授と文理大学長を務めた。ニーバー、D・ボーンヘファーなどの神学者たちと彼らの著書を国内に紹介し、安炳茂、徐南同などと共に民衆神学、解放神学を開拓し、軍政と維新体制に反対して反維新、反朴正熙、反全斗煥運動にも積極的に参加した。一九八〇年代からは死去するまでタルチュムの研究に専心した。

84 柳東植（一九二二―、黄海道南川）は、監理教神学大学を卒業し、ボストン大学、東京大学で研究し、延世大学神科大学教授を引退した。

85 柳東植『韓国神学の鉱脈』（ソウル：展望社、一九九三）二九―三二頁。

86 柳東植によると、韓国的霊性の風流図は無教的霊性が昇華されたものである。天と地、神と人間の二元論的な対立と葛藤が抑制される無宗教の両極の交合構造という創造的太極図式である「熊が女性になり、神は人間になり、互いに結合」したという檀君神話とともに、神仙圖、花郎徒を理解する枠組みになる。邊鮮煥（ビョンソンファン）『韓国プロテスタントの土着化：過去、現在、未来、教会史研究』Vol. -No. 7、一九九〇、八八―八九頁。

87 柳東植『風流道と韓国の宗教思想』（ソウル：延世大学校出版部、二〇〇四）六二頁。

88 柳東植『風流道と韓国の宗教思想』（ソウル：延世大学校出版部、二〇〇四）六二―六三頁。

89 柳東植『風流神学への旅路』（ソウル：ジョンマンサ、一九八八）三〇頁。

90 『陶山全書』巻三、六〇〇頁。『天命圖説』「理為氣之帥氣為理之卒」

91 同上、巻一二、與朴澤之。

92 『太祖實錄』元年七月二八日（丁未）。

93 『太祖實錄』三年六月九日（乙卯）。
94 『太祖實錄』元年九月二四日（壬寅）。
95 『太祖實錄』元年一二月五日（己未）。
96 『太祖實錄』七年二月一日（戊寅）の三年喪は、いわゆる共通する喪礼です。したがって大小臣僚は時任（現在官職についている人）と散官（一定の官職はなく、官職だけ保有する人）はもちろん、喪制を終えるように許可し、緊要な政務に関わる者は喪中起復（喪中に官位につくこと）させるよう既に定められた法令がある。しかし、よく見るところ、職守もなければ関わることもない者が儒学の聖人制度を顧みず、古い習慣に従ってようやく百日だけ過ぎれば吉服を着る。あるいは朝から白衣、白笠の姿であったりしても恥ずかしく思わない。これは、儒学の聖人制度に反するだけでなく、実に明るい時代の興隆の支障にもなり、風俗の低さを心配せざるを得ません。
97 裵相賢『沙溪 金長生の 禮学思想考』「沙溪思想研究」（ソウル：ナンジョン文化社、一九九一）八四―八五頁。
98 馮友蘭『中国哲学史』（ソウル：蛍雪出版社、二〇〇四）一九四頁。
99 官を辞さず草野に埋もれて暮らすソンビ。顯考 處士 〇〇〇 公 神位。
100 生前に官位なく死んだ人の銘旌、紙榜、神主などに使用する敬称。
101 無官者 神主稱號（沙溪全書（第三九巻）疑禮問解）
102 チョンギョンヒ『一六世紀後半―一七世紀初め退溪学派の禮学』（韓国学報）Vol 26. No.4. 二〇〇〇、一〇五頁。
103 金恒洙『一六世紀の士林の理解』（韓国史論 七）一九八一、一七二―一七三頁。

第三章　来韓長老教会宣教部と地域特性との出会い

各国の長老教会宣教部が来韓し、宣教部を設置し宣教している期間（一八八四年から一八九一年）に、一八九三年から一八九五年まで東学（トンハク）[三九]の指導者たちと東学教徒及び農民たちによる民衆武装蜂起で東学農民運動が起きた。東学農民運動は、大きく一八九四年旧暦三月の高府蜂起（第一次）と旧暦九月の全州・光州（クァンジュ）決起（第二次）に分類される。それまでの朝鮮両班官吏の横領と腐敗に対する不満が湧きあがり、全羅道高府郡に赴任した趙炳甲（チョビョンガプ）の不正と濫刑は汚職清算と内政改革、そして東学教祖伸冤運動[四〇]につながった。

当時、宣教師が地方で歩き回ることは、社会的な雰囲気だけではなく、旅をするときにも多くの困難が伴った。一例としては、米国ドル一〇セントを韓国貨幣で交換すれば銭一〇〇個になっており、二〇ドルを両替するとポーターが負わなければならないほどになった。[1]遠くの町を往来しながら宣教するのは、決して容易ではなかった。このような韓国の現状の中、長老教会の地方宣教部が開設された。

長老教会（プレスビテリアン）は一八八四年以降、米国北長老教会（一八八四）、豪州ビクトリア長老教会（一八八九）、米国南長老教会（一八九二）、カナダ長老教会（一八九七）を通じて宣教運動を展開した。四つの長老教会宣教部は一八九三年宣教部間の連合体である「宣教師公会議」を組織して相互協議と合意を経て宣教地域を分割した。「宣教区域分割協定（Comity Arrangement）」は、宣教部間の人的、財政的浪費を防ぎ、

表４　来韓長老教会の地域宣教部設置時期

年度	1891	1894	1896	1898	1899	1901	1904	1905	1908	1911	1913
北長老教会	釜山				大邱				安東		
豪州長老教会	釜山鎮							晉州		馬山	居昌 統営
南長老教会		全州	群山	木浦			光州				順天
カナダ長老教会				元山		城津	咸興				

韓国福音化の目的から行われた。この協定で、米国北長老教会は在寧、江界、平壌、ソウル、清州、安東、大邱、平安道、黄海道、慶尚北道地域を担当した。米国南長老教会は全州、群山、木浦、光州、順天、全羅道と忠清道の一部地方を担当した。咸鏡道（ハムギョンド）地方と間島（カンド）地方を宣教区域としたのは、カナダ長老教会（後にカナダ連合教会）である。豪州ビクトリア長老教会宣教部は、豪州長老教会宣教部（Australian Presbyterian Mission）と呼ばれていたが、彼らは釜山と慶尚南道地域を宣教区域とした。慶南地方で布教活動を開始した豪州長老教会宣教部は一八九一年に釜山鎮、一九〇五年に晉州（チンジュ）、一九一一年に馬山、一九一三年に統営と居昌の五つの支部を設置した。

一八八四年にプロテスタントが伝来して以来、北長老教会と南長老教会、豪州長老教会とカナダ長老教会が地域別に設置した宣教部を調べて見る。

この時期に北長老教会は、平壌（一八九一年）と清州（一九〇四年）に宣教部を設置したが、北長老教会、豪州長老教会と南長老教会、カナダ長老教会の布教地域である慶尚南道と全羅道を中心にした宣教部の設置時期を見ると以下の通りである。

北長老教会は、宣教師の数、組織や財政支援面において他の宣教部よりも優勢であった。北長老教会は組織と財政で優位を示しながら、積極的な宣教を通じて嶺南地方の教勢拡大に一翼を担った。

表５　南長老教会（Minutes)、北長老教会（Annual Report)
豪州長老教会（The Records）の宣教師（牧師、医者、独身女性）

年度	南長老教会	北長老教会	豪州長老教会	カナダ長老教会
1904	13	20（49）	9	11
1905		20（47）	11	11
1906	15	20（48）	10	11
1907	26	20（49）	11	14
1908	28	23（61）	10	14
1909	27	25（71）	12	17
1910	32	30（73）	18	17

表６　南長老教会（Minutes)、北長老教会（Annual Report)、豪州長老教会（The Records）に現れた財政を円に換算

年度	南長老教会		北長老教会		豪州長老教会	
	$	¥	$	¥	£	¥
1904	22,065	44,130	78,445	156,890	934	8,779
1905	21,498	42,996	78,445	156,890		
1906			88,385	176,770	2,220	20,868
1907	36,085	72,170	101,708	203,416	2,018	18,969
1908	58,110	116,220	140,664	281,328	2,496	23,462
1909	127,455	254,910	128,333	256,666	3,447	32,401
1910	51,554	103,108	112,280	224,560	4,541	42,685

表５の年次報告書に記載された宣教師数の統計を見ると、北長老教会は、嶺南地域の宣教師が多かったが、一九一〇年には北長老教会と南長老教会がほぼ同数となり、豪州、カナダ長老教会の宣教師数は南長老教会の半分にも及ばなかった。また、表７の一九一〇年財政を円に換算[2]してみても一九一〇年に全体北長老教会宣教師七三人のうち約四〇％の三〇人が嶺南（ヨンナム）地域で活動した。活動地域の財政を見ると、北長老教会は二二四、五六〇円である。その半分が南長老教会の一〇三、一〇八円であり、豪州長老教会の四二、六八五円は南長老教会の半分に若干及ばない金額である。

表7　会議録（Minutes）に掲載された統計（1906年と1916年）

年度		1906		1911	1916		
地域		全羅道（全州 群山 木浦 光州）	慶尚道（釜山、大邱）	豪州（釜山鎮 馬山、晉州）	全羅道（4+順天）	慶尚道（2+安東）	豪州（釜山鎮 馬山、晉州）
人員（名）	宣教師	16	17	17	17	18	12
	洗礼者	1,051	742	519	8,131	10,078	4,391
	教会学校学生	1,204	4,861	340	10,147	15,578	4,725
	全体信徒	8,410	6,105	8,871	16,493	24,444	11,003
教会	教会学校	20	112		226	419	161
	組織教会	—	1	2	48	30	4
	教会の建物	86	100	127	302	504	274
会計（¥）	伝道費	1,869	1,492		777.392	818.430	
	教育費	1,362	2,301		4,256.03	7,630.11	4,012
	建築及び修理費	15,444	12,696		2,061.444	2,061.44	2,182
	雑費	456	40		3,237.682	—	397
	教会運営費	3,770	4,235				4,050
	特別費用				8,937.437	1,345.26	
	合計	22,446	20,764	6,988	19,262,985	24,584.890	10,597

表7の一九〇六年当時、南長老教会では一八九四年から一八九八年まで全州と群山、木浦の宣教支部と一九〇四年に光州宣教部が設置されており、北長老教会では一八九一年に釜山、一八九九年に大邱、一九〇五年に晋州にそれぞれの宣教部を設置した。豪州長老教会は一八九一年に釜山、一九〇五年に晋州（チンジュ）、一九一一年に馬山、一九一三年に統営・居昌宣教部を設置した。このような理由で一九〇六年の統計を見れば、全体的には全羅道が優位をみせているが、教会学校の割合を見れば、嶺南地域が圧倒的であることを見ることができる。湖南地域が洗礼を受けた信

者をはじめ、全体の信者数においてやや高く現われるが、教会学校の学生数は四倍、学校は五倍程度で、嶺南地域が多い。

一九〇六年の全羅道の信者八、四一〇人と、慶尚道の信者六、一〇五人から見れば、全羅道の割合が高いと見られる。しかし、全羅道は四つの地域宣教部が活動しており、慶尚道は二つの地域宣教部と統計前年度に開設された晋州宣教部を考慮すれば、数字上としては判断するのが難しい。財政面でもやはり全羅道の統計が一〇分の一程度高く現れているが、地域宣教部の数を考慮するなら、慶尚道の割合が高いと見られる。

一九一六年の統計では、南長老教会が一九一三年に順天を追加して五つの宣教部が活動し、北長老教会は一九〇八年に安東、豪州長老教会は一九〇五年に晋州、一九一一年に馬山、一九一三年に居昌と統営が追加されて合計七つの宣教部となった。しかし、南長老教会は湖南地域が全てだったが、北長老教会は黄海道と平安道まで管轄していたため、北長老教会の影響力がはるかに大きかったと言える。一九〇六年から一九一六年の間には一九〇七年韓国教会大復興運動と一九〇九年に百万人救霊運動を経て、宣教初期に多くの成長を遂げた。一九〇九年の両地域の人口を見ると、全羅道は約二五〇万人、慶尚道は約三〇〇万人であった。このような人口偏差から見て、一九一六年の慶尚道の信者が三分の一ほど多いのは慶尚道と全羅道の人口偏差六分の一より高い数値である。これは七つの宣教部が活動している慶尚道と五つの宣教部が活動する全羅道の差であり、宣教部と財政の差で現れる結果とみられる。

しかし、このような宣教初期の差があったにもかかわらず、後半には全羅道と慶尚道の福音受容に差が現れ、現在湖南二二・六%と嶺南一〇・二%となっている。

表8[3]と表9[4]には事業に応じて各宣教部が負担した財政が示されている。北長老教会は全体の六〇%程度を支援しており、南長老教会は一五~二〇%を負担し、カナダ長老教会、豪州長老教会が五—八%を負担している。財政を負担するということは、その働きに対して関心と責任を持っていることを示すので、北長老教会が

表８　会計監査委員会報告

収入		支出	
Foote	1.06	Baird 印刷	6.50
韓国人献金	1.56	Foote	49.42
北長老教会	36.52	切手	0.18
南長老教会	9.74	残額	2.62
カナダ長老教会	4.87		
豪州長老教会	3.65		
Mr.Kenmure	1.22		
	58.72		58.72

表９　日本人と中国人のための委員会報告

収入		支出		収入		支出	
北長老教会	217	Kiyama		北長老教会	44.98	監理教	
南長老教会	51	謝礼	125	南長老教会	15.81	出版社	66.00
カナダ長老教会	50	Ishiwara		カナダ長老教会	4.86	切手	1.50
豪州長老教会	50	謝礼	50	豪州長老教会	3.65	文房具	0.65
ハルバート夫人	5	残額	173	差額	4.70	レイノルズ	5.85
	348		348		74.00		74.00

主導権を持って働き、他の宣教部が協力したことが分かる。

　このような、南長老教会と北長老教会、豪州長老教会とカナダ長老教会の比較を見ながら、全般的な主導権と運営方針は北長老教会が持っていたことが分かる。しかし、福音受容にあたっては、北長老教会が宣教した地域の福音受容率が仕事の規模ほど差がないことに注目する。このような点で、仕事の主導権は宣教師にあったとしても、福音受容の差は湖南と嶺南において異なる傾向性を示している。

表10　北長老教会宣教支部　年度別（1891年―1914年）宣教師数

名前	91	92	93	94	95	96	97	98	99	00	01	02	03	04	05	06	07	08	09	10	11	12	13	14
釜山	4	4	6	6	6	5	7	7	7	9	9	10	9	9	7	6	6	6	7	6	6	2	2	
大邱					2	4	4	4	8	8	7	7	9	11	13	14	14	17	17	18	17	18	19	18
安東																			1	6	8	9	9	9
計	4	4	6	6	8	9	11	11	15	17	16	17	18	20	20	20	20	23	25	30	31	29	30	27

Ⅰ.慶北地域と米国北長老教会宣教部

米国北長老教会宣教部は、韓国で最大の宣教部であっただけでなく、米国北長老教会総会の海外宣教部の中でも最大規模であった。そのため、韓国教会の形成と発展に大きな影響を与えた。北長老教会宣教部は、韓国でソウル、釜山、元山、平壌、大邱、宣川、在寧地域に宣教支部を設立し、さらに清州、江界、安東、新賓地域に宣教支部を設立した。その後、宣教地の調整で元山はカナダ宣教部、釜山は豪州宣教部に移管したが、北長老教会宣教部は、まるで釜山から平安道をつなげる連結線のようだ。一九五九年に、統合と合同の分裂でも統合は、慶尚北道と平安道教会が、合同は、慶尚北道と黄海道教会が連合する。ここも分裂する時には、地域性が現れているのが分かる。ここでは、嶺南地域だけを調べる。釜山地域は一九一三年に豪州宣教部に移譲されたので、始めから、一九一三年まで調べる。また、大邱と安東（アンドン）宣教部を概観する。

一.釜山（プサン、一九一三年豪州宣教部に委譲）

一八七五年（高宗一二年）九月二〇日に、日本の軍艦雲揚号が朝鮮海岸を探測するという名目で現れ、江華海峡の朝鮮水軍と日本側の間で武力衝突が起きた。朝鮮側は、不法侵入をしたとみなし、日本側に対し砲撃を加えて殺戮・放火・略奪を行った。これを受けて、日本政府は、一八七六年の雲揚号砲撃事件の責任を理由に軍艦を江華島に送って条約を強要して江華島条約（一八七六年二月）を締結した。江華島条約には、日本の経済的、政治的勢力を朝鮮に浸透させる目的の前文一二条項が盛り込まれた。第一項には、朝鮮は自主国であることと日本と平等な権利を保有すると規定されたが、日本が清の干渉を排除するための条項に過ぎなかった。その他に使節交換と常駐制を容認し、条約締結後二〇ヵ月以内で、釜山港以外に二港を開港し、開港場で日本の商人活動の自由や居住の便宜を要求し、朝鮮の沿海・島嶼・暗礁などの自由な測量と海図編制を可能とし、朝鮮が指定した港に領事を派遣して駐在させ日本人の犯罪行為については日本領事が処理するなどという不平等条約だった。また、日本は日本人を保護するという理由で外務省管理を管理官として派遣しており、管理官と東莱府使の間に釜山日本人居留地設定問題の協議が進められた。一八七七年一月三〇日に「釜山口租界條約」が締結され、日本人の往来と通商、土地賃借権、家屋建築権などが確保され、釜山地方で次第に基盤を構築していくこととなった。釜山港以外の二港は元山（ウォンサン）と済物浦（チェムルポ）に決定された。

開港当時、釜山の外交通商事務は東莱府使（朝鮮時代の官僚）が管掌し、中央では辨察官（朝鮮時代の官僚）[5]を送って東莱府使と協議して外交業務などを処理した。その後、専門外交と通商事務のため一八八三年八月一九日に釜山に監理を置き、その責任を東莱府使が兼任する釜山海関[6]が設置された。一八九〇年（高宗二七年）には独立した官署として監理暑[7]が設置されたが、一八九五年五月一日に廃止され、翌年の一八九六年八月七日に再設置された。一八八四年七月に、清は草梁（チョリャン）に領事館と清館を設置しており、清館の管理は東莱監理署の監理署員に任されたが、日清戦争の敗北によって清館内の土地と家屋はすべて日本領事によって日本の所有となった。

一八八三年、イギリスは釜山に領事館を設置しており、營繕山（ヨンソンサン）一帯を敷地として、海の埋め立て工事の際、その一部を使っていた。一九〇五年の日露戦争の勝利で、日本は一九〇五年一一月、乙巳条約を強制的に締結し、朝鮮の外交権を剥奪して統監府を設置し、内政を実質的に掌握した。一九〇六年二月に日本の理事庁[8]設置の時、釜山の理事官で釜山の日本領事と東莱監理との間に事務引き継ぎが行われた。日本の理事庁の設置により、領事館と監理署が廃止され、日本人居留地が草梁と倭館があった龍頭山一帯一一万坪に設置された。日本政府は大陸侵略の前哨基地として釜山港の埋築と土木、鉄道と道路工事などに力を注いだ。埋め立てや波止場工事を皮切りに、現在の中央洞周辺の海を埋める埋め立て工事を一九〇二年七月に着工し、一九〇五年一二月に竣工した。北濱一帯を一九〇二年七月から一九〇九年八月まで一、二期にわたって四一、三七四坪を埋め立てした。これ以外にも草梁と釜山市釜山鎮の沖合三七万坪を埋め立てした。[9]

釜山地域に宣教師が入ってきたのは、一八八四年でありスコットランド聖書公会トムソン総務が朝鮮に聖書普及所を設置する目的で到着した。釜山、大邱、東莱で聖書を買書（販売）[10]しながら、一八八六年に中断されたものと見られる。そしてベアード（William M Baird 裵緯良一八六二―一九三一）牧師は一八九一年二月二日に来韓し北長老教会の釜山、慶尚南道地域の宣教の必要性によって、ソウル以外の初の外地宣教部である釜山支部を作ったパイオニアとなった。[11]ベアード牧師は釜山を出発して一八九三年四月一七日から五月二〇日まで大邱を中心とする慶尚北道地方を巡回伝道[四一]しており、一八九一年から一九一四年まで北長老教会釜山地域の宣教師は二一人だった。[12]

一八九一年にベアード牧師が働きを開始した釜山は、条約港で日本人が多い地域だった。[13]一八九一年九月米国公使のハード（A. Heard）の助けで宣教支部用地として釜山港から遠くない日本人居住地の三か所の土地を購入してもいいとの許可を得た。「それぞれの広さが三〇〇坪ヤードである三か所」と述べたが、一辺が三百ヤードの三角形の領土と解釈し、日本人居住地の外にある永善縣（ヨンソンヒョン）の地（three parcels of land）を購入し、北長老教会の宣教拠点にし、草梁教会胎動の母体となった。[14]ベアード牧師はソウルと南漢山城で夏を過ごし、一八九一年一〇月に釜山へ来て、一八九二年二月にハーディ（R. A. Hardie）の家にある四つの部屋には、一〇人の大人（ハーディ夫妻、ベアード夫妻、マッケイ、三人の未婚女性、韓国人教師、家事を手伝う日本人女性）とハーディの二人の子供と一緒に過ごした。[15]

釜山での最初の洗礼式は一八九三年夏にベアード牧師のサランバン[四二]で行われ、韓国人と宣教師が参加し、釜山に帰ってきたサミュエルモペッ博士はナンシー・ローズ（Nancy Rose）に、ベアード博士は、ダグラス・エビスンに洗礼を授けた。そして韓国人の洗礼は、一八九四年四月二二日に沈サンヒョン、李ドニョム、キジュなど三人に彼らの家で賛美歌、祈祷、聖書朗読を行ってから洗礼を授けた。[16]そして一八九六年七月には東莱にあるベアードの家で一〇日間夏の聖書学校を開き、一一人が出席した。その出席者の内訳は、ベアード博士の韓国人使用人や洗濯・家事・雑用に従事する女性たちも参加した。彼らは黄海道出身だった。高ユンハは黄海道海州で、徐相崙（ソサンリュン）も黄海道に住んでいた。[17]

同じ釜山地域で宣教を展開する豪州長老教会宣教部と米国北長老教会宣教部は一九〇九年秋に、大邱で馬山浦をめぐる半径一〇——一五里以内と釜山鎮とグワンを結ぶ鉄道の東側の東莱区駅を豪州長老教会地域に決定した。[18]したがって、豪州長老教会は馬山地域を維持し、北長老教会のグアンから近い草梁地域を北長老教会に譲った。

米国北長老教会は一八九一年以降、釜山で医療活動を展開した。ブラウン（Dr. Hugh M. Brown）夫婦はブラウン博士の肺結核により一八九三年に辞任し、後任にアーヴィン（Dr. Charles H. Irvin）が到着した。そして建設されたメアリー・コリンス・ファイティング診療所（Mary Collins Whiting Dispensary）が宣教基地の全ての医療活動を担当した。一九〇三年には、慶南地方初の近代病院であるチョンキン記念病院（Junkin Memorial Hospital）が開院した。同病院は、ニュージャージー・モンクレア（Montclair）の第一長老教会（First Presbyterian Chucrh）の牧師だったチョンキン（William F. Junkin）を記念して建設された。[19]

二．大邱（テグ）

大邱は一六〇一年（宣祖三四年）に、慶尚道監営が大邱府に設置され、慶山（キョンサン）県、河陽（ハヤン）県、花園（ハウォン）県を包括する嶺南（ヨンナム）地方の行政、司法、軍務を統括する中心地となった。大邱が都市として発達し始めた時期は正確には不明だが、人口規模や社会的背景からみて、おおむね一七三六年（英祖一二年）に石城が築造される以前であると考えられる。大邱は甲午改革（一八九四年）まで慶尚道の監営所在地として嶺南（ヨンナム）地方の中枢機能を遂行した。一八九五年の道制度廃止で、中央で全国を二三部に分けて慶尚道地域には大邱府、安東府、晋州府、東莱府を直接管轄するようになるため、大邱府管轄の大邱郡に改称された。日帝時代に入って統監府が設置されて、一九〇六年に大邱理事庁に切り替えられたが、一九一四年に再び府制を導入して市街地だけ大邱府に独立し、他地域は達城郡となった。

一九〇七年に、大邱の徐相敦（ソ・サンドン）、金光濟（キムグヮンジェ）などを中心に開始した国債報償運動は、旧韓末、日本が近代施設の設立を口実に韓国に強要した借款を禁煙、禁酒、節米で返済せよという平和的かつ自発的な運動を展開して全国的な支持を得た。また、一九一五年徐相日（ソサンイル）などは嶺南（ヨンナム）地域の独立闘士たちと一緒に「朝鮮国権回復団」[20]中央総本部という秘密結社を組織し、三・一万歳運動（一九一九年三月一日、朝鮮で発生した大日本帝国からの独立運動）における大邱地域の万歳運動を主導した。一九二七年には新幹会の大邱支会が組織されて抗日闘争を続け、一九三〇年代以降には、学生たちの秘密結社運動が活発に展開した。

大邱は、釜山とは異なり開港地ではなかったため、宣教師の居住が困難だった。米国北長老教会は、一八九一年に釜山の宣教支部を作り、一八九五年から開港場よりは内陸に宣教地を開拓することが重要だと考え様々な都市を物色した。そのうち大邱を選んだ理由は、慶尚北道地方の中心であり、人口が多く、交通ではソウルと釜山の連結点であったからである。また、水路（洛東江）で釜山に行くことができ、慶尚監営（観察使）のある行政と薬令市のある商業の中心地に不動産を購入する際に官庁の反対がない点である。[21] 一八九五年一一月に、釜山の内陸支会の承認を受け、一八九九年に開設された。同じ釜山宣教部のアダムス（James E. Adams）も、釜山よりは大邱が嶺南宣教の中心地にならなければならないと考え、一八九七年からは大邱に赴き本格的に活動を開始した。[22] 医療宣教師ジョンソンも一八九七年一二月二五日に大邱に来て済衆院という診療所を一八九九年一二月に開院した。[23]

大邱・慶北地域教会はアダムス、ブルエン、マクパレン、オドゥマン宣教師がそれぞれの地域を分担して一八九七年に最初に大邱南城町教会（大邱第一教会）が設立された。アダムス宣教師は大邱東方面の慶山（キョンサン）、永川（ヨンチョン）地方を、ブルエン宣教師は大邱西北部地域で、金泉（クンチョン）、知禮（チレ）、星州（ソンジュ）、高霊（コリョン）、達城（ダルソン）地方を担当し、マクパレン宣教師は大邱南部地域と北部地域、アドマン宣教師は、義城郡（ウィソングン）を中心に軍威（グンイ）、達城地域を担当し教会を設立した。

三．安東（アンドン）

安東は慶尚北道の中央に位置し、中央線が市の一直面、臥龍面、北後面を経て、中央を南北に貫くことで地方交通および行政の中心地だった。しかし、鉄道局が栄州に移転し慶北線[24]に通らないことで、発展が多少停滞した。地域的特徴としては、「住民たちの性格が孤立的、保守的」[25]であったので、一九一〇年に宣教基地が開設されるまで多くの住民は、海外ではもちろん自国で起こる変化についても知らなかった。

韓国の南部地方は北部地方より宣教活動がもっと大変で発展速度も鈍かった。南部の郊外は人口が密集し少数の富裕層以外は非常に貧しかった。彼らは北部地方よりも人に対する依存が強く、無知で、未来志向ではなかった。このような不利な条件にもかかわらず、安東地方の教会は成長し、能動的に働き、自給してきた。[26]

安東ではベアード宣教師が釜山に居住する間、巡回伝道旅行をしており、一九〇二年、安東を中心とした北部地域の一四郡の地域にバレトゥ（W. M. Barrett）が任命された。その後一九〇六年九月二六日に、アメリカ人のボーデン夫人（Mrs. Borden）とその息子が提供した一〇〇ドルの献金で安東に家屋を購入したが、安東支部の設立は一九〇八年に公式的に決定された。

安東教会は、一九〇九年八月に集まった七人によって最初の礼拝が開始されており、一年後には七〇人に増えた。一九一一年に金泳玉（キムヨンオク）が神学校を卒業して最初の牧師として就任し、一九一三年一一月に教会建築を始め、一九一四年二月に完成した。一九一三年秋に金炳宇（キムビョンウ）がこの地方で最初の長老に任職された。

安東地域では、ウェルバン（G. A. Welbon）宣教師が安東西北、クロダス（J. Y. Crothers）宣教師が安東東北側を、レニッチ（E. A. Renich）宣教師が安東南側を、それぞれ担当した。[27] 一九一〇年に一二一人の受洗者から開始して五年後に一、一二一人になり、一九一八年には、信者数が四千人を超えた。一九一二年から一九一八年まで安東には一人の韓国人牧師と九人から一二人の助師がいたが、彼らの積極的な活動による結果だった。

一九一二年には女子聖書学院が建てられ、査経会（サギョンフェ）[四三]と聖書学院の用途で使用された。男女聖書学院の教育は一九二〇年に始まり、一年一学制である。一学期は一ヶ月だった。[28] 教育施設としては一九一四年「産業学校」が三七人の学生を迎えて宣教基地で始まった。

医療施設としては、一九〇九年に初めてフレッチャー（A. G. Fletcher）が安東に配置された。彼は急務により載寧（ジェリョン）と江界（カンゲ）で数か月間を過ごし安東に来た時はひどく患っていた。しかし、赴任時の夏に六〇〇人の患者を診察した。一九一〇年に大邱のジョンソン（W. O. Johnson）博士が健康を害したためフレッチャーと交代した。安東（アンドン）に来たジョンソンは三ヵ月半を滞在し、一、三〇〇人を診療し、聖書や賛美歌を与えながら一日伝道を行った。一九一二年に安東に新しく赴任したロイ・スミス（Roy K. Smith）は、ソウル東大門（トンデムン）病院で働いた経験のあるエマ・E・アーンスバーガー（Emma. E. Ernsberger）を約一年間採用して、大きな成果を収めた。ニューヨークのシャウフラー（S. F. Schauffler）が、一万ドルを寄付して一九一四年に完工した病院は、彼女の父を記念して「コネルリウスベーカー記念病院」（Cornelieus Baker Memorial Hospital）と名づけられた。一九一七年八月、健康問題でスミス夫婦とプルレチョが安東を去った後、一九二〇年一一月まで戻ることができなかった。

Ⅱ. 慶南地域と豪州宣教部

一八八九年に入国して活動した豪州長老教会に続いて、米国南長老教会が一八九二年に入国した。豪州長老教会は、一九〇一年の豪州連邦政府の組織を中心に区分することができる。ビクトリア州メルボルンは、一八五一年の金鉱の発見に伴い、急成長し豪州最大都市となり富の集中が生まれた。しかし、その裏面では、急速な人口増加、教育問題、伝統価値体系の崩壊などの社会問題が提起された。英国移民で始まった豪州は、英国スコットランド教会の歴史を受け継いでいたが、裏面に出て来た社会問題を解決するために、スコットランド長老教会とスコットランド自由教会、連合長老教会の三つの長老教会伝統をビクトリア長老教会の中で融合し、国家教会的特徴と自発主義的特徴を福音主義の中で調和した。一八五九年に組織された豪州ビクトリア州長老教会（The Presbyterian Church of Victoria）は、英国の直接的な統治下にあった植民地に設置された。[29]

一八六〇年ビクトリア長老教会総会において海外宣教部（Foreign Mission Committee）を組織し、古典的な意味で異邦人に対する神様の愛が動機であったし、「海外宣教」という意味よりは「異教徒の宣教」（Heathen Mission）という言葉を主に使用した。[30] 一九〇一年に豪州は連邦政府を構成し、州ごとに設置された長老教会も豪州長老教会（The Presbyterian Church of Australia）として組織された。しかし、一九〇一年以降もビクトリア州長老教会が中心となって豪州宣教部を持続的に支援した。[31]

一八八九年一〇月二日に、釜山に入国したデービス（Joseph Henry Davies）[32]は、姉のメアリー・デービス（Mary T. Davies）を韓国語勉強のためにソウルに残して、一八九〇年三月一四日にソウルを離れ、釜山へ向かった。デービスは、水原（スウォン）、果川（クァチョン）など、京畿道（キョンギド）地方と公州（コンジュ）などの忠清道地方を経て、三〇〇マイルの距離を約二〇日間で下見しながら、一八九〇年四月四日に目的地の釜山に到着した。しかし、デービスは長期間にわたる無理な長距離歩き旅が原因で天然痘を発病した上に肺炎まで発症し、到着した翌日の四月五日にこの世を去った。彼が韓国に来て六ヵ月を経て、釜山にいたカナダの宣教師ゲイル（J. S. Gale）がデービスの遺体を釜山の營繕（ヨンソン）洞の裏山に埋葬し、姉は八月に豪州に戻った。[33]

デービスの死は、豪州教会に韓国宣教に対する関心を呼び起こした。デービスを派遣した青年連合会は一八九〇年七月二三日に執行委員会を招集し、韓国に宣教師を派遣して支援することを決議した。また、一八九〇年に創立された長老教会の女子宣教会連合会（Presbyterian Womens Missionary Union）もデービスの遺志を受けて、韓国に宣教師を派遣することを決議した。その結果、一八九一年には、青年連合会派遣を受けたマッケイ（J. Mackay）牧師夫妻と女子宣教会連合会の派遣を受けた三人の未婚の宣教師であるメンジス（Miss Belle Menzies）、ペリー（Miss Jean Perry）、ポセッ（Miss Mary Fawcett）など五人の宣教師たちが一八九一年一〇月に来韓した。これらの宣教師たちは釜山鎮に宣教師館を設け、韓国人と接触し始め伝道活

表 11　豪州長老教会宣教部が管轄した宣教支部と地域

宣教支部	設置年度	管轄地域
釜山鎮	1891	釜山、草梁、東莱、蔚山、彦陽、梁山、金海、密陽、昌寧、靈山、機張、鬱陵島
晉州	1905	晉州、泗川、昆陽、河東、南海、三嘉、山清、宜寧
馬山	1911	馬山、咸安、漆原、昌原
統営	1913	統営、巨済、固城、鎭海、龍南（チルアム）
居昌	1913	居昌、安義、咸陽、陜川、草溪

表 12　豪州長老教会年度別（1891 年―1914 年）宣教師数

名前	91	92	93	94	95	96	97	98	99	00	01	02	03	04	05	06	07	08	09	10	11	12	13	14
釜山鎮	5	6	5	4	4	4	4	4	4	6	6	8	8	8	8	8	6	6	6	8	10	8	7	7
晉州															2	2	4	4	6	8	11	12	13	12
馬山																				1	3	6	5	6
統営																							3	4
居昌																						1	3	5
合計	5	6	5	4	4	4	4	4	4	6	6	8	8	8	10	10	10	10	12	17	24	27	31	34

動を始めた。その後の一八九四年にはアダムソン（A. Adamson、ソンアンロ）牧師、一九〇〇年にはエンゲル（G. Engel、ワンギルジ）牧師、一九一〇年にはメキンジ（N. Mackenzie、メギョンシ）牧師、メクレイ（F. Macrae、メンホウン）牧師、次いで一九一一年にはメクラレン（Dr. C. McLaren、マラヨン）博士など様々な宣教師たちが来韓し、釜山や慶尚南道地方で奉仕した。豪州長老教会は、一八八九年にデービスを派遣して以来、一九四〇年のワキンス（Miss I. Witkins、ワンヨンエ）に至るまで合計七六人の宣教師を派遣して五つの宣教支部で活動した。

医療活動では、晉州（チンジュ）に培敦（ベドン）病院を設立し、釜山と統営（トンヨン）には幼児福祉センター（Baby Welfare Center）を運営した。特に統営支部は、小さな船舶を利用して晉州（ジンジュ）に送り、釜山のハンセン病患者収容所および病院（Leprosy Asylum）、日新病院を設立した。[34]
分割協定後、釜山で豪州宣教部と米国北長老教会は共に活動した。その後、一九一三年に釜山を豪州宣教部に完全移管した。

一．釜山鎮（プサンジン）

一八九三年一月に、宣教師公議会は、釜山おいては共に宣教活動を行う北長老教会と豪州長老教会が、慶尚道南部では豪州宣教部が、洛東江以北は北長老教会が、それぞれの宣教地域とすることに合意した。[35]その後、数回の協議を経て、一九一三年慶尚南道全域は豪州宣教部が宣教することと決定した。これを受け、豪州宣教部は一八九三年一月、宣教師会議で樹立した宣教方式[36]を釜山でも同様の方式を適用した。

一八九三年、釜山は海岸地域と草梁地域、釜山鎮地域に分けられるが、北長老教会宣教部は營繕県（ヨンソンヒョン）（營繕の峠、瀛州洞、草梁地域の一部）地域で、豪州長老教会宣教部は釜山の商取引の要衝地であり、代表的な居留地である釜山鎮（凡一洞、佐川洞）地域だった。[37]

一八九二年三月にマッケイ夫人が釜山に来てから三ヵ月後に病没し、マッケイ自身も病に倒れた。一八九二年マッケイは、パウセッと結婚したものの、マッケイの健康が回復せず、一八九三年に帰国した。豪州宣教部に関連して、一八九三年三人の女性宣教師（フェリー、メンジス、ムーア）のうち、一八九四年にペリーは宣教師を辞任し、英国女性と協力して自発的な献金で運営される貧民の子供施設をソウルに設立した。[38]メンジスとムーアが釜山鎮を中心に宣教している中、一八九四年五月にアダムソン（Andrew Adamson）牧師が派遣された。アダムソン牧師が釜山に来た時は、洗礼希望者が二四人であった。一八九九年には、多地域において教会が好評を博し、定期集会に参加した約六〇人が教会建築を提案したほどである。[39]

釜山鎮宣教部では、機張（ギジャン）、彦陽（オンヤン）、蔚山（ウルサン）、梁山（ヤンサン）、金海（キム

表13　釜山鎮、晉州、馬山宣教部教勢

	釜山鎮			晉州			馬山		
	1911	1916	1917	1911	1916	1917	1911	1916	1917
宣教師	2	3	3		3	3		2	2
医者（男）	-	-	-		1	1		-	-
未婚（女）	4	4	4		4	1		3	3
夫人	1	3	3		1	2		2	2
小計	7	10	10		9	7		7	7
問答教師	4	7	8		8	2		7	6
勧書（コンソ）	1	1	3		4	2		1	4
聖書夫人	4	6	6		3	3		2	2
韓国語助力者（語学教師）	3	1	2		2	1		2	-
小計	18	15	19		17	8		14	12
礼拝場所	44	108	99		66	68		44	47
組織教会	1	7	8		1	1		3	4
牧師		2	2		2	-		1	2
長老	3	8	8		8	2		6	9
未組織教会	33	98	88		60	56		41	56
未自立教会	34	108	95		61	57		44	57
洗礼者	638	1,941	1,768		656	645		1,171	1,101
今年洗礼者	194	109	113		78	49		40	53
幼児洗礼	160	354	332		75	100		129	120
今年幼児洗礼	28	28	30		11	26		18	16
加入者	924	1,143	576		380	345		441	479
今年加入者	436	175	91		73	58		130	97
全体信者	2,363	4,485	3,525		1,998	1,929		2,684	2,939
平均出席	1,964	3,000	2,752		1,396	1,277		2,684	2,200
主日学校	31	78	83		20	33		39	51
主日学生		1,612	2,280		549	811		1,803	1,849
メンバーシップ	2,229								
礼拝堂	33	105	95		57	52		44	47
今年増加	12	1	-		-			1	2
新築	4	-	-		2			-	1
礼拝費	504	1,500	1,622		523	620		1,343	1,038
教育費	250	190	163		197	82		3,467	3,249
礼拝堂修理	551	118	543		1,396	464		313	633
Home & Foreign Mission	247	147	115		55	24		140	39
Other Project			95			61			104
小　計（¥）	1,552	1,935	3,959	1,681	2,147	1,884	3,755	5,263	3,575

へ）、鬱陵島（ウルルンド）、密陽（ミルヤン）、靈山（ヨンサン）、昌寧（チャンリョン）地方を担当した。女子宣教師を多数擁する豪州宣教部は教育分野に関して高い関心を持ち、一八九二年メンジスとペリーは三人の孤児を連れて小規模の孤児院運営と学校教育を開始したが、これが日新女学校とミオラ孤児院（Myoora orphanage）の始まりだった[40]。豪州宣教部は、一八九五年に日新女学校[41]、東萊のシンミョン学校、馬山の義信女学校、昌信学校、晉州の柴園女学校、光臨学校、居昌の明德女学校、忠武の進明女子校などを建設しながら、教育に努めた。

一八九一年に未婚の女教師メンジスは釜山鎮教会を、一八九二年にベアード牧師は草梁教会をそれぞれ設立した。統営郡容認面出身の金致夢は、キリスト教信仰を巡るもめ事のため故郷を去り、釜山へ出発して影島に居住し、一八九六年に彼を中心として影島（現第一影島教会）教会が設立された。

豪州長老教会宣教師、マッケンジ（Mackenzie、梅見施）[42]は、戡蠻洞（カムマンドン）の相愛院（サンエウォン）を中心にハンセン病患者のための宣教を拡大させた。ハンセン病宣教会は、英国グラ宣教会によって建設・運営ハンセン病患者収容所（一九〇九年、釜山）が豪州宣教部に移管され、マッケンジ宣教師が担当した。このハンセン病患者収容所は一九一〇年二月ハンセン病患者定着村へと発展し、釜山龍湖洞（ヨンホドン）の相愛院（サンエウォン）として位置づけられた。

二．晋州（チンジュ）

晋州は朝鮮時代の高宗三三年（一八九六年）に、全国が一三道に改編されることによって慶尚南道に属することになった。道庁所在地として観察使が常駐しており、慶尚南道行政の中心地となった。一九二五年四月一日に慶尚南道道庁が釜山に移転するまで、晋州はここで最も重要な地域的中心だった。また、ここは社会身分上、階級意識が高く、慶尚南道地方では最も保守的な場所だった。宣教師たちの目から見ると、この地域は西部の慶南地域の中心地域であるだけでなく、この地域の福音化は隣接地域の宣教のために戦略的価値があると見た。それで宣教師たちは、晋州地域の宣教を慶尚南道地域の他の地域より優先して一九〇五年に晋州支部を開設した。

晋州地方で活動した最初の宣教師は、カーレル（巨烈烋、Dr. Hugh Currell）で、医師として豪州から来た最初の医療宣教師であり晋州地方で伝道した初めての外国人だった。[43] 彼は医師・牧師として一九一五年に韓国で引退するまでの一三年間に晋州で働きながら、晋州地方宣教に大きな影響を与えた。カーレルはアダムソン宣教師に会ってから、韓国宣教を考えるようになった。アダムソン宣教師から釜山慶南地方で活動する医師が必要であるとの話を聞き、ビクトリア長老教会の海外宣教部に韓国宣教を志願した。医療宣教師として任命された彼はビクトリア州青年連合会（ＹＭＦＵ）派遣を受け、一九〇二年五月一九日に来韓した。[44]

釜山地方には日本人医師と米国北長老教会宣教部が運営する病院があったため、カーレルは晋州地方に移転することにした。彼は、豪州長老教会海外宣教部の許可を得て釜山に続き、晋州にも二番目の宣教支部（Mission Station）を開設した。[45]

カーレル医師夫婦と彼の語学教師かつ助師である朴ソンエ（一八七七―一九六一）は反日思想が強かった晋州で宣教することにかなりの困難があるものと予想したため、医療活動を通じた間接宣教を先に始めた。そして教育活動を通じて子供、青少年そして婦女子を対象に活動した。当時、ここ晋州の人口は四万人程度と推算されているが、医療活動によって信頼を獲得し始めると、伝道の実を結ぶことになった。晋州教会はカーレル宣教師とその家族三人、朴ソンエ助師の家族四人、そして好奇心から初参加した晋州の二人などによって、一一人がチョンギョンチョル宅で、一九〇五年一〇月二一日に最初の礼拝をささげ設立された。[46] 朴ソンエ助師は後日、伝道師（一九〇七）と長老（一九一五）として奉仕し、平壌神学校を卒業してカーレル牧師の後任として一九一八年一一月一一日に、晋州教会初の韓国人の担任牧師として赴任した。

カーレルと朴ソンエは、初の居住地である晋州城内面四洞（北門の中）にあるわら葺家の一間を施薬所として使用したが、これがこの地方における初の医療活動だった。カーレルは施薬所を中心に医療、保健増進のために奉仕した。たとえ施設と装備が貧弱であっても、後に病院が設立されるまで年間平均七、〇〇〇人が医療の恩恵を受けたことが報告された。当時、この地方の最も一般的な病気は皮膚病と腫瘍、肺結核、目の病気などであったが、これは住居環境と非衛生的な環境が原因であるため、環境改善、衛生教育、検疫などにも関心を注いだ。

こうした状況の中で、カーレルはこの地方の病院設立に対する必要性を感じ推進した。豪州長老教会女性伝道会が一九〇六年六月に八二五ポンドを送金後、豪州教会の継続的な支援により一九一三年一一月四日に慶尚南道地方初の病院が蓬莱洞（ボンレドン）に「培敦病院」（Mrs. Paton Memorial Hospital）という名称で設立された。培敦病院は、豪州長老教会の宣教師だったペイトン宣教師夫人の逝去を記念する意味で、彼女の名前にちなんで「培敦病院」と名づけられた。病院設立準備中の一九一〇年に、看護師であるクレルケ（Miss F. L. Clerke）が来韓して晋州でカーレルを助け、一九一一年にはマクラーレン（Dr. C. I. McLaren）医者が来韓し、ベドン病院に配属された。マラヨンとしてよく知られたマクラーレンは当時、韓国で唯一の神経外科医であり、一九一一年以降と一九三九―一九四一年は晋州ベドン病院で、一九二三―一九三八年まではソウルセブランス病院と医学専門大学で教授として在職した。

一九一八年には女医デービス（Dr. E. J. Davies）が来韓し、培敦病院で一緒に活動した。デービスは一九一〇年に来韓し、釜山の日新女学校でボランティア活動を行っていた姉（Miss M. S. Davies）とともにおよそ三〇年間韓国で活動したが、彼女らは初の豪州宣教師だったデービス牧師の姪たちだった。培敦病院では診療だけでなく看護婦の養成も始まった。初期には、女性にとって適切な職業ではないという看護師に対する認識不足のため、志願者はいなかった。そのような理由で、当初は寡婦と非識字者を看護師として教育させ、志願者が増えた一九三〇年代からは資格を備えた女性を教育することができた。

同病院の院長ではカーレル（一九一五年まで）、メククルラレン（一九一五—一九二三）、テイラー（Dr. W. Taylor、1923-1938）、デービス（Dr. J. Davies、1938-1941）が奉仕した。培敦（ベドン）病院は、慶尚南道唯一の病院として、この地方の医療宣教の中心地だった。

カーレル医師夫婦は、ここで医療事業開始とともに、教育事業も開始した。その努力の結果、この地方最初の近代学校である貞淑女学校[47]が一九〇六年九月三日に設立された。この学校は、カーレル医者が晋州に到着した翌年に彼の家で診療所を開所し、彼の家の庭園で近くの地域子供たちを集めて初等教育課程を教え始めたことに由来する。これが晋州に建てられた初の近代学校の始まりだった。一九〇七年には教育学を専攻したスコールズ（Miss Nellie R. Scholes、柴校長）が晋州に派遣され、この地域の教育責任者として一九一九年四月に死去するまで奉仕を全うした。同校で働いた宣教師としては、カンベル（Miss A. M. Campbell、甘梅義）、カー（Miss. E. Kerr、巨怡得）、クレルケ（Miss F. L. Clerke、可仏蘭西）などだった。この学校は一九二一年当時、在学生が二五〇人に達するほど成長し、この地域の唯一の女子学校として名声を得たが、神社参拝拒否が原因で、日帝による学校閉鎖令により一九三九年に閉校された。

カーレル夫人は一九〇六年に朴ソンエ夫婦の助けで貞淑女学校と一九〇七年安東学校（男子校）を開校し、一九〇九年に光林学校に変更し一九二五年には女学校を分離し、柴園（シウォン）女学校として名称を変更した。豪州宣教部が運営する男子学校は、一定期間の経過後、韓国人教会に運営を委任するという方針だったが、当時晋州の韓国人教会は光林学校を運営する能力がなかったため、光林学校だけは豪州宣教部の予算で維持された。しかし、豪州宣教部は世界大恐慌の影響でベドン病院の運営と光林学校運営に必要な宣教費の調達に困難が続くと、一九二九年光臨学校を廃校とし培敦病院だけを運営することにした。

三．馬山浦（マサンポ）

馬山浦は朝鮮末光武三年、一八九九年五月一日開港場として発足された。そこには昌原（チャンウォン）監理署が設置され、外交事務と地方行政を管掌しており、各国の居留地制によって日本領事館が設置された。日帝強占期に領事館は、理事庁[48]に改編されたが、一九一四年には部制実施で馬山府とされた。一九四五年八月一五日の祖国光復後に大韓民国政府が樹立され、一九四九年六月二九日に開港場として指定され、府を市に改編して以来（同年八月一五日）、馬山（マサン）という地名が由来した。馬山（マサン）支部は一九一一年に開設された。

馬山（マサン）と統営（トンヨン）で活動したワトソン（R. D. Watson、王大善）[49]は、馬山で一九一〇―一九一三年まで、統営では一九一三―一九二八年まで宣教しながら、ボートや徒歩だけでなくいかなる移動手段を動員してでも教会を巡回した。ワトソンは中心地域の助師を励ましつつ、それぞれの集まりを一年に二度ずつ訪問しながら、学習問答や洗礼希望者を確認し、礼拝に導き、聖餐式を行った。

アダムソン（A. Adamson、孫安路）は草梁で一八九四―一九一一年まで、馬山では一九一一―一九一四年まで宣教し、蔚山（ウルサン）、梁山、咸安（ハムアン）、宜寧（ウィリョン）、固城（コソン）、チルハム、巨済島、鎮海（ジンヘ）などで教会を立てる役割をし、草梁と馬山で教会を建て、草梁の男子校と馬山の昌信（チャンシン）学校を開始するのに力を尽くした。

ライト牧師（A. C. Wright、芮元培）は、馬山において一九一二―一九一五年、釜山において一九一五―一九二六年、一九二八―一九四二年、晋州では一九二六―一九二八年、合計三〇年間にわたり宣教に従事した。彼は梁山、彦陽、蔚山、金海、密陽、東萊、居昌、昌寧と宣寧などで七〇余り以上の教会や祈祷場所を引き受け、毎年数百キロを歩きながら御言葉を聞きたがっている人々に福音を伝え、キリスト者は何かを教え、洗礼と入教を準備し、聖餐式を行った。[50]

表14　統営、巨昌地域の教勢

	統営		巨昌	
	1916	1917	1916	1917
宣教師	2	2	2	2
医者（男）	1	1	-	-
未婚（女）	1	1	2	2
夫人	2	2	2	2
小　計	6	6	6	6
問答教師	5	2	6	2
勧書（コンソ）	3	2	2	1
聖書夫人	2	3	2	3
韓国語助力者（語学教師）	2	1	3	3
小　計	12	8	13	9
礼拝場所	30	31	26	23
組織教会	-	1	-	-
牧師	-	1	-	1
長老	-	1	-	-
未組織教会	28	29	23	23
未自立教会	28	30	23	23
洗礼者	342	393	281	261
今年洗礼者	49	8	31	29
幼児洗礼	66	60	20	21
今年幼児洗礼	14	-	2	-
加入者	235	223	113	86
今年加入者	37	27	20	28
全体教人	1,079	1,057	757	724
平均出席	1,000	717	568	589
主日学校	5	9	19	12
主日学生	269	370	487	501
メンバーシップ				
礼拝堂	22	22	21	21
今年増加	1		1	
新築	4		1	
礼拝費	190	165	334	345
教育費	158	-	81	-
礼拝堂修理	190	165	197	47
Home & Foreign Mission	28	29	35	9
Other Project			97	30
小　計　（¥）	838	414	222	387

一九〇一年の白道明の伝道で金瑪利亞、金仁慕など、女性七人が集まって礼拝をささげることで、教会が建てられた。その後、宣教師ノセヨン（Cyril Ross）が学習者七人を立て、釜山教会の役員が順番通りに礼拝を導いたのが馬山で初めて建てられた文昌教会だ。[51] 文昌教会の前身である馬山浦教会の長老である李スンギュは、アダムソンの支援でソンホリにある馬山浦教会堂に読書塾を設立し、一九〇九年、大韓帝国学部の認可を受け、馬山初の近代式学校である昌信学校に発展し、一九一三年には昌信学校の女子生徒のために義信女学校を設立した。

四．統営（トンヨン）

統営（トンヨン）は一九一四年龍南・巨済両郡を統合し、統営郡と改称し、チュンウォン面を統営面と改称した。統営支部は一九一三年に開設された。

アダムソンの伝道で一九〇二年春に統営郡東港里（欲知島）教会が建てられた。朴明出、朴仁健、李永白、崔明彦ら東港里（トンハンリ）の初期の信者たちは、村の人々の脅威にもかかわらず礼拝堂を建築しただけでなく、信者増加のため、ほどなく会堂増築を果たした。一九〇五年四月にデファチョン（忠武）教会はクォンヒスンがイエスを信じ、彼の家で教会を始めた。一九一〇年にワトソン牧師は、統営地域で初めて宣教支部の構内で教育事業を始めた。ワトソン夫人は進明幼稚園、進明女子学校、進明講習所の設立に寄与した。

テイラー（W. Taylor、魏大淵）[52] は牧師でもあり医師として統営で一九一三―一九二一年まで、晋州で一九二一―一九三八年まで宣教し、固城（コソン）とベドゥン地域にある多くの教会と統営市の南にある小さな伝道所を牧会した。統営での滞在時に、施薬所を運営しながら地域住民に医療宣教を始め、島民のためにモーターボートに乗って巡回しながら応急患者や入院患者を晋州（チンジュ）のベドン病院に移送した伝道者であり同時に治療する医師であった。

五．居昌（コチャン）

居昌は一八九五年（高宗三二年）居昌府を居昌郡に改称された。居昌支部は一九一三年に開設された。ケリー（J. T. Kelly、吉雅各）[53]は、一九一二年一〇月に来韓して数日後に釜山のハンセン病患者療養所礼拝に出席し、聖礼典（洗礼と聖餐）をハンセン病患者が出席した中で行った。その時、ケリーは、ハンセン病で苦しむ人たちに仕える経験から、大きな感動を受けた。彼は、一九一三年六月に居昌宣教部が建てられる時に居昌へ赴き四年間尋訪（シムバン、家庭訪問）と指導者訓練に力を尽くした。居昌市に建てられた教会は大きくなっていたが、村の教会は非識字者と伝統宗教に戻れという圧力により成長は緩慢であった。彼は咸安や陜川（ハプチョン）にある教会を牧会し、日曜学校教師と信者の聖書学習や指導者聖書勉強会と一週間を要する男女それぞれの年次査経会（聖会）などを導いた。ケリーは一九一八年五月の息子の死亡後に、彼自身も健康が悪化して一九一九年一二月に辞任した。

居昌地域は北長老教会・スミス（W. E. Smith、沈翊舜）[54]宣教師の伝道で一九〇四年秋に設立されたゲミョンリ教会を皮切に、マサンドン教会（一九〇六）、デヤリのカチョン教会（一九〇七）が設立された。一九〇九年に臥龍里教会や、居昌（コチャン）邑教会が建てられたが臥龍里教会はオヒョンソン、チョジェリョン、ジュナムソンなどにより始まった。

豪州長老教会女性伝道会連合会で派遣したスキナー（Miss A. M. Skinner、シンエミ）が、居昌に普通学校を設立しようとしたが、日本による私立学校宗教教育禁止で講習所という形式の明徳学校（一九一五年）を居昌ジュクチョンリに建てた。現在の居昌高等学校の前身である。

Ⅲ．湖南地域と米国南長老教会宣教部

アンダーウッドが、一八九一年一〇月にナッシュビル（Nashville、Kentucky）で開催された全国神学校宣教師同盟（The Interseminary Missionary Alliance）で韓国人儒学生の尹致昊（ユンチホ）と共に、韓国紹介を行った。そして、この席に出席したテート（Lewis Boyd Tate、チェウィドク）、レイノルズ（William D. Reynolds、イヌルソ）、ジョンソン（Cameroon Johnson）、チョンキン（William M. Junkin、チョンウィリョム）などが決心した。[55]後にテート（Lewis Boyd Tate、チェウィドク）の未婚の妹であるテート（Mattie S Tate、チェマテ）とデービス・（Linnie Davis）が参加しており、レイノルズ夫人（Patsy Bolling）とチョンキン夫人（Mary Leybum）が加わったが、ジョンソンが抜けて最終的には七人になった。

米国南長老教会は、韓国宣教に対する思いも乏しく、財政的にも苦しかった執行委員会が、韓国宣教を始めるようになった経緯を「機会」と「粘り強さ」と「寄付」で説明した。[56]「機会」は南長老教会で新しい宣教事業が不可能だとしたが、レイノルズ、チョンキン、ジョンソンなどが志願書を提出しながらアンダーウッドがバージニア州、北カロライナ州、テネシー州など教会を訪問できるように取り計らって機会を作ったところにある。「粘り強さ」は、チョンキンとレイノルズが毎日一緒に祈りながら準備していれば韓国に出発することができるという信念を持っていたところにある。「寄付」は文字的な側面と財政的な側面について教会会報などに寄稿して世論を喚起したところにある。その結果、アンダーウッドの弟ジョン・アンダーウッド（John Underwood）が二、〇〇〇ドルを寄付して開始された。

ついに一八九二年一一月に来韓し、北長老教会宣教師館で生活を始めた。この家は南部のアメリカ人たちが集まって住んでいる家として、ディクシー（Dixie）と呼んだ。[57]一八九三年二月、宣教師会議の方針によって、

表15　南長老教会の年度別宣教支部の宣教師数

名前	91	92	93	94	95	96	97	98	99	00		01	02	03	04	05	06	07	08	09	10	11	12	13	14
全州		1	2	2	2	2	4	6	6	6		6	5	4	7	9	9	12	12	13	16	16	19	19	18
群山						5	7	6	7	8		8	9	9	7	4	6	8	9	8	9	9	11	9	11
木浦								4	5	6		6	5	6	5	2	0	3	7	9	8	12	16	15	12
光州													1	1	3	8	8	9	10	11	15	20	26	22	21
順天																						1	6	11	12
合計	0	1	2	2	2	77	11	16	18	20		20	20	20	22	23	23	32	38	41	48	58	78	76	74

表16　南長老教会の宣教支部現況

年度	礼拝場所	洗礼者	教人	洗礼問答	牧師	教役者	組織教会	男子学生	女学生
1892-1903	13	267	1,100	84					
1903-1917	483	7,882	12,753	792	2		37	1,561	455
1917-1932	698			1,677	45	199	147	5,667	2,748

忠清道南部と全羅道が南長老教会の宣教区域となった。

表15、表16は、福音の拡散速度がどれほど急激に進行されたかについて示している。一九〇三年から一九一二年まで宣教師は二〇人から七八人に増員し、一九〇三年一三か所の礼拝場所と一、一〇〇人の信者が、一九一七年には四八三か所の礼拝場所と新信者一二、七五三人に、それぞれ増加した。

教会出席への一般的な動機の一つは、治外法権を持っている外国人と同席すれば、危険とトラブルから守られると考えたことである。また、時代背景的には、日露戦争が終結し、未来に対する不確実さからも、人々は教会を訪れるようになった。「罪ある習慣を捨て、悔い改めなさい」という不愉快な要求から、YMCAとエプワース青年会（Epworth League）は、この信仰条項を受け入れなくても教会に登録できるという情報によって、急速に増えた。[58]

霊的な動機としては、韓国の宣教活動において信じる者を救う神様の力ある言葉で、聖書の役割が前例のないほど大きく占めていた。[59] 神様の言葉をありのまま受け入れたということだ。

教理問答制度は北長老教会宣教師たちの経験から学んだもので、宣教開始から採用した。学習問答は自分が仕えている偶像崇拝を捨て、三ヵ月以上礼拝に出席した人で、試験を通じて学習班に入った人が受けられる。

◇学習問答

あなたはなぜキリスト者になろうとするのですか。

許されるべきあなたの罪などは何ですか。

あなたは赦されましたか？ それならあなたが赦しを受けたという証拠は何ですか。

誰を通して赦されましたか。

イエスは誰ですか。

彼はどこで生まれましたか。

その方の母は誰ですか。その方の父親は誰ですか？

イエスはあなたにとってどんなお方ですか？

その方がどうやってあなたの救世主になれますか。

その方は罪人でしたか？

どうしてその方は罪人のように死ななければならなかったですか。

その方は完全に死にましたか。

彼は今どこにいますか。

彼はまた世の中にいらっしゃいますか？

いつ、そして何のために来ますか。
キリストなので、死んだらどこに行きますか。

信じなかった人が死んだらどこに行きますか。
あなたが、もし今夜、死んだらどこに行きますか。
そして、なぜそちらに行きますか?

十戒と主の祈りを覚えられますか。
あなたは毎日祈りをしますか?
一日何回、祈りますか?
誰の名前でお祈りしますか。
あなたは全ての悪しき霊の崇拝をあきらめましたか?
あなたは毎日聖書を読みますか。
どれほど続けて読んで来られましたか。
あなたは他人にイエスを伝えたことがありますか。

◇洗礼問答
学習求道者になってから、あなたは信じる事に対する喜びを発見しましたか?　見つけたらその理由は何ですか。

主日を守ってきましたか。
どのように守られたかについて話してください
家庭礼拝をしていますか。
あなたはお酒を飲んだり、お酒を家に保管したりしていますか？
あなたのために働く人々にお酒を提供していますか。
男が二人の妻と生きることが正しいですか？
信じない人と結婚するのが正しいですか。

あなたは罪人ですか。
罪に染まっている人が天国に入れますか。
あなたはどうやって天国に入りますか。
キリストの十字架以外にも他の救いの道がありますか。

教会の聖礼典（ordinances）とは何ですか？
洗礼の意味は何ですか。誰が誰の名でこれを執り行いますか。
何を持って聖礼典を執行しますか。
洗礼は救われるために必ず必要なものですか。
それならどうして洗礼を受けようとしますか。
聖餐式の目的は何ですか。
パンは何を表しますか？ブドウ酒は？

誰がこの聖餐式に参加できますか。
どんな心で聖餐式に参加しなければなりませんか。
あなたは、人をキリストに導いたことがありますか。

一八九二年に南長老教会の宣教師たちが来韓した時には、ネヴィウスが一八九〇年に二週間滞在して策案した方法に基づいて宣教事業が展開されていた。キリスト教は、公式的には禁止されていたが、徐々に浸透していった。当初から首都南側での宣教事業は北側より難しかった。特に、南長老教会の宣教師たちが活動する西南部地域の全羅道は、キリスト教とまったく接触がなかった。[60]

一．全州（チョンジュ）

一八九三年二月に、湖南地方が米国南長老教会の宣教区域に決定されると、南長老教会宣教会はレイノルズ（William Davis Reynolds、李訥瑞）牧師の秘書であるチョンヘウォンを全州に送って宣教師たちのための土地を購入した。同年九月、テート（Lewis Boyd Tate、崔義徳）牧師とチョンキン（William McCleery Junckin、全偉廉）牧師が確認のために全州に二週間滞在した。[61]全州宣教部は、南長老教会の宣教師が最も多く活動した場所だ。全州と光州（クァンジュ）に学校と病院が多かったためと考えられる。

一八九四年二月に、南長老教会宣教会第二回定期例会はテート（L. B. Tate、崔義徳）と、未婚女性宣教師テート（Mattie Samuel Tate、チェマテ）を全州に派遣して宣教することを決定した。もし、計画が順調に進めば、秋には常設ステーションを開設することを決議した。[62]全州に到着して購入した粗末な家で宣教活動をしたが、当時排斥思想が広まっており、保守層の人々は棒を持って門を壊したり放火したりして、外国人を追い出そうと脅した。しかし、テートは全州に居住した最初の西洋の女性だったため、好奇心の対象となり一日に四―五〇〇人の女性たちが見物しにきた。そのため、彼女は、彼らと自然に接触し伝道用チラシを渡しながら簡単な伝道活動を行うことができた。

テートが東学革命と日清戦争でしばらく全州を去り、一八九五年二月に戻った時は、信仰告白をした六人の信者はいなかった。[63] 彼らは、最初からまた始め、一八九七年七月一七日には洗礼志願者六人のうち金昌国、金ネユン、夫人三人など五人が洗礼を受けて全州で最初の信者になった。[64] 以降一八九八年に二人、一八九九年に一人が洗礼を受けた。

一九〇〇年春にレイノルズは五二人の洗礼志願者を教育させた後、一〇人が試験に合格して洗礼を受けた。以後、秋にハリソン（W. Harrison、ハウィリョム）が安息年を終えて、全州に戻って初の礼拝を導いた時は一一三人の多くの信者が出席した。[65] そして五日毎に一回開かれる五日市を利用して市場伝道をした。

一八九七年五月に、イエス病院が南長老教会女子医師宣教師であるインゴルド（Mattie. B. Ingold）によって改院され、一九〇〇年にレイノルズとハリソンによって新興学校が設立された。一九〇一年には、未婚女性の宣教師テートによって紀全女学校が設立されており、インゴルドは全州ウンソンリに女性診療所を開設し、女性たちへの診療とともに福音を伝えた。

一八九六年一一月にはハリソンの赴任によって医療活動が始まり、一九〇二年には、新興男子校、紀全女学校、イエス病院が建築された。

二．群山（クンサン）

陸路による移動に不便を体験した医療宣教師ドリュー（A. Damer Drew、ユデモ）が、水路で往来ができる群山（クンサン）に宣教部開設を主張し、実現された。[66] チョンキン（William Mccleery Junkin、チョンウイリョム）とドリューは、一八九五年三月に仁川（インチョン）で風帆船に乗り強風雨と霧と戦いながら、

表 17　米国南長老教会の宣教支部教勢

	全州（1896）		群山（1896）		光州（1905）		木浦（1899）		順天（1913）	
	1913	1937	1913	1937	1913	1937	1913	1937	1913	1937
宣教師	6	6	3	2	5	7	3	4	3	5
未婚女性	6	5	2	2	5	5	3	3	3	5
夫人	6	5	4	2	6	7	4	4	4	5
聖書夫人	6	12	2	28	1	20	2	13	2	6
韓国助力者（語学教師）	6	30	4	14	7	40	6	21	4	6
礼拝場所	126	180	59	107	65	148	52	126	27	100
組織教会	12	54	7	45	1	25	1	28	-	20
牧師		12		11		11		5		27
長老		90		91		46		50		33
未組織教会		126		62		123		92		82
洗礼者	2,573	3,732	1,526	3,071	1,433	1,920	1,173	2,514	586	2,109
今年洗礼者	325	525	255	409	191	177	225	291	99	300
幼児洗礼		1,010		739		752		965		116
今年幼洗		137		109		78		93		71
全体信者		10,579		8,975		6,872		7,292		7,034
平均出席	3,000	9,834	-	8,405	2,550	5,582	-	6,243	1,000	1,393
主日学校	106	238	60	95	42	130	-	149	-	123
主日学生	3,500	10,579	-	10,405	2,037	7,165	-	5,822	782	14,757
礼拝堂		173		105		148		121		96
奉仕費		975		907		300		1,511		658
教育費	464.56	802	653.15	1,000	375.35	384	500	609	463.53	643
礼拝堂修理費	468.55	10,147	642.20	6,507	487.08	6,129	1,100	3,810	213.62	4,159
Other Project		4,852		10,922		1,690		4,790		3,084
小計（¥）		25,404		27,940		18,646		16,603		6,794

表18　群山地域の宣教現況

年度	集会場所	総聖餐参加者	信者	洗礼者
1903	8	162	400	51
1910	58	1,165	3,200	256

十一日ぶりに錦江（クムガン）下流にある群山（グンサン）に到着した。[67] 全州と異なり、群山では歓迎を受けた。彼らが到着する前にすでに信じることを決心した金ボンレと宋ヨンドを中心に礼拝を導き、四月六日には車イルソンなど三人を最初の願入教人（求道者）として立て、群山宣教の初めての収穫を得た。一八九六年七月二〇日に金ボンレ、宋ヨンドは洗礼を受け、宋ヨンドの娘は一〇月四日に幼児洗礼を受けるに至っている。秋に開かれた第一五回定例会では、全羅南道地域でより有望な場所に移転することを可決[68]して羅州（ナジュ）が選ばれた。[69]

一八九七年五月には群山教会に登録した信者が四〇人であり、彼らの半数は一年間定期的に出席していた。群山が全州を上回ると、チョン・ウィリョム牧師は遠くにある信徒をシンバン（家庭訪問、礼拝）するために群山周辺の多くの村落を歩き回りながら巡回伝道を始めた。この時、群山周囲のマンジャサン、南田里、金堤などに定期的な礼拝場所が生まれ信徒たちが集まっていた。

全州の宣教拠点と群山（クンサン）の宣教拠点には、人里離れた村の多くの農民が訪れた。三〇―三二キロの行程を歩いてきて、礼拝を捧げ、たいてい土曜日に来て月曜日に戻っていったという。[70] 一九〇〇年には全州（チョンジュ）が一九人、木浦（モッポ）が八人だったが、群山は一〇五人を記録[71]し、一九〇三年には八つの礼拝場所が建てられ、洗礼を受けた人が一六二人となった。

三．羅州（ナジュ）

羅州宣教部は、一八九六年に全羅道が全羅南道と全羅北道に改編され、全羅南道の行政中心地であったので一八九六年一二月に開設された。しかし、反対の声と木浦開港により、外国人が居住する貿易港になるという通知によって一八九七年九月に撤退した。一八九七年一〇月二八日から一一月一日まで、群山（クンサン）で開かれた南長老教会宣教会月例会では一八九七年一〇月一日に開港された木浦を宣教拠点都市と決定し、ユジンベルに羅州（ナジュ）から木浦（モッポ）に移して活動することを決定した。

全羅南道地域のキリスト教布教のために、初めて羅州を宣教地として選択し活動を開始したが、当時は全羅北道の全州と全羅南道の羅州は代表的な場所だった。しかし、羅州での宣教は予想に反して容易ではなく、試みることさえもできなかった。羅州は伝統性が強い両班の村であり、東学農民たちも羅州儒生の壁にぶつかって進出できないほど保守性の強い土地だったからだ。以降一八九七年に木浦が開港されると、宣教拠点を木浦に設定した後、陽動（ヤンドン）に住居を求め本格的な宣教活動が開始された。木浦は港町だったので羅州とは雰囲気が違っていた。開港以来、他の地方から集まった人々で形成された新しい都市だったため、村独特の偏狭さや保守性が弱く貿易港として外国人に対する拒絶反応も少なかった。

四．木浦（モッポ）

一八九七年一〇月に開港した港町である木浦は、ユジンベル、レイノルズが宣教基地を購入し、一八九八年秋、ユジンベル（Eugene Bell、裵裕祉）の宣教師家族とオーウェン（Clement. C. Owen、オギウォン）医師が引っ越し、木浦の宣教が開始された。[72] 一九〇〇年三月五日に最初に四人の願入教人（求道者）が現れ、夏には三〇人の洗礼希望者が受験して六人が合格して洗礼を受けたが、八人は願入教人[四四]となった。[73]

一八九八年にはオーウェン医者が診療所を建設して患者の世話をしながら、伝道に取り組み始めたのが木浦

表19　木浦地域の宣教現況

年度	地方集会	聖餐参加者	学習者	参加者
1904	2	0	3	60
1909	40	273	380	1,400

病院の始まりだ。その後、ノルラン（J. W. Nolan）医師とダニエル（Daniel）医者が到着した。

一九〇三年に木浦教会は、二〇〇人を収容できる石造礼拝堂を建築したが、五分の四は、信者の献金によるものだ。一九〇三年末に、木浦近くには六か所の定期礼拝場所が設けられて礼拝できるようになり、二七人の洗礼者と一〇〇人の願入教人を得た。

宣教事業が光州に伸びていくにつれ、木浦が全羅南道宣教の中心にはなれないという事実が明らかになると、光州に新しい宣教地を用意し、木浦宣教部はしばらく閉鎖された。プレストンが光州から木浦を行き来しながら宣教活動を監督したが、居住する宣教師はいなかった。[74]

五．光州（クァンジュ）

一八九六年の行政区域の分割で、光州が全羅南道の道庁所在地になると一九〇四年二月に、南長老教会の韓国宣教会は、木浦で宣教会の全体会議を開き、光州に宣教部を開設することを決議した。ユジンベルとオーウェンの二家族が宣教基地を購入し、「サランチェ」二棟を建て、一九〇四年一二月一九日に光州に転居した。ユジンベル宣教師の自宅で初の礼拝をささげることで光州教会が始まった。

一九〇五年一一月二〇日、医師宣教師であるノルランが診療所を開設し、それが後に光州基督病院となる。ノルランの後任だったウィルソン（R. M. Wilson、ウイルソン）は、鳳仙洞でハンセン病患者を治療し、一九二六年麗水市（ヨスシ）の栗村（ユルチョン）面、新豊里愛養園に移転した。

光州男子校（崇一）と女子校（スピア、Speer）は一九〇八年にユジンベル牧師の自宅で始めた。

六．順天（スンチョン）

順天は、一八九四年の春、レイノルズが宣教地域を視察するために通っており、一八九七年にテート（L. B. Tate）が地方を巡回し市場で伝道チラシを配ったが、この伝道チラシが順天市内の居酒屋の家に貼られていたという。[75]

光州の宣教師だったオーウェンが羅州、和順、宝城、長興、高興、麗水、順天などを巡回したが、急性肺炎で殉教したので（一九〇九年四月三日）、木浦宣教部のプレストン宣教師が順天地方を巡回して順天に宣教部を設立することにした。プレストンは一九〇九年、来韓したコイッ（R. T. Coit、コラボク）と一九一〇年敷地を購入し、一九一二年から常駐して一九一三年に公式的に開設した。一九一三年四月にコイッとプレストンが家族と一緒に引っ越してきたが、二週間後コイッの幼い兄妹がひどい赤痢で死んだ。妻も生死をさまよったがかろうじて助かった。プレストンとコイッは一九一三年に順天病院を開院した。それが一九一五年のアレクサンダー（A. J. Alexander、アンリョクサン）[76]の寄付で総合病院であるアンリョクサン病院へと発展し、一九一三年に梅山男子校と一九一四年には梅山女学校が設立された。

Ⅳ．咸鏡地域とカナダ長老教会

咸鏡道宣教の先駆者は、ゲイル（J. S. Gale、奇一）とマペット（S. A. Moffett、馬布三挩）である。ゲイルはトロント大学のＹＭＣＡ宣教師として入国したが、その後米国北長老教会の宣教師になった。ゲイルは米国北長老教会宣教師であるマペットと共に一八九一年二月二七日から鴨緑江以北地域一、四〇〇マイルを旅行し、五月には張鎮（チャンジン）、咸興（ハムフン）、元山（ウォンサン）などを訪問した。[77]

一八九八年にカナダ長老教会（The Presbyterian Church in Canada）は韓国宣教を開始している。しかし、個人的には一八八八年一二月一六日、トロント大学のキリスト教青年会（ＹＭＣＡ）後援を受けたゲイルが最初に来韓した。以降一八八九年末に、トロント実業家の後援を受けたペンウィク（M. C. Fenwick、片爲益）と一八九〇年九月、トロント医科大学キリスト教青年会の後援を受けたハーディ（R. A. Hardie、河鯉永）と一八九三年七月エビスン（O. R. Avison、魚不信）が来韓した。以降一八九三年一二月一八日に、マッケンジー（W. J. McKenzie）がメリー・タイムズ（Maritimes）地域長老教学校宣教協会（The Student Missionary Association of Presbyterian College）の派遣を受けた。マッケンジーは黄海道（ファンヘド）の蘇來（ソレ）に滞在し、献身的に信者と生活して教会建築を果たし、一八九五年六月二四日に死去した。マッケンジーの死はカナダに韓国宣教に対する関心を高め蘇來信者たちもマッケンジーの後任を送ってほしいという手紙を送った。その後、一八九七年一〇月七日に、カナダ・ノバスコシア（Nova Scotia）州東部の海岸地域であるメリータイムズ（Maritimes）で行われたカナダ長老教会のメリータイムズ大会が韓国宣教を正式に決定した。カナダ長老教会の海外宣教部もメリータイムズ大会の決定を受け入れ、宣教に着手してグリアソン（R. Grierson、具禮孫）、メクレ（D. M. McRae、馬具禮）、フット（W. R. Foote、富斗一）など三人が韓国宣教師に任命され、一八九八年九月七日に来韓し本格的な宣教活動を行った。トロント出身の宣教師であるゲイルとエビソン、ハーディは個人資格で来たため、ゲイルとエビソンは北長老教会へ所属し、ハーディは南監理教会へ所属を変更し、ペンウィークだけが独自で活動した。[78]一八九八年九月二二日、韓国カナダ宣教部は会長にフット、会計にメクレ、事務にグリオスンで構成された。

フットは、一年間で、最高の言語学者であるゲイルの助けと影響で流暢な韓国語と韓国に対する温和な態度を持つようになった。カナダ宣教師たちは、早い言語習得を果たしたが、その中でもグリアソンは卓越した能

表20　カナダ長老教会韓国宣教部統計（1909年6月）

	元山	咸興	城津	総計	
				1899	1909
男子宣教師	2	2	2	3	6
宣教師の妻	2	1	1	2	4
女子宣教師		1	3		4
宣教師総数	4	4	6	5	14
韓国人伝道者	25	36	26		87
神学生	6	2	1		9
高校生	57	44	9		110
小学生	290	327	95	15	712
出席信者	35	37	62	14	134
洗礼者	630	373	138	63	1,141
入教準備中の人	536	338	234		1,108
キリスト者総計	2,297	1,997	1,308	308	5,594

力を見せた。[79] カナダ長老教会の宣教師には、初期のフット夫婦が元山（ウォンサン）支部、グリアソン夫婦が城津（ソンジン）支部、マックレ夫婦が咸興（ハムフン）支部をそれぞれ担当した。

カナダ教会は、一九二五年に長老教会、メソジスト教会、そして会衆教会が連合して単一教会であるカナダ連合教会（The United Church of Canada）を発足したが、第一次世界大戦と一九二九年の世界大恐慌の影響で、教会成長に比べて財政支援は活発ではなかった。

一．元山（ウォンサン）

長老教会会議により、カナダ宣教部が元山を宣教地域に決定すると、一八九八年一一月一二日にフットが元山に到着した。カナダ宣教部が元山を宣教地域に決めたのは、カナダ独立宣教師として先遣されていたゲイル、ペンウィーク、ハーディなどがここで生活したからだ。ゲイルは韓国滞在の二年目の大半を釜山で過ごしたが、釜山で医療活動を開始するためハーディを説得したものの、ハーディが釜山に到着した時にはゲイルはソウルへ戻った。ゲイルは「半島の南端から北端まで、東から西まで横断した。スコットによれば、彼は韓国のほとんどの地域を旅しその村の人と初めて接触した人である」[80]と語った。一八九一年に鴨緑江以北と咸鏡道地域を巡回しながら自分に合う働き場所を選んだのだ。そして「カナダ長老教会が韓国で宣教を始めた時、カナダ人宣教師たちが元山にある彼らの財産と韓国の北東地域での働きを仲間のゲイルから譲り受けた」[81]。という記録のように、ゲイルはすべて惜しみなく提供した。

東学革命直後には、キリスト教に対する反感があった。したがって、宣教師が直接乗り出すよりも、助師を任命して宣教を開始した。ペンウィークは元山で「現地人」の働き人を活用する巡回牧会として、奉仕者を募集し自分の聖書研究所で彼らを訓練させた。

彼は「神様は中会や総会または宣教大会の中にいらっしゃるのではなく、小さな集まりの中に、特別に静かに一人座って神様と魂の対話をする人々と一緒にいらっしゃる」とし、過度に組織された一般宣教団体と教会を強く批判した。[82]

独身女性宣教師であるマックカリ（L. H. McCully）は、メリータイムズ地域の女性宣教委員会で活動した卓越な能力と強靭な性格で宣教における女性の地位を確固たるものにした。一九〇三年に咸興地域女性たちのために一〇日間の長期授業と自宅での二週間の特別授業を行った。彼女は一九〇九年に、咸興（ハムフン）で、最初に韓国の女性宣教委員会を組織した。

二．城津（ソンジン）

一八九九年開港された城津へは一九〇〇年八月一三日にメクレ（D. M. McRae、馬具禮）が、カナダノバスコシア州のベデク（Baddeck）出身のサザーランド（E. Sutherland）と東京で結婚し、三週間を過した後、韓国に帰ってきた。そして一一月メクレとグリアソンは外国人の居住を向けて新たに開かれた城津港まで旅行した。城津を観察して一二月に宣教師会議で報告した後、グリアソン夫婦は一九〇一年五月一八日に城津に移住した。メクリアド（J. M. MacLeod）はウラジオストックから、一九〇九年一一月七日に城津港に到着してグリアソンとともに北側地域と満州にある宣教現場に向けて巡回宣教の旅へと出発した。

一九一四年に、海外宣教委員会は、城津における病院建設（ジェドン病院）のために五千ドルの予算を計上し、グリアソンを財政責任者として任じた。

三．咸興（ハムフン）

咸興は、朝鮮王朝を建てた太祖李成桂の故郷である。慶興洞には定和陵・徳安陵などの王陵が点在している。帰楼洞には李成桂の生家・濬源殿があり、慶興洞には彼が王になる前に住んでいた家の一つである慶興殿がある。一八七六年に、元山とともに開港された咸興は交通の中心地となった。一八九六年八月に、咸興邑教会が米国北長老教会スワルルン（W. L. Swallen、シアンロン）と助師田君甫（チョングンボ）、李基豊（イキプン）の伝道で設立されてから、咸興宣教部はメクレ（D. M. McRae）の強力な要請で一九〇四年に設置された。しかし、咸興宣教部は、一九〇四―五年の日露戦争によって元山（ウォンサン）に撤退したが戦後に咸興に戻ってきた。

四．会寧（フェリョン）

マンスフィールド（T. D. Mansfield）夫婦は一九一〇年一二月に、バーカー（A. H. Barker）夫婦は一九一一年二月に、マクドナルド（D. A. Macdonald）夫婦は一九一二年に、それぞれ宣教師として追加された。メクリアド（J. M. MacLeod）は、ウラジオストックから一九〇九年に入国したが、父の帰国命令を受けて一八ヵ月ぶりに帰国した。当時、この地域には既に四四教会が建てられていた。日本人が居住する会寧は満州と貿易の中心地であり、国境都市だったので宣教地域として選定された。

一九一二年一月には二六エーカーの龍井（ヨンジョン）地域の土地を五〇〇ドルで購入し、七〇〇ドルで会寧にある一一エーカーの土地を追加で購入して住居地と治療所を建てた。一九一二年五月二二日に、母国の宣教委員会の承認を得たバーカー夫婦が城津から会寧（フェリョン）へ転居した後にマンスフィールド夫婦が後を継いだ。

五．龍井（ヨンジョン）

龍井は、満州で韓国住民の中心地であった間島（カンド）のために選択された場所で、有望な宣教中心地になった。カナダ長老教会の海外宣教委員会は、東部分科と西部分科に分かれた。韓国は東部分科に属し、西部分科は台湾、インド、中国に属して宣教した。韓国が属している東部分科に財政支援を要請したが、財政的な理由で支援が難しく、東部分科は西部分科に要請した。東部分科の要請を受け入れた西部分科地域は、咸鏡道（ハムギョンド）地域と間島（カンド）と琿春（フンチュン）の満州地域だった。一九一二年秋、西部分科の一員であるマクファーソン・スコット（J. Mcpherson Scott）が満州地域を訪問し、龍井に宣教部の必要性を確信した。バーカーは、龍井に宣教師が住む家が完成されるまで、中国人の家で生活するために一九一三年六月六日に転居した。

V．来韓長老教会宣教部の宣教方法

来韓長老教会宣教部は、一六世紀後半のトミズム（Thomism）の理解を通じて、マテオ・リッチ（Matteo Ricci、利瑪竇）の『天主実義』に現れたヤンヌン（良能）とサンティ（上帝）を分析した。一六世紀ローマ大学のイエズス会トミズム（Thomism）をもとに、神様と人間関係を理解したマテオ・リッチは神の名をサンティと翻訳した。これまで宣教学は福音を伝える人の立場で研究されたが、最近、学者たちは福音の受容者、つまり宣教師を通じて受け入れていた人々の反応に対する研究に関心を持ち始めた。伝達者中心の宣教学から受容者中心の神学に理解しなければならないということだ。[83]

宣教地はキリスト教と違う文化が出会う場所だ。したがって、福音は相互理解をもって伝達されるものであり、一方通行によって行われるものではない。宣教学は、二つの文化圏またはそれ以上の文化圏の間でやり取りを研究する学問として定義する。[84] 初期の宣教師たちは福音とともに西洋文化をもたらした。伝達者は福音と文化を通じて優越感を覚え、受容者には劣等感と無関心が現れることがある。韓国宣教の特徴の一つは、宣教が入ってくる前から聖書が翻訳されていたという点だ。

[四五] 韓国宣教において長老教会と監理（メソジスト）教会は、教会、医療、学校を軸とするトライアングルメソード[85]を使用した。しかし、表21[86]を見ると、同じトライアングルの宣教方式を使用したにも関わらず使用する金額の割合を見れば、目指すところで少しずつ異なった。米国北長老教会の場合はトライアングルの構図で最終的な目標が教会設立にあったため、福音伝道に五四％を使用しており、教育と医療にそれぞれ二一％を使用した。しかし、米国北監理教会の場合は、教育に四二％で最も多く使用し、福音伝道三二％、医療に二三％をそれぞれ使用した。このことから、長老教会、監理教会の方向性についての違いを知ることができる。監理教

表21　1927年　宣教資金分配比率表

	福音伝道	教育	医療	その他
北長老教会	54%	21%	21%	4%
北監理教会	32%	42%	23%	3%

会の宣教目標は、それぞれの機関、ひとつひとつが最終目標となる構図であるため、監理教会のトライアングルメソードは教会、学校、医療がそれぞれの独立的な類型を維持した。長老教会のトライアングルメソードは、それぞれの異なる宣教の側面から、主な目的である教会設立のために、互いに手伝うという点で医療と教育活動を考慮した。

一．ネヴィウス式宣教方法

一八九〇年六月に、中国で宣教活動をしているネヴィウス（J. Nevius）がソウルを訪問し講義した時に、北長老教会宣教師が深い感銘を受けた。それをアンダーウッドが四つのネヴィウス式宣教方法として整理した。[87]

一）各自、初めて神様に召された時の状況に留まらせ、各個人がキリストの働き人となり、自分の隣人たちの中に住みながら、自ら生計を立てつつ、キリスト者として生きるように教える。

二）教会のやり方や組織を土着教会が耐えられるレベルから発展させる。

三）教会自らが可能な限り人材と財政を供給させ、隣人の中で福音伝道を行うようにするが、もっと良い資質が発見された人は別途に置く。

四）自国の人たちにより、自分の教会の建物を用意させるが、その建物は土着的なものにし、地域教会が十分に建てられる様式で建てるべきだ。

このようなネヴィウス式宣教方法で一八九三年一月に集まった韓国長老教会宣教部公会議では一〇の具体的な方策を採択した。[88]

一）伝道の目標を上流層より労働階級の求道におくことをより優先する。

二）母性は、後代の養育に重要な影響力を与えられる関係上、婦女子の求道と青少年教育を特殊目的とする。

三）郡の所在地に小学校を設置することで、キリスト教教育に多くの成果を出せるので、宣教部の所管学校に在学した男子生徒たちを教師として養成し、各地方へ派遣する。

四）教育を受けた教役者を輩出する希望も我が教育機関で実現されるので、この点にはいつも関心を置くべきである。

五）人の力が尽きる時に神様の言葉が人を悔い改めさせるので、すべての力をふりしぼって早期に正確な言葉で、聖書を使用することが我々の目標にならなければならない。

六）すべての文書事業には漢字の拘束から脱して純ハングルを使用することが我々の目標にならなければならない。

七）積極的な教会は、自立する教会にならなければならない。我が信徒の中に依存生活者の数を減少させることを目指し、自立した教会と献金する信徒数を増加させる。

八）大衆をキリスト者に導くのは、韓国人たちがしなければならない。したがって私たちが大衆に伝えるよりも、少ない伝道師を徹底的に訓練させる。

九）宣教師、医師らの活動が良い成果を得るには、患者を個別的に病室や患者の家に長く滞在させながら治療し、伝道する。そうすれば、医師が手本になって、患者の心の中に深い感激を与えることになる。外来患者の診療所事業は、比較的成果が少ない。

一〇）地方から来て長期間入院してから退院した患者たちを訪問し、継続して世話をしなければならない。彼らが病院から受けた暖かい待遇は伝道師が接触できる土台になるからだ。

このような具体的な宣教方策が、ネヴィウス式宣教方法であり、Self-Propagation（自伝）、Self-Support（自力運営）、Self-Government（自主治理）の概念として理解された[89]。一八九六年イヌルソ（韓国名、William David Reynolds）の宣教師により提示された「韓国牧師訓練要領」[90]もネヴィウス式宣教方法に従っている。


一）宣教師が、ある韓国人を牧師にさせようとする意図を持っていたとしても、その当事者にそのような思いを知らせないこと。

二）できれば、外貨で教役者を雇わないこと。

三）米国に送って教育させないこと（少なくとも宣教初期においては）

四）霊的経験の高い領域に適応されるようにすること。

五）神様の言葉とキリスト教の基本的な事実に徹底的に基づくようにすること。

六）若い牧師候補生たちをイエス・キリストの良き兵士として苦難に耐えられるように訓練すること。

七）文化と現代文明が前進することによって、韓国牧師の教育水準を高めること。彼が国民の尊敬と威信を確保するのに十分な程度で、一般よりは高い教育をさせること。


このような長老教会内の韓国牧師訓練の要領によって、一般的な教育活動に対する内部的基準と方針が決まっていたため、韓国人には高等教育を行わなかった。宣教師の韓国教会指導者の教育水準は、一般的に信徒よりやや上のレベルであり、宣教師の水準に比べてやや下の水準での教育を目指している。これは監理教会の神学教育政策と区別されるものである。監理教会の海外留学勧奨と長老教会の抑制という違いが見える。この違いが、長老教会が韓国教会で多数の比重を占めている教勢偏重にもかかわらず、初期の韓国キリスト教の国際大会派遣には監理教会が高い比重を占める原因となった。[91] これは一九二八年エルサレムで開催された世界宣教大会（ＩＭＣ）などに参加した韓国代表多数が監理教会（メソジスト）の出身ということからもうかがえる。

韓国長老教会宣教部公会議のネヴィウス式宣教に応じて各地方別の宣教が決まるが、一八九二年に米国北長老教会と監理教会の間に結ばれた宣教地域分割協定（Commity Agreements）の成立で各地方の宣教活動が実質的に始まった。しかし、これによる弱点も見られた。

ネヴィウスの宣教方法は、ある意味では原則を過度に強調する傾向があり、ある点は韓国教会に弱点として働いた。自治に対する過度な強調は、教会の職分に過度に執着させ、たびたび教会内の事務的な制度を作った。教会の組織と礼拝に関する行き過ぎた強調は、教会共同体が持つべき社会的任務を忘れ、他の共同体とは分離されるようになった。自立に対する過度の強調は、教会を守るために必要なすべての要素を構造化し社会福祉より教会に必要なものを優先した。聖書勉強の過度な重要視によって、超越的な聖書知識を強調しキリスト教信者の優越性を主張したため、聖書解釈の幅をあまりにも狭くした。ネヴィウス式宣教方法が持つこれらの弱点は、すでに以前から設立されたキリスト教国家でも確認されている。[92]

現在、教会で自治的な強調により教会の構造的職分をつくるということから、自立の強調で社会奉仕的な任務よりは教会の中の必要を満たすのに汲々としており、聖書勉強によって聖書解釈を狭めるという短所を作った。

二．巡回伝道

韓国において宣教師が、最も一般的に使用した宣教方法は巡回伝道だった。これは巡行伝道とも言うが、宣教地域の下見を行ってから宣教地域を設定し、個人伝道を通じて信者の集いを作っていくのが目的だった。来韓宣教師たちは宣教地域の踏査で、宣教地域に最適な場所に宣教支部を作った。宣教支部の選定事項は、宣教地域の中心であり、当時交通が船で行われていたため　港と人口を考慮して決定された。宣教拠点が確定されると、助師を送って家屋と必要な物品を購入し、宣教部（Mission station）を設置し個人伝道も開始した。

巡回伝道は、韓国で新しい信仰訓練を望む信徒との出会いのため、宣教師に与えられた任務だった。巡回伝道は、一八八七年のアンダーウッド宣教師によるソウルから開城、黄海道長淵郡ソレに至る内陸旅行が初めてであったとされており、長淵郡ソレは韓国初の教会が設立されたところだ。[93] 巡回伝道を通じて福音が広く伝わり、地域に信じる群れが形成されて教会が設立されるに至り彼らを養成して聖礼典を実施するために宣教師たちは巡回した。巡回伝道を通じて宣教地を踏査し、個人伝道で拠点を設けた後、聖書勉強会や祈祷会、礼拝を通じて伝道と養育を行うのが、米国監理教会が主に実施した一般的な方法だった。[94]

巡回伝道は、外国人宣教師が都市や宣教師宅に留まっていては得られない韓国人との交流を通じて、言語習得や韓国人理解のきっかけを作っている。それは、宣教師が全ての教会を養うことができなかったため、教会を訪問し短期間に指導者を訓練しなければならなかったからだ。[95]

一九〇四年の会議録（Minutes）を見れば、全州宣教部は、運営費二、八九五＄のうち、二七五＄、群山宣教部は一、二三〇＄のうち、一五〇＄、木浦（モッポ）・光州宣教部は七、〇六五＄のうち、三〇〇＄を巡回費用に使用した点から鑑みると、巡回伝道を通じて人に会って地方宣教部を立てる前に踏査し、準備して計画する方法で使用したことが確認できる。

巡回宣教とは、具体的には、働き手が三、四週間の期間に、小規模な信徒の集まりを訪問し、教会を建てて伝道することだ。夜営をするような装備で、テント、寝袋、毛布、缶詰、パン、コーヒーまたはココア、料理を入れる箱、食べ物を沸かす容器、服、本、必需品であるかゆみ止めの薬などを準備した。[96] 巡回伝道中は、宣教師たちは韓国人のように生活したわけではなかった。その理由としては、韓国人の生活に合わせて生きようと努力したものの、福音を長く伝えることができないまま早世していったマッケンジー宣教師たちのことを覚えているからだという。[97]

巡回伝道は、宣教師が韓国を理解する一つの手だてとなり、教会成長のための教育の窓口として利用された。巡回伝道を通じて地域教会の信者たちを励まし、新しい教会が建てられる地域を見学し、教会指導者を養育して教会を任せられる時間として活用した。

三．サランバン（居間）と宣教師館の見物

宣教師たちの宣教方法の一つとして、韓国人の一般的な家屋に付属する「サランバン」（居間という意味）を通じて、個人的交流を行った方法が挙げられる。サランバンとは、家の母屋と離れており、家主が住み客を接待する部屋の構造である。これは、人々が互いに交流する韓国家屋の伝統的なタイプであるサランバンを利用した伝道方法だった。夫は「サランバン」に起居し、妻は「奥の部屋（アンパン）」に起居するという韓国の生活習慣を個人的交流の方法として適用したものだ。大勢が集まって話す空間であるサランバンを伝道場所として活用し、お互いの文化に接することができる上に、女性のために女性宣教師が奥の部屋を訪問することができた。

また、子供たちは宣教師夫人の案内で宣教師宅を見物することで互いの接点を持つことができた。サランバンは男たちがよく滞在する空間であり、宣教師館の見物は女たちが好む領域であることを宣教において活用したものだ。

サランバンは家具のない小さなオンドル部屋であり、家長が客を迎える時に使う部屋でもある。この部屋を宣教部費で借り韓国人伝道者一人が常駐しながら本を読み、販売することもあった。サランバンを訪問する人たちと宣教師が二、三時間ずつ話をしたり、宣教師たち自身が、昼間には祈祷会や聖書勉強のため、集まったりしたこともある。[98]

西洋宣教師宅の見物は、彼らにとってどんなものであっても好奇の対象となった。窓のカーテンを上げることを興味深く眺めたり、銀の指ぬきや糸が巻かれた糸巻きが入っている籠が見せ物になったりした。[99]見物後には、宣教師からキリストに関する話を聞きながら、質問を交わしながら床に座って話をしていた。彼らが辞去する時には宣教師が小冊子を配布した。初期には公開伝道が禁止されていたが、サランバン（居間）とアンパン（奥の間）に行き、宣教師館の見物を通した個人的交流によって福音が広がっていった。

四．査経会（サギョンフェ）

韓国人教役者を養成する方法の一つが査経会であり、査経会の目的は「単純に教育だけするのでなく、宗教生活を深めるところに特別な努力を加え、キリスト教奉仕に熱中できるよう、韓国人信者を励ます」[100]ところにあった。査経会は、農村と都市を問わず教会生活に大きな影響を与え、ブレア（Rev. W. N. Blair、邦偉良）は、他の何よりも査経会が初期の韓国教会の迅速な成長と復興の原動力となったと述べた。[101]査経会の歴史は聖書勉強から始まったが、一八九〇年にアンダーウッドがソウルで七人が出席した聖書勉強を実施することで始まった。[102]一八九一年には、宣教師ごとに、宣教部が認定する一般的な計画によって各宣教支部に聖書学習カリキュラムを設けなければならないということが宣教部細則に規定され、[103]査経会（サギョンフェ）は教会が増えるにつれて増えていった。

老若男女、有識や無知を問わず、すべての信者が主に聖書を教材として使う査経会は、教会全体の教育方法の一つだった。田舎の教会では農繁期を避け、教師が確保される時期に四日または一週間聖書勉強クラスである査経会を開催した。午前と午後の時間は聖書勉強をし、時々、午後の時間は個人伝道時間に割かれることもあった。夜は大衆向けの礼拝が開催され、信者や未信者が共に参加することができた。

この聖書勉強は、年に一度、宣教師が住んでいる宣教拠点で一〇日間、大査経会として開催した。この聖書勉強を通じて個教会のあり方と成長を助ける指導力が開発できたからであり、一年間に必要な霊的な糧が与えられた。その他にも選抜された生徒を中心に秋に一ヶ月間を訓練させる聖書学校は、女性教役者たちの訓練に大きな力を発揮した。聖書学院は春ごとに全州で男女区別なしに日曜学校教師と女子伝道師（Bible Woman）を対象として三ヶ月間授業を行った。南長老教会宣教部内には、男性のための三ヶ月間の聖書学校がなく、平壌（ピョンヤン）にある平壌神学校がその訓練を行った。[104]

その際、すべての経費は自ら負担し、食費を用意できない場合には米を持って来る。宣教部は勉強する建物や宿泊施設、電気や暖房を提供した。

査経会は、教会の成長と個人が神に対する知識を学ぶ機会を与え、キリスト者としての早い成長をもたらした。査経会は、未信者の親戚に教会に対する関心を持たせ、査経会の目標を徹底して聖書に置き聖書だけを教えた。宣教師たちが養育するには査経会の数が多すぎたので、やがて韓国人教師が授業の多くの部分を担当するようになった。その光景は、あたかもキリスト教が韓国で生まれた宗教であるかのような雰囲気を醸し出していた。また、査経会は一九〇七年の大復興運動の聖書的根拠を提供し、これを通じて組織的な福音伝道運動が展開された。[105]

1 韓仁洙訳『湖南宣教初期の歴史（一八九二―一九一九）』（ソウル：図書出版敬虔、一九九八）二七頁。
2 5.32£=50¥、約 1£=9.4¥（The Records、1912, p.47.）
1,173.58$=2,347.16¥、約 1$×=2¥（The Records、1908, p.45.）

3 Report of committee on work among Japanese and Chinese, 1904, p.42. 1906, p21-22.
4 Report of the statistics Auditing Committee, 1904, p.46.
5 一八七六年一〇月二二日、釜山訓導を辨察官に改称。
6 朝鮮末期の開港後、開港場に設置された税関。朝鮮の海関設置は、一八七六年の開港直後から続いた日本との無関税貿易を是正し、関税権を回復するための試みから始まった。一八八三年五月一二日に仁川海関、一〇月一日に元山海関、一〇月四日に釜山海関がそれぞれ創設され関税業務が開始された。一九〇五年の日露戦争以降、日本が朝鮮において名実共に覇者として登場し、朝鮮海関のすべての権限を独占した。一九〇七年四月一二日、日本は海関を税関に改称し、一九〇八年一月、関税局官制と税関官制などを制定・施行し、朝鮮海関を日本税関の一部として吸収・統合した。
7 朝鮮王朝末期の大韓帝国時代に開港場や開市場の通商事務を管掌していた監理署。
8 一九〇五年乙巳条約によって統監府とともに設置された地方統治のための機関。日本は乙巳条約の時、統監府を設置し、従来の領事が行った職務を遂行する理事官を統監の指揮の下に置いた。理事庁はソウル、仁川、釜山、元山、鎮南浦、馬山、木浦などその他必要な場所に置いた。所属職員は奏任官（正三～六品）である理事官と副理事官、判任官（正七～九品）である属、警部、通訳などがいた。理事官は緊急の場合、統監の命令を受ける猶予がないときは、秩序を維持するため、当該地方日本軍大司令官に出兵を要請することができ、理事庁令を発表し、罰金一〇ウォン、拘留または科料の罰則を科す権利を有していた。同庁を基盤に、日本は植民地時代、地方に対する統治を遂行することができた。
9 http://www.busan.go.kr「釜山の歴史」。
10 韓国教会一〇〇周年準備委員会史料分科委員会編『大韓イエス教長老会一〇〇年史』（ソウル：大韓イエス教長老会総会、一九八四）二八頁。
11 崔ジェゴン訳『米国北長老教会の韓国宣教会史』（ソウル：延世大学校出版部、二〇〇九）一二五頁。
12 李象奎『釜山地方基督教伝来史』（釜山：グルマダン、二〇〇一）五八―五九頁。
13 金仁洙訳『ペウィリャン（William Martyn Baird）博士の韓国宣教』（ソウル：クムラン出版社、二〇〇四）四二頁。
14 李象奎『釜山地方基督教伝来史（一八八〇―一九〇〇）』（韓国基督教と歴史）韓国基督教歴史研究所、Vol.3. No1994、一五八頁。
15 金仁洙訳『ペウィリャン博士の韓国宣教』四四頁。
16 同上、八二頁。
17 同上、八四頁。
18 The Annual Reports of the Australian Presbyterian Mission in Korea, 1909
19 崔ジェゴン訳『米国北長老教会の韓国宣教会史』一三二頁。
20 日本による植民地時代の一九一五年一月、慶尚北道の儒林（ソンビ）が集まって結成した抗日秘密結社組織で、朝鮮国権回復団中央総本部が組織されたが、外面上は詩会を装った。朝鮮国権回復団は檀君を敬い、身命を捧げて国権回復運動を展開すること、国外独立運動と連結して大規模な抗日運動を展開することを目的とした秘密結社組織で、主導者は尹相泰、徐相日、李始榮などであった。
21 朴チャンシク『米国北長老教会の嶺南地方宣教と教会形成（一八九三―一九四五）』（啓明大学博士学位論文、二〇〇四）四〇頁。
22 柳大永『開化期の朝鮮と米国宣教師』（ソウル：韓国基督教歴史研究所、二〇〇四）二六三頁。

23 Rhodes、194頁。

24 慶尚北道金泉（キムチョン）と栄州（ヨンジュ）の間を結ぶ単線鉄道。全長一一五，二㎞で一九三一年に開通し、栄州と点村を結ぶ延伸工事が一九六六年に完結した。

25 崔ジェゴン訳『米国北長老教会の韓国宣教会史』（ソウル：延世大学校出版部、二〇〇九）三三六頁。

26 同上、三五一頁。

27 同上、三四二頁。

28 崔ジェゴン訳『米国北長老教会の韓国宣教会史』三四五頁。

29 鄭秉峻『豪州長老教会宣教師の神学思想と韓国宣教一八八九―一九四二』（ソウル：韓国キリスト教歴史研究所、二〇〇七）三五―四四頁。

30 李象奎、『豪州長老教会の釜山、慶南地方宣教活動』（キリスト教思想　研究）第五号、一九九八年一月、高神大学キリスト教思想研究所、六六頁。

31 同上、六四頁。

32 デービス（Joseph Henry Davies はインドで宣教中に健康が悪化し、メルボルンに戻った。その後、学校（Caulfield Grammar School）を設立中、韓国宣教の思いが与えられ、行こうとしたが、ビクトリア教会では韓国に宣教師を送るつもりはなかった。Edith AKerr、George Anderson、THE AUSTRALIAN PRESBYTERIAN MISSION IN KOREA 1889-1941. 1970. 7

33 李象奎『釜山地方基督教伝来史』（釜山：グルマダン、二〇〇一）四三―四六頁。

34 李象奎『豪州長老教会の釜山、慶南地方宣教活動』七九―八〇頁。

35 白樂濬『韓國改新敎史』二一〇頁。

36 宣教方式の内容は、後述のネヴィウス式宣教方法の項に収録。

37 李象奎『基督教の釜山伝来と宣教運動』（高神大学論文集）一三集、一九八五、二五八頁。

38 鄭秉峻訳『恩恵の証人たち』（ソウル：長老教出版社、二〇〇九）五七頁。

39 Edith AKerr / George Anderson、THE AUSTRALIAN PRESBYTERIAN MISSION IN KOREA 1889-1941, P.13-14.

40 同上、一五頁。

41 http://dongnae-gh.hs.kr（東莱女子高等学校ホームページ二〇一四年一一月）一八九五年一〇月一五日、釜山鎮佐川洞所在。小部屋にて修業する三年課程の小学校として出発し、一九〇九年八月九日、大韓帝国の学部大臣の許可により三年課程の高等科を併置した。一九一五年八月七日、学則を変更し、三年課程の小学校を四年に、高等科を四年とした。一九二五年六月一〇日には、日新女学校の高等科を東莱邑福泉洞に移転し、東莱日新女学校と称した。

42 鄭秉峻訳、『恩恵の証人たち』（ソウル：長老教出版社、二〇〇九）八四頁。

43 李象奎『釜山地方キリスト教伝来史』（釜山：グルマダン、二〇〇一）二一五頁。

44 同上、二一六頁。

45 同上、二一七頁。

46 http://www.jjch.or.kr（晋州教会ホームページ）

47 一九〇九年、培敦病院裏の墓地の空地に建坪三〇坪の木造瓦一棟を校舎として建築し、安東学校と貞淑女学校の合併に伴い、光林学校に校名を変更した。一九二五年に女子部を分離し、一九〇七年から一九一九年の廃校まで、地域教育のために働いたスクールズを記念してシウォン（柴園、The Nellie R. Scholes Memorial School）と名づけた。

48 一九〇五年乙巳条約によって統監府とともに設置された地方統治のための機関。日本は乙巳条約の時、統監府を設置し、従来の領事が行った職務を遂行する理事官を統監の指揮の下に置いた。理事庁はソウル、仁川、釜山、元山、鎮南浦、馬山、木浦などその他必要な場所に置いた。所属職員は奏任官（ジュイムカン、正三～六品）である理事官と副理事官、判任官（パンイムカン、正七～九品）である属、警部、通訳などがいた。理事官は緊急の場合、統監の命令を受ける猶予がないときは、秩序を維持するため、当該地方日本軍大司令官に出兵を要請することができ、理事庁令を発表し、罰金一〇ウォン、拘留または科料の罰則を科す権利を有していた。同庁を基盤に、日本は植民地時代、地方に対する統治を遂行することができた。

49 鄭秉峻訳『恩恵の証人たち』（ソウル：長老教出版社、二〇〇九）九二頁。

50 同上、一一一頁。

51 http://moonchang.or.kr（文昌教会ホームページ、二〇一四年九月）。

52 鄭秉峻訳『恩恵の証人たち』一一六頁。

53 鄭秉峻訳『恩恵の証人たち』一〇五頁。

54 スミス（Walter Everett Smith、沈翊舜）は一八七四年、米国合衆国ペンシルベニア州、フィラデルフィアで生まれ。一八九五年にニューウィンドソ メリーランド大学を卒業し、一八九七年にはプリンストン大学大学院で修士号を取得。一八九八年にはプリンストン神学校を修了し、一九〇二年一一月、米北長老会の宣教師として来韓。最初に釜山宣教部に配属されたスミスは栄州洞教会出身の金周寛を語学教師に任命し韓国語を学んだ。

55 L. B. Tate,"Opening of the Mission", The Korea mission Field, Vol. 17, No.11 (November, 1921), p.224.

56 韓仁洙訳『湖南宣教初期の歴史（一八九二―一九一九）』（ソウル：図書出版　敬虔、一九九八）一七頁。

57 同上、一九頁。

58 五八）韓仁洙訳『湖南宣教初期の歴史（一八九二―一九一九）』一〇〇頁。

59 韓仁洙訳『湖南宣教初期の歴史（一八九二―一九一九）』一〇一頁。

60 G. T. Brown, Mission to Korea (Board of World Missions, 1962), p.18.

61 白樂濬『韓國改新敎史』（ソウル：延世大学校出版部、一九九三）一九〇頁。

62 金守珍／韓仁洙『韓国基督教会史：湖南編』（ソウル：大韓イエス教長老会総会出版部、一九七九）九九頁。

63 同上、一一〇頁。

64 ハ・ウィリョム（W. B. Harrison）牧師の日記を見ると、婦人三人（洗礼志願者）は柳氏婦人、金氏婦人、咸氏婦人である。金チャングックの祖母と母親は、崔マテの伝道でイエスを信じることを決心した全州最初の信者だった。Brown、G.T. Mission to Korea、p.38.

65 金守珍／韓仁洙『韓国基督教会史：湖南編』一一五頁。

66 韓仁洙訳『湖南宣教初期の歴史（一八九二―一九一九）』二五頁。

67 金守珍／韓仁洙『韓国基督教会史：湖南編』一一六頁。

68 The Missionary, February, 1897, p70.

69 G. T. Brown, Mission to Korea, p.44.
70 韓仁洙訳『湖南宣教初期の歴史（一八九二—一九一九）』五八頁。
71 このような統計は湖南地方より一〇年先に宣教が行われたソウル、平壌などには比較できないが、嶺南地方に比べても劣らない実績である（キリスト新聞一九〇一・五・一六参照）。
72 G. T. Brown, Mission to Korea, p.48.
73 金守珍／韓仁洙『韓国基督教会史：湖南編』一二四頁。
74 韓仁洙訳『湖南宣教初期の歴史（一八九二—一九一九）』七〇頁。
75 姜ミンス『湖南地域の長老教会史（一九三八—一九五四年全南老会の働きを中心に）』（ソウル：韓国学術情報、二〇〇九）、九九頁。「全羅道宣教一二五年史」再引用。
76 アレクサンダーは、一九〇二年から一九〇三年まで群山診療所で医師として活動した。一九〇三年、父親の訃報で米国に帰国する際に寄付し、アンリョクサン病院を建立した。
77 W. Scott, CANADIANS IN KOREA, 1975, p.18.
78 韓国基督教史研究会『韓国基督教の歴史I』（ソウル：基督教文社、一九八九）一八九—一九〇頁。
79 W. Scott, CANADIANS IN KOREA, p.46.
80 W. Scott, CANADIANS IN KOREA, p.18.
81 W. Scott, CANADIANS IN KOREA, p.19.
82 W. Scott, CANADIANS IN KOREA, p.20-21.
83 金祥根『宣教学の構成要件と隣接学問』（ソウル：延世大学校出版部、二〇〇六）一三二—一三三頁。
84 同上、一六一頁。
85 徐正敏『韓国と最も深い縁を結んだ西洋人一族アンダーウッド家の物語』（ソウル：サリム出版社二〇〇五）一三二—一三五頁。
86 Annual Meeting of Federal Council of Protestant Evangelical Missions in Korea, 1927, 32. Shearer, Roy E. Wildfire: Church Growth in Korea, (Grand Rapids, 1966) 一七九頁より再引用。
87 H. G. Underwood, The Call of Korea, (New York: Fleming H. Revell Co.1908), p109-110.
88 C. C. Vinton, "Presbyterian Mission Work in Korea", The Missionary Review of the Worlds, Vol6. No.9, (Sep,1893) p.671
89 白樂濬『韓國改新教史」三〇二—三二二頁。
90 Dr. L. George Paik, The History of Protestant Missions in Korea, 1892-1910, p.204-205. 姜ミンス、同上、九九頁 再引用。
91 徐正敏『韓国と最も深い縁を結んだ西洋人一族アンダーウッド家の物語』一三七—一三八頁。
92 W. Scott, CANADIANS IN KOREA, p.53.
93 白樂濬『韓國改新教史』一四八頁。
94 同上、一八八頁。
95 Roy E. Shearer, Wildfire: Church Growth in Korea, p.197-198.
96 韓仁洙訳『湖南宣教初期の歴史（一八九二—一九一九）』五〇頁。
97 韓仁洙訳、同上、五一。

98 Roy E. Shearer, Wildfire: Church Growth in Korea, p.46.
99 韓仁洙訳『湖南宣教初期の歴史（一八九二―一九一九）』五五頁。
100 白樂濬『韓國改新敎史』二二九頁。
101 Roy E. Shearer, Wildfire: Church Growth in Korea, p.55.
102 韓仁洙訳『湖南宣教初期の歴史（一八九二―一九一九）』五五頁。
103 Roy E. Shearer, Wildfire: Church Growth in Korea, p.55.
104 Roy E. Shearer, Wildfire: Church Growth in Korea, p.105.
105 Roy E. Shearer, Wildfire: Church Growth in Korea, p.128-129.

第四章　地域的特徴に基づく信仰の類型

第四章では、地域的な信仰類型の差異を論じる前に地域差について論じる。シアラー（Roy E.Shearer）[1]は、地域の差は共通語とは異なり、一地域や地方で使用する方言が一つの特性だという。このように、同じ方言を中心に地域を分けることができるのと同様に、同じ儒学でありながらも地域ごとに異なる儒学思想を持つところにも地域差が現れる。

儒学の理気論では、事物の生成原理に対する立場の相違から「四端七情論」論争があった。四端七情は、「仁義禮知」の四端と「喜怒哀楽愛悪欲」の七情に区別される。退渓李滉（トゥェギェ イファン）は二元論的な立場であり、「四端」と「七情」を区別し、四端は「純粋なもの」であり、七情は「理と気が混じっている」不純なものとしている。四端は「理が現われたこと」で、七情は「気が現われたことと見て、本質的な理を強調」した。栗谷李珥（ユルゴク イイ）は、四端と七情を「一つに考える一元論で、七情の中から善良な部分を抜き取れば四端になる」と体験的な気を強調した。

「理気二元論」と「理気一元論」の退渓中心の嶺南と栗谷中心の湖南において地域特性があるため、異なる点を生活の現場で区別しようとする。前述した二〇〇五年度版韓国全国人口統計調査で人口比率からキリスト教の信者数は、慶尚南道一〇％、全羅北道二六％であり、地域別福音受容率として差異が現れる。また、大韓イエス教長老会（統合）全国長老会連合会では、一九七六年から毎年三代長老を授賞している。その受賞者二六八人を地域別に分析したところ、嶺南地域では四六％に達し、湖南地域では一一％となっている。そして、カトリックとキリスト教書店の場合では、信徒数の対比で嶺南が高い数値を見せている。殉教地は嶺南（慶尚道）より湖南（全羅道）地域に多いことが分かる。殉教地の大半が、韓国戦争（朝鮮戦争）の時に生まれたものだ。嶺南地域は洛東江を中心として防衛線があり、洛東江以南の地域は占領地域ではなかったため、殉教の差があるとも言われている。それならば、洛東江以北地域では殉教地があるはずである。しかし、そうではなかった。地域別の福音受容については、統計庁による一〇年おきの人口統計を通じて慶尚道と全羅道の福音化率を見た。三代長老については、一九七六年から大韓イエス教長老会全国長老会連合会で表彰したことを資料とし、慶尚道と全羅道に受け継がれる本への愛着心に関しては、朝鮮時代の書院と郷校（ヒャンギョ）、朝鮮後期の文集の発刊、プロテスタントとカトリックの書店を検討してみた。

殉教地の選定は、全国的な統計を標本にするには広範囲すぎる恐れがある。また、一定のものを無作為で選定するには客観的な基準が曖昧であるため、大韓イエス教長老会（統合）総会殉教者記念宣教会で発刊された『韓国教会殉教遺跡地巡礼』に掲載された地域を中心に概観した。

Ⅰ．地域別福音受容

一．地域特性

ワッソン（Alfred W.Wasson）宣教師は、一九三四年に出版した『Church growth in Korea』から韓国教会成長が政治的および社会的条件に応じて、一〇年という期間において急速にあるいは緩慢に成長するということを観察している。シアラー宣教師も『Wildfire: Church Growth in Korea』で、ワッソンの見解を支持するだけでなく、より発展して教会成長が地域別に差があることを指摘した。ワッソンは周期的な成長を論じたが、

表22　韓国の血液型によるスナイダー（Snyder）統計

地域	A型	B型
北部	27.4%	34.5%
平壌	29.9%	27.7%
ソウル	35.7%	25.1%
南部	41.5%	25.7%

シアラーは、地域的な差に関心を持った。同じ宣教師が活動する宣教地域において、成長の差が顕著に現れているのを見ながら、地域特性が存在することに重点を置いた。この地域特性が教会成長においても差異を生み出しているという。シアラーは、地域的な差をまず全羅道（チョルラド）とソウル地方の顕著な言葉の違い（方言）と村人同士の活発な反応を例として挙げている。[2]方言でお互いに共感を持っているということであり、村人同士の活発な反応は方言を通じて地域の気質を共有するものとみている。

シアラーが理解した韓国の儒学は、高い倫理的体系で韓国文化に宗教よりは哲学に深い影響を与え、宗教的な特徴は親孝行として長男が祭祀を行うことに象徴されると言った。[3]このような地域的な差を持つ韓国人であることを前提にしたシアラーの言葉によって、儒学の地域的な差から来る結果が、教会成長にも差をつけられ、表われると考えるのだ。

シアラーは、南（韓国）と北（北朝鮮）の間で、気質的な差を異なる人種的類型に分類し、異なる人種的気質を血液型に区別したスナイダー（Snyder）の統計を引用した。

表22によると、平壌の人々は満洲族やモンゴル族に似ており、韓国は日本と関係が深いという。このように南と北には差があり、文化的な差もあると言及した。[4]

長老教会の急速な成長には様々な原因があるが、ネヴィウス式宣教で地域分割を行い、その効果によって成長したということを最も頻繁に使う。[5]最も効果的な取組みとしてネヴィウス式宣教を用いるのは、その成果に一定の貢献をした事は明らかなので、これ以上議論する必要はない。しかし、もしネヴィウス式宣教が驚くべき成長結果を導き出した要因であるならば、韓国のすべての地域で教会成長は同様に行われなければならなかっただろう。

表23のイエス教長老会総会「教勢統計表」に記載された洗礼者に関する統計を見ると、地域別に成長についての差異が多く現れていることが分かる。もちろん、ここには社会環境的な要因と地域的な人口現況の特性を参考にしなければならないが、統計表上の数字だけを見ると、北側の地域が主導的な優位を占めていることが分かる。そして、京畿地域に来韓宣教部がすべて居住していたにもかかわらず、むしろ最も低い数字を示していることが分かる。これは地域ごとに特性があり、土壌的に接しやすい地域とそうでない地域があることを示唆している。

シアラーは「教会成長が地域で働く宣教師の数とは関係がない。すべての地域にほとんど均等に派遣されたが、教会成長は著しく差があった」[7]と話す。このように地域的な差があることは、韓国人だけでなく、宣教師たちも認めている部分である。

一八九八年八月五日に、アンダーウッド宣教師は米国北長老教会、外地宣教部に送った手紙で、ソウルと西北部地方における教会成長の差を「他の地域に投入しただけの努力を注がなかったため」[8]と見た。しかし、一九三四年、ハリーロディス（Rev.Harry A.Rhoddes）の見解を根拠として見ると、アンダーウッドが誤って判断したものとみられる。ハリーロディスは、「ソウル、京畿地域はプロテスタントが宣教されてから五〇年が過ぎており、カトリックも一五〇年になって、他の地域より多くの宣教師派遣と財政を用いて、多くの努力を果たしたにもかかわらず、まだ成果が現われていない」[9]と語っているからだ。ハリーが、より多くの努力をしたにもかかわらず成長できなかった理由を「保守的な両班（ヤンバン）階級がたくさん住んでいたため」と

表23　地域別の洗礼者数（総会教勢統計）

年代	平北	平南	黄海	京畿 忠北	咸鏡	慶北	慶南	全北	全南 濟州
1900		2,213		1,430	92	2	43	124	8
1910	7,901	10,842	4,780	2,975	1,691	2,886	2,840	3,464	2,045
1920	1,871	5,312	8,471	3,351	5,058	7,113	3,836	3,261	4,442
1930	22,493	18,199	9,055	4,124	5,504	9,288	6,081	5,526	6,916
1940	34,079	21,635	18,198	-	7,838	10,596	3,925	8,128	7,877

いう言及よりも地域差であることに注目すべきである。

ハリーは、地域差について「慶尚北道は儒学の倫理に浸った保守的な両班が中心であったため、この地域は福音伝道の様相が例外的である。韓国の最も富裕で、最も保守的で貴族的な人が住んでいたが説得することが難しく両班は新しい西洋宗教を望まないようだ」[10]と言った。北側の人々と南側の人たちの明らかな文化の差では、まず北側の人たちが南側より漢文をもっとよく読むという点だ。二番目は南側がより保守的な儒学を守ろうとしている点である。三番目としては、明確な経済力の差と考えられる。第四に「政治的に南側に比べて北の人々が官職に登用される機会が少なかった」[11]と定義した。

シアラーは地域別成長原因の主な要因として、「家族に基づいた社会」という全聖天（一九一三—二〇〇七）の言葉を引用して、「教会に所属した多くの人々は家族単位であった」[12]とし、家族関係による福音伝道が急速な成長原因だと考えた。このようにシアラーは西洋と東洋の異なる家族制度に注目したが、その根元まで近づくのは難しかったようだ。

儒学で強調する「忠孝」に対する基本概念として孟子の「三綱五倫」がある。三綱は軍為臣綱・父為子綱・夫為婦綱であり、五輪は父子有親・軍臣有義・夫婦有別・長幼有序・朋友有信だ。三綱は人の道理を強調し、王と臣下の基本関係、息子と父親、夫婦間の関係を設定した。五倫は実践方法を説いているが、父によって形成された天倫である家族関係は、自分が決められるものではないので、絶対的なものと見なした。そして王と臣下、夫婦間の区別と大人と子どもの順序と、人間は一人で暮らすのではないため共同体の重要性を実践方法で語った。このため、シアラーは家族の家長が信仰生活をするようになれば、家族の構成員も従って信じることを言及している。他所へ転居する場合であっても全く未知の場所へ行くのではなく親戚がいる土地へ行くため、転居先でも血縁関係の親戚たちの存在があったからこそ、伝道が容易だったのだと思った。

シアラーは人種的に異なる血液型と全地域への均等な宣教師派遣にもかかわらず、地域別に成長率の差がある理由は、両班の存在であると言った。シアラーの主張のように両班が要因なら、両班の定義とその考え方を調べざるを得ない。両班も地域によって異なる特性があるなら、その特性によって異なる成長率を提示できるためだ。

両班が地域によって異なる特性を持っているなら、両班の学問的背景である性理学で確認しようとする。性理学は儒学で見てきたように、嶺南地方には、理気二元論の退渓学派と畿湖地方に属する湖南地方には理気一元論の栗谷学派が中心を成した。退渓学派には慶南地方を中心に「敬義思想」を重視する南冥学派が存在した。同じ性理学を受け入れても、地域によって異なる学派が成立したということは、その学問的思考の特性が、その地域思考にそのまま通底していると言えるだろう。

性理学の論争で四端七情論は、宇宙万物を説明するとき「理」と「気」で説明する。四端七情論は、事物の生成原理に対する立場の違いである。「四端」とは、人間は生まれつき善良な心をもって生まれる本性である惻隠の心、羞悪の心、辞譲の心 是非の心である「仁義礼知」のことであり、「七情」は、情、欲から始まる喜、怒、哀、楽、悪、欲、愛である。理と気は追求するところが異なるが、「理」は本質的で理性的であり、観念的な四端は道徳的な感情と純粋さを追求し、物事の原理と理性を重視する。「気」は経験的で実用的な七情で、物事がどのようにして何によって作られたかを追求する現実的な側面が大きいと考えられる。ここで、理と気の相互作用性と誤りに対する責任性がある。

「理気二元論」では、動きは理がするが、理と気は離れていない距離で混ざっていない。責任は気にあるので、理は気に束縛されない。反対に、理気一元論で、気は集まり、散らばる特徴である。水は同じだが、どの器に入れるかによって変わる「理通気局説」の形が存在する。理と気が結合しているため、動きは、気がし、理と気が結合している一元論であるため、誤りに対する責任の面でも同一に分け合うしかない。

二．地域別福音受容の差異

韓国の福音受容を見ると、カトリックは『天主実義』を通じて福音に接し、プロテスタントは「聖書」が宣教師より先に導入された。カトリックとプロテスタントの共通点は、宣教師より先に本（聖書）が入ってきて、聖書を読むことで信仰を受け入れたという点は、韓国特有の福音受容方法だった。

中国のイエズス会宣教師であるマテオ・リッチ（Matteo Ricci、利瑪竇、一五五二―一六一〇）は、中国宣教において先秦儒教のサンティ（上帝）とは、文化的衝突を回避するため、キリスト教の唯一神と同じだという適応主義的保儒論を提示している。イエズス会宣教師たちは、史書をラテン語に翻訳し、中国を理解する教科書として使用しただけでなく、「詩経」、「書経」、「周易」、「礼記」などの文献研究を行った上に　漢文カトリック書籍を出版した。『天主実義』は天主の真意を明らかにするもので、カトリックと儒教の一体論を主張しており、啓示論は扱わず、イエスに関する終わりの部分で言及している。人間本性は善良で善良な本性を完成させることは、徳性の修養を通じて自我を完成させるところにあると見ている。マテオ・リッチにとって性理学の「理」と「気」は、カトリックによって創造された物質世界に内在する形相因（formal cause）と質料因（material cause）以上のものにはなれなかった。

物事の範疇は二つあります。実体（自立者）があり、属性（依存者）があります。他の個体に依存しない事物として自立的な個体に存立できるのは、空と地、鳥と獣、草木、鉄と石、四行（水、火、空気、土）などです。これらは実体の範疇に属するものです。自ら立つことのできない事物として、他の物体に依託して存立すること、五常、五色、五音、五味、七情などです。これらは属性の範疇に属するものです。[13]

マテオ・リッチは、上帝が天地万物に対して超越的な存在であることを強調した。退渓は超越性の強調を通じて、天地万物は理を根本とするが、理は超越的で全ての存在に内在するという内在性を強調した。このようにマテオ・リッチが保儒論的な独特な方法で書いた『天主実義』を読んで、受け入れた福音が広がる中でも韓国の地域的な風土に沿って伝わった。

一八七六年の開港の頃には、スコットランド連合長老教会は、マッキンタイア（John MacIntyre）（一八七二年派遣）に続いて、ロス（John Ross）を中国宣教師として派遣した。ロスは、一八七四年秋、李應贊、白鴻俊（一八四八―一八九四）の助けで聖書の翻訳を開始し、英国へ帰国する一八七九年四月まで続いた。そして、休暇期間にはマッキンタイヤが引き継いで作業を継続した。この新約聖書翻訳作業は、一八七九年に完了した。翻訳作業は、ギリシャ語聖書を対照して修正を行いつつ、朝鮮政府が発行した最初の国定国語教科書諺解本（オンヘボン）との比較検討も行われたため、一〇年余りの歳月（一八七七年～一八八六年）を費やした。[14] 翻訳聖書出版は一八八二年から分冊で刊行された。最初に、ルカによる福音書、次いでヨハネによる福音書が刊行された。一八八三年には使徒言行録まで最終訳を完了し、一八八四年からは書簡の翻訳を本格化させ、一八八六年秋に『イエス聖教全書』という名称で発行された。[15]

一八八四年の甲申政変後、キリスト教との接触は、日本を介して開化派知識人たちによってもたらされた。李樹廷（イスジョン）は高宗の時には礼曹判書の官僚（従六品校検）であり、日本の文物を視察するための政府派遣紳士遊覧団（視察団、一八八二年）の一員であった。李樹廷は、農学者である津田仙の家に掲げてあった掛け軸で、マタイによる福音書五章の山上の垂訓を読んで感動し、三ヵ月の視察期間後にも外務担当者閔泳翊（ミンヨンイク、一八六〇―一九一四）の配慮によって日本に残留し新しい文物を勉強する機会を得た。[16] しかし、『東槎漫録（ドンサマンロク）』によると、韓国人李樹廷は、本来はウンミカの傔従だったと記載している。傔従とは執事として認知されており、李樹廷が才と知恵があり、文字を理解し日本に行って断髪し、教師になったと記されている。[17] これまで韓国では李樹廷についての記録は、この文言が初めてである。李樹廷の職業は、弘文館校理、礼曹管理、承政院などと誤って認知されている。

李樹廷は、日本キリスト教信者たちや米国聖書協会のルーミス（Henry Loomis）及び米国長老教会のノックス（George W.Knox）など、長老教会の宣教師たちを通じて改宗した。その後の一八八三年四月二九日に、露月町教会の安川亨牧師によって朝鮮人としては初めて日本で洗礼を受けることとなった。この出来事が契機となり在日米国長老教会宣教師たちが、宣教機関紙に朝鮮に関する紹介文を掲載し、李樹廷による、米国宣教師が入国して朝鮮にキリスト教宣教をすべきであるという要請も併せて紹介した。[18]

一八八三年には、李樹廷を筆頭に、朴映宣、李ギョンピルなどの七、八人の朝鮮人が受洗して東京において朝鮮人留学生信仰共同体が形成されている。[19] 彼らは、西洋文明と連結した日本を通じての間接的宣教ではなく、米国による直接的宣教を望んだのだ。

李樹廷は、米国聖書協会総務ルーミス牧師からハングルの聖書翻訳要請を受け、一八八三年に四福音書と使徒言行録を翻訳した。そして、一八八四年八月には漢文聖書にふりがなを付けた漢韓新約聖書一千部が出版された。マルコによる福音書の出版は、米国聖書協会によって横浜において六千部が印刷された。この出版年の一八八五年二月と時を同じくして、韓国宣教師に任命されたアンダーウッドとアペンゼラーが日本に到着した。その後、アンダーウッドとアペンゼラーはこのマルコによる福音書を携えて一八八五年四月五日に、済物浦（チェムルポ）に上陸した。『イエス聖教本』は知識層を考慮した漢字ハングル混じり文であり、李樹廷翻訳のマルコによる福音書では平民を対象にして純ハングルのみ使用されたのとは対照的である。[20]

韓国に福音が伝えられた方法は、儒学の学習方法が経典を音読しながら自然の理を悟った先祖の学習類型のように、カトリックとプロテスタントの福音受容にも『天主実義』と聖書を読みながら信仰が成熟する姿が現れているのだ。

韓国は中国から儒学を受け入れ、西欧からキリスト教を受け入れた。それにも儒学が退渓学派、栗谷学派、南冥学派に地域によって分かれたように、キリスト教の福音受容でも、統計庁人口センサス（二〇〇五年版）を基準に地域の人口比率で見ると、慶尚道地域は九―一二％に留まっているが、湖南地域では倍以上の二〇―二六％に上る。このように、地域別に倍を超える福音化率の差がどこから生じるのだろうか？

これまで、こうした福音受容の地域差を、儒学が強い嶺南地域では宣教が難しく、相対的に儒学の弱い湖南では宣教が順調であったと表現している。それならシアラーが指摘した通り、慶尚北道は儒学の倫理に浸った保守的な「両班」が中心だったので福音伝道が活発ではなかったことになる。羅州は、両班たちの縄張り意識が強い地域であり「外国人が住むならば殺すぞ」という脅迫[21]のため、羅州宣教部から放棄された。このように、同じ儒学の受容にも関わらず、地域性によって理と気を主張するが、湖南では栗谷李珥中心の「理気一元論」と嶺南では退渓李滉中心の「理気二元論」を主張することが最も大きく区別される点だ。このように、思考中心の理と情緒中心である気の差が福音受容において一三％の差を生じさせた理由と考えられる。

宣教師と国内指導者たちは、韓国の各地域が互いに異なる教会成長率を見せていることを知らなかった。宣教師たちは地域的な競争を嫌い、そうした競争を解消するために努力したため、成長率の差に関する問題を明らかにするのをためらった。[22]

表 24　全人口対比　基督教人口比率（小数点以下は、四捨五入）
人口単位：1 千人　1985 年―2015 年　統計庁資料
（http://www.nso.go.kr/）

	1985			1995			2005			2015		
	全体	基督教	%	全体	基督教	%	全体	基督教	%	全体	基督教	%
ソウル	9,625	2,292	16	10,217	2,675	26	9,762	2,222	23	9,904	2,286	23
京畿	4,792	916	19	7,637	1,807	24	10,341	2,260	22	12,479	2,729	22
仁川	1,384	302	22	2,308	593	26	2,531	563	22	2,890	642	22
江原	1,724	210	12	1,465	238	16	1,460	227	16	1,518	258	17
忠北	1,390	150	11	1,395	211	15	1,453	219	15	1,589	241	15
忠南	2,999	462	15	1,765	337	19	1,879	367	20	2,107	416	20
大田				1,270	268	21	1,438	295	21	1,538	327	21
世宗										204	39	19
全北	2,201	424	19	1,900	502	26	1,778	467	26	1,834	480	26
全南	3,747	548	15	2,066	422	20	1,815	396	22	1,799	404	22
光州				1,257	273	22	1,414	278	20	1,502	292	19
慶北	3,010	307	10	2,672	327	12	2,594	299	12	2,680	345	13
大邱	2,028	227	11	2,445	284	12	2,456	255	10	2,466	288	12
慶南	3,514	257	7	3,841	350	9	3,040	259	9	3,334	334	10
蔚山							1,049	99	9	1,166	122	10
釜山	3,512	354	10	3,809	424	11	3,512	364	10	3,448	407	12
濟州	488	36	7	505	42	8	531	38	7	605	58	10
計	40,419	6,489	16	44,553	8,760	20	47,041	8,616	18	51,069	9,675	18

宣教師と当時の教界指導者たちが承知しつつも、明らかにすることを躊躇したことから、「地域感情」という言葉で曖昧に取り繕っておく動機が現れている。宣教初期にはカトリックとプロテスタントの福音に対する受容は、書籍を通じて行われたため、儒学の経典を音読するように聖書を音読しながら意味を理解し福音を内面化する過程で、その地域性がそのまま信仰として現れるようになった。儒学の勉強方法と同様に、聖書を音読したため、儒学で体得した地域的な考え方から自由になれず、福音受容後に実践する方法においても、地域特徴がそのまま残存する結果とな

った。

また、宣教初期に、慶北地方で福音伝道をする働き手が足りないことを残念に思っていたアダムス牧師(Rev.James E.Adams)は、アダムス基金を設立し(一九二二年)、その結果二人の宣教師が米国から到着した。しかし、一人は病気で辞任し、その後アダムス博士自身も病気で辞任した。残りの一人は載寧(ジェリョン)に派遣された。アダムス基金により、一九二八年大邱(テグ)支部年次報告書によると一〇教会が新しく建てられたという。[23]

Ⅱ．慶南地域の信仰類型である神社参拝拒否

慶尚南道地域を中心に神社参拝拒否運動が積極的に展開されたのは、地域の思想的影響と因果関係がある。高麗派は、曺植中心の南冥学派が活発に活動している慶南一帯を基盤にしている。韓国基督教歴史研究所が発刊した『韓国基督教の歴史Ⅱ』では、神社参拝拒否を主導した中心人物としては、平安南道の朱基徹(チュギチョル)、平安北道の李基宣(イギソン)[24]、慶尚南道の韓尙東(ハンサンドン)、李朱元(イジュウォン)[25]、朱南善(チュナムソン)[26]、全羅南道の孫良源(ソンヤンウォン)が挙げられる。初期には、教会と個人との地域的連帯を形成し、徐々に地域的な連帯がなされ、慶南地域、西北地域、満州奉天(ボンチョン)地域間の交流へとつながった[27]」という。

南冥学派の中心思想について『宣祖修正実録』五年一月一日に「曺植の学問は心で道を悟ることを重視し、実用と実践を前面に押し出した。是非を説いたり弁論したりすることを好まないため、学生のために儒教で特に重視される文献解説をするかわりに、ただ自分を顧み自ら悟らせた」と言う。このような点は韓尙東(ハンサンドン)牧師が、教団内の問題で草梁教会の明け渡しを要求されると訴訟をせずに離任し、三一教会を開拓

したことと、高麗神学校[四六]の設立精神からもよく現れている。

神社参拝拒否運動が特定地域に集中したのは、歴史的記録からも散見される。一九四一年五月一五日、李基宣（イギソン）牧師など六八人は、「キリスト教徒の神社参拝拒否教会の再建運動事件」という嫌疑で拘束された。翌年三月一二日には、関連者六八人のうち三五人が起訴され、予審で八人は起訴猶予となり、残り二五人は一九四五年の予審が決まるまで投獄された。そのうちの崔ボンソク牧師、朱基徹牧師、朴グヮンジュン長老、崔サンリム牧師の四人は殉教した。[28] 二五人を地域別に見ると、平壌地方裁判所で行った裁判であるので一七人が平安北道と平壌に居住しており、八人は慶南の巨済（コジョ）、密陽（ミルヤン）、居昌（ゴチャン）、咸安（ハムアン）、釜山（プサン）などだった。神社参拝拒否運動によって拘束された人々が平安道（ピョンアンド）と慶南地域だけに存在したという事は、慶南地域の人々が最も積極的な反対をしたと見ることができる。

韓尙東牧師は、牧師按手を受けた一九三七年三月に文昌教会に赴任したが、一九三九年五月に同教会を辞任した。同年八月に水營海水浴場で約一〇名が参加した修養会を開催したことが、慶南地方における組織的な神社参拝拒否運動の契機となった。一九三九年一〇月に、密陽（ミルヤン）の馬山里教会に赴任すると同時に神社参拝拒否運動を開始した。韓尙東牧師は密陽馬山里教会で臨時牧師として働きながら、神社参拝拒否運動を展開し、次のような実践事項を定めた。

一．神社参拝する教会には出席しないこと。
二．神社参拝した牧師から聖礼典を受けないこと。
三．神社参拝する教会に十一献金や一般献金をしないこと。
四．教会出席をしない信者同志で集まって礼拝する。特に家庭礼拝を主にする。[29]

彼は、神社参拝強要をキリスト教信仰の基礎を抹殺しようとする要求と見たため、命をかけてそれと戦ったのだ。

韓尙東牧師は、神社参拝拒否運動を展開した後、山亭峴教会を経て草梁教会を担任した。その時、長老教教団と対立があり、老会は臨時党会長を草梁教会に派遣しようとした。このような状況で、彼は「教権を持つ者たちとむやみに争わず、静かに退いて神様に栄光を捧げることを願った」[30]という。彼は訴訟を起こして教会を取り戻すための努力をするよりも、草梁教会から退くことを選んだ。一九五一年一〇月一三日午後の礼拝後、今夜からはジュヨンムン長老宅で礼拝をささげると告知し、草梁教会から分立して三一（サムイル）教会を開拓した。

韓尙東牧師の信仰旅程を見ると、南冥学派で表われる実践を重視する社会的実践と個人的実践の「敬義思想」を見ることができる。敬意思想とは、「経」を通じて心を磨くことを示し、「義」に沿って現実に対応することだ。

下記の神社参拝拒否運動者一四九人（表25[31]）でも分かるように、神社参拝の反対者は慶尚南道地域に一番多い。しかし、活動地域に分類したため、平安北道の李基宣、平安南道の李朱元は、慶尚南道地域と平安道地域で活動したケースだ。多くの神社参拝拒否運動者たちは、自分の地域で反対活動をしたが、慶尚南道の神社参拝拒否活動は、自分の地域を越えて積極的に活動した。また、地域別の特性がそのまま現れている。

Ⅲ. 慶北地域の信仰類型

慶尚北道地域の信仰類型の特性の一つは、三代長老と書店が挙げられる。慶尚道（嶺南）と全羅道（湖南）

表 25　神社参拝拒否運動者（149 名）

教派	地域	神社参拝拒否運動者
長老教会	平北	ゴフンボン牧師キムギソン伝道師、キムスンリョン執事、キムヨンラク伝道師、キムウィホン伝道師、キムインフィ伝道師、キムチャンイン伝道師、キムファジュン伝道師、パクシングン執事、ソソンファン伝道師、シムウルチョル伝道師、アンイスクヤンデロク執事、オヨンウン執事、イグァンロク執事、イギソン牧師、イビョンフィ執事、チャンドゥフィ執事（18 名）
	平南	キムウィチャン牧師、パクグァンジュン長老（出獄後死亡）、バンギェソン伝道師、オユンソン伝道師、オジョンモ執事（朱基徹牧師夫人）、イヤクシン牧師、イジュウォン伝道師、ジュギチョル牧師（獄死）、チェジョンミン牧師、キムソンドゥ牧師（満州に移動）（10 名）
	黄海	パクギョング牧師、イジョングン牧師（2 名）
	咸南	シンウィギュン、シンピルギュン、アンスンジュ、ウィビョンオン、イギェシル、イチャンス、ハンボクヒョン、ハンサンモン、ハンユンモン、ハンチサン、ホンジョンソン、ホンジョンヒョン（12 名）
	慶南	ガンムンソ長老、ガンチャンジュ執事、キムドゥソク、キムミョニョン執事、キムヤモ、キムヨウォン執事、キムヨンスク、キムジョムリョン伝道師、パクギョンエ伝道師、パクソングン牧師、ソンミョンボク伝道師、ヨムイェナ、イボンウン勧士、イスルヨン、イチャンス伝道師、イヒョンソク伝道師、チョギョンウ講道師、チョスオク伝道師、チョヨンハク領袖（取り調べ後、死亡）、チュナムソン牧師、チェドクジ伝道師、チェサンリム牧師（獄死）、ハンサンドン牧師、ハンヨンウォン伝道師（24 名）
	忠北	ソンヨンフィ牧師ホソンド牧師（獄死）（2 名）
	全北	キムガジョン牧師、ベウンフィ牧師、チェヤンソ（3 名）
	全南	パクチャングィ長老、パクペンドン長老、ベウンドク長老、ベクヨンフム牧師、ソンジェヨン牧師、ソンチュングン長老、ソンヤンウォン牧師、ヤンヨングン牧師（獄死）、オドンウク牧師、オドンファン長老、オソクジュ牧師、オジョンファン長老、ユジェハク執事、イナムギュ牧師、イヨンソン伝道師、チャンヒョンギョン伝道師、ジョンインセ、チョサンハク牧師、チョヨンテク伝道師、ファンドゥヒョン長老（20 名）
	満洲	ギェソンス、キムソンシム、キムスンボク伝道師、キムヤンスン伝道師、キムユンソブ伝道師（獄死）、キムウンピル伝道師、キムテクヨン執事、キムヒョンラク伝道師、パクミョンスン執事、パクィフム伝道師（獄死）、パクインジ執事、シンオクニョ伝道師、チョンソンボン伝道師、チョンジュンドク伝道師、チョンチェソン伝道師、ジョンチホ伝道師、チェヨンサム、ハンスファン伝道師（18 名）
監理教会		ガンジョングン牧師（獄死）、クォンウォンホ伝道師（獄死）、シンソクグ牧師、イヨンハン牧師（獄死）、チェインギュ伝道師（獄死）、イジンウ牧師、チェハンホ（7 名）
聖潔教会		キムヨン牧師（取り調べ中に死亡）、パクボンジン牧師（出獄死亡）（2 名）
東亜基督教会		キムヨングァン牧師、キムヨンヘ牧師、キムジェヒョン牧師、ノジェチョン牧師、パクギヤン牧師、パクソンド牧師、ベクナムジョ牧師、シンソンギュン牧師、イジョングン牧師、イジョンドク牧師、チャンソクチョン牧師、チョンチギュ牧師（元山獄死）（12 명）
安息教会		チェテヒョン牧師（出獄死亡）（1 名）

の地域的な違いがないなら、三代長老の数と書店数が平均値から誤差範囲内でなければならない。それにもかかわらず三代長老が嶺南（ヨンナム）地域で韓国の半分近く占めていることは一つの特徴になり得るだろう。嶺南（ヨンナム）地域は一二五人であり慶尚北道地域は一〇五人で、慶南地域は二〇人であり、慶北地域が圧倒的に優勢だ。また、書店の場合は朝鮮時代の官学である郷校（ヒャンギョ）と私学の書院数を比べても差がある。官学は比較的満遍なく分布されているが、私学である書院は嶺南（ヨンナム）地域が湖南地域に比べて二倍以上を占めている。このような脈絡で、書店も嶺南地域が湖南地域より多い数が営業しているのだ。

一．三代長老

三代長老とは、祖父から父に継いで自身に至るまでの長老任職を受けて信仰生活する家庭のことである。一九七五年六月一二日、大韓イエス教長老会（統合）全国長老会連合会実行委員会において三代長老を表彰することを決定し、長老会報（一九七五年六月二二日付）に三代長老を表彰するための堂会長または長老会長の推薦が告知された。提出書類は、履歴書及び写真（一般の経歴や信仰経歴を区別）・視務経歴書（三代、三人長老の視務教会と視務期間及び特記事項）・推薦書（各老会の長老会長または堂会長）だった。

その結果、一九七六年九月二二日の第五回総会において、三代長老たちを初めて表彰した。受賞したのは、金イクミョン（ソウル東）、朴インハン（慶尚北道）、李チョルサン（慶尚北道）、林ウォングン（ソウル東）と四代長老として姜信元（ソウル東老会）であった。その後は断続的ではあるが、釜山永楽教会総会（一九八一年九月二四日）において、金ガプス、李ヨンシルを表彰し、一九八二年九月二三日に、三代長老を表彰した。しかし、この時の名簿はなかった。一九九四年からは毎年表彰式を行った。一九九四年九月ソマン教会における総会で、宋ウォンホ、一九九五年九月ミョンソン教会における総会で安ジェミョン、李ウンへを表彰し、一九九七年からは全国長老会修練会で表彰した。

表26　三代（祖父、父、自身）長老受賞者

老会	受賞者（教会、受賞年度）
ソウル(10)	カンシンウ（ヨンドン、2007年）カンヨンソプ（セムンアン、2001年）キムギョンニョン（セムンアン、2011年）キムドゥニョン（セムンアン、2011年）ノヨンシク（往十里中央、2002年）ソンジュチャン（シンイル、2001年）ヤンホソン（ヨンドン、2007年）イドクシル（セムンアン、2003年）イヨンシル（セムンアン、2001年）チェジョンイル（ジャヤン、2007年）
ソウル東(13)	カンジョンソプ（貞信、2000年）キムソンヒ（山亭峴、2007年）キムヨンマン（ミルアル、2009年）キムイクミョン（1976年）キムチュンゴン（ピョンネダイイチ、2003年）ノウィヨン（1996年）パクウォンシル（クグイル、2001年）パクジュウン（ソンドク、2006年）ヤンウンヨン（ドンウン、2000年）ユンワンヒ(スサン､2001年）イムウォングン(1976年）チャモンギ(清凉里中央、2006年）チェヒョンシク（貞信、2000年）
ソウル北(7)	キムダウン（ミアム、2008年）キムラクウン（ソンムン、1999年）キムイクス（ジョンアム、2009年）シンドンチョル（ヨンアム、2007年）イドミョン（ヨンアム､1997年）イボイン（ボンファヒョン､2008年）イヘウ（ポチョン中央、2008年）
ソウル江北（1）	イソクマン（スユドン、2012年）
ソウル西(5)	ケミョンジェ（ヨンチョン、2005年）イドクマン（チュンシン、2009年）イユンギ（ソヒョン、1997年）チャンスンヨン（ハンナンジェイル、1997年）ハナンホ（モレネ、1997年）
ソウル西北(4)	キムイルナム（ウングァン、1999年）チョセンギ（ズンサンジェイル、2004年）チョジョンギ(ズンサンジェイル､2004年）チェサンチュン(ウングァン、2001年)
永登浦(8)	キムドンホ（ヨンウン、1997年）キムサンジュン（ヨンウン、2003年）キムジンス（モクミン、2004年）キムチャンギョン（ヨンウン、1997年）ノグンソン（ヤンピョンドン、2010年）パクギサン（イソンソン、2004年）ソンソンホ（ヤンピョンドン、2004年）ユンジョンシク（시온성、2004年）
安陽（3）	キムドクジン(ドクジャン､2009年)ヨンスミョン(ピョンチョン､2011年）チェウォンボン（ピョンチョン、2010年）
京畿（1）	キムスンチョル（ソドゥン、1997年）
ソウル南（6）	キムギョンジン(ミョンスデ､2007年）キムチャングン(ノリャンジン､2005年)イナンジェ（ソンハクデ、2012年）イサンヨル（ソンハクデ、2012年）ジョンビョンホン（ヒョウソン、2012年）ピョテソン（ノリャンジン、2004年）
ソウル冠岳（2）	イテジン（ヨンドン、1999年）チェグァンソク（デグァン、2010年）
ソウル東南（1）	キムヨンファン（ミョンソン、2001年）
ソウル江東（2）	ウヨンスク（コチョク、2010年）チャソン（ホサンナ、2004年）

ソウル 江南（4）	ノウォンボク（スソン、2003年） パクソングン（スソン、2004年） オウィヒ（インマヌエル、2001年） イデドン（スソン、2003年）
ソウル 西南（2）	イソンヨン（オリュウドン、1997年） ジョンウヨン（コチョク、2010年）
仁川（5）	キムミョンギュ（仁川第一、2009年） キムヨンナム（仁川第一、2009年） パクギボク（ウンビッ、2003年） アンジュベク（仁川第一、2009年） ジョヨンホ（1996年）
忠北（3）	キムシンイル（清州栄光、2009年） イギョンドン（清南、2008年） チェソンギ（清州ソナン、2001年）
忠清（2）	キムチュングク（チョナアン、1997年）イムジョンヒョン（ムクバン、1997年）
大田（3）	キムジョンソプ（太平洋、2012年） リュヒョンス（ジバン、1999年） リュフンス（1996年）
大田西（1）	イソンミョン（西大田中央、2011年）
全北（2）	オジョンシク（全州ボンサン、2000年）イジョンヨン（ファピョン、2010年）
全州（5）	パクドスン（全州ソリン、2002年） オジョンシク（ボンサン、2010年） イギボン（ムンジョン、1999年） イジョンシク（ボンサン、2003年） チャンジュヒョン（全州中部、2000年）
群山（4）	キムギソン（プンチョン、2004年） バンビョンロク（ダウン、2008年） シンナンシク（ヨンアン、1997年） イムソン（ナングァン、1997年）
益山（1）	ソンインウン（ハムヨルヨンラク、2008年）
全北東（1）	ジョンヨンファ（デグァン、1999年）
全南（2）	オンソンチャン（光州ウォルグァン、2005年） ホンデジプ（グァンジュヤンリム、1999年）
光州（2）	グダンヨル（1996年） グヨソプ（グァンジュソリム、2005年）
順天（4）	コビョンシク（順天ソンプク、2006年） キムジョンス（光州第一、2004年）オジョンシク（光陽第一、2010年） ファンギョンホ（グァンヤン第一、2004年）
順天南（2）	パクジュボン（ビョルリャンマサン、2011年） ジョンシンヨル（ゲリョン、2011年）
スンソ（2）	キムウンテ（ドンサン、2001年） パクギイル（デボン、1997年）
麗水（1）	カンチョルウォン（ヨチョン、2008年）
木浦（2）	キムイルチュル（ビグンドクサン、1997年）チョスンギ（木浦東部、1997年）
濟州（2）	オヨンボク（中門、2000年） ホチョルス（濟州永樂、2000年）
晋州（2）	パクミョンス（ビョンピョン、2005年） チェガンドク（東部、2004年）
晋州南（3）	キムヨンチャン（ソポ、2001年） キムチョルボム（ナンヘウプ、2000年） ハホソン（ナンミョン、2004年）
慶南（1）	ソギソ（昌寧、2010年）
釜山（5）	キムサンムン（ソンドヨングァン、2005年） キムファジョン（サンソン、2000年）バンウィグン（ヨンド、001年） ビョンウォンギル（ヨンド、2001年） チャンドンイク（ハンソ、2011年）

釜山南 (7)	キムヨンファ（エグァン、2000年）キムウドン（東萊中央、2008年）イムギ（ヤンジョン中央、2005年）イビョンウ（ヤンジョン中央、2007）イシンジャ（スアン、2005年）イピルオン（スアン、2005年）チョウンボク（ソジョン、2010）
蔚山（2）	キムドホン（ウンヤン第一、1998年）キムビョンラク（ウルサンシンチョン、2003年）
慶北（21）	カンソング（ソナン、1997年）コソンウォン（ネダン、2004年）クォンジュンギ(大邱サンドク、1999年）キムグァンソク(大邱中央、2007年）キムデクォン（大邱南山、2007年）キムサンドン（大邱第二、2004年）キムサンヨル（大邱第二、2004年）キムシンヒャン(大邱南山、2008年）キムチャンゴン(ソナン、1997年）ナムテクス（大邱ソナン、1999年）パクインハン（1976年）ヤンウィソク（大邱南山、2007年）ヤンテソク（サンドク、2004年）イギュフン（イヒョン、2008年）イドクヒ（ソナン、1997年）イサンソプ（グンウィスソ、1999年）イチョルサン(南山、1997年）イチョルサン(1976年）イピルヘ(大邱ナンドク、2004年）イムサウン（大邱第二、2011年）チュカプウン（大邱第一、1997年）
大邱東 (8)	キムグァンドク（大邱シンアム、1999年）ソウンウ（パルダル、2001年）ソウンチョル（パルダル、2001年）イサンス（大邱チルコック、2006年）イサンヨン（大邱チルコック、2006年）イムサンミョン（大邱ノウォン、2007年）イムイクソン（大邱シソン、2007年）
大邱南 (6)	クォンフンイル（ヨングァン第一、2002年）キムジャンス（チルソン、2004年）ビョンヨンチョル（ナングァン、2001年）イサンフン（デボン、2005年）イムテクサン（大邱モクミン、2001年）ジョンヒョンス（平和、2000年）
大邱東南 (2)	クォンヒョクミョン（ジサン第一、2009年）ベクグァンフム（大邱サンドン、2010年）
大邱西南 (1)	パクテヨン（サンダン、2012年）
慶東（11）	クォンヒョクドン（永川第一、2005年）キムウィジン（慶州第一、1997年）ヤンソクユン（慶州グジョン、2003年）ヤンオクユン（阿火、2000年）ウォンソンジョン（慶州ドンイル、2003年）イサンソル（ファチョン、2002年）イソンウ（ドアム、2000年）イジングォン（コンチョン第一、2002年）イヒョンウ（ドアム、1997年）ジョンゴミョン（コジ、2000年）チェボン（安康第一、1999年）
浦港（7）	キムテギュ（浦項ソンド、2004年）パクジョンギ（浦項中央、2004年）ヤンウク（浦項オチョン、2004年）イジョンギル（浦項ソンド、2004年）イジョンハク（浦項北部、2002年）イヒウォン（ヨンヘソマン、2009年）ジョンイルピョン（浦項北部、2002年）
浦港南 (1)	イテユ（孝子、2009年）
慶西（2）	オンチャンヨン（1996年）イボンシク（ジレ、1997年）

慶安（21）	クォンヨンホ(安東西部､2012年) クォンオギュン(ハクミ第一､1997年) クォンジュンウォン（ウィソン第一、1997年） キムスグン（安東、1997年） キムシンボク（安東南部、2006年） キムヨンジン（モサン、1997年） キムヨンハン（モサン、1999年） キムジョングン（ウィイル、1997年） キムジョンミン（安東中部、2006年） キムテジン（西部、1997年） パクドンソプ（安東中部、2006年） パクヒョイル(和睦､1997年) ベスンファン(東部､2000年) ベウォンハン（東部､1997年） ベクジェヒョン（主サラン､2009年） イミョンギ（ノクジョン､1999年） イビョンダル（ソクボ､1997年） イチョルウォン（ウェハ、1997年） イピルグン（西部､2005年） ジョンドンフン（西部､2000年） ジョンジュギョン（ヨンサン、2000年）
榮州（17）	カンデグ(新榮州､1999年) カンロクグ(ネメ､1999年) カンビョンウ(新榮州、2005年） カンウング（榮州第一､2005年） カンチャング（榮州第一､1999年） カンテグ（榮州第一、1999年） コジジョン（榮州東山、2001年） キムイクドン（サンラク､1999年） ウサンヨン（榮州東山､1999年） ウスヨン（榮州東山、2001年） ウヘリョン（榮州東山、1999年） ユスンオク（榮州東山、2005年） ユヨンギョ（ヨンサン、1999年） チェヒソプ（榮州第一、1999年） チェヒテ（ブソク､2012年） ファンソクヨン（カルジョン､1999年） ファンジャヨン（プンヤン、1999年）
江原（2）	ベジェホ（シンリム、2001年） ベクソンイル（原州第一、2000年）
平壤（10）	カンチャンイル（ドンヒョン、2003年） キムグァンソプ（クロドン、2003年） キムチョルウン（신산､2009年） ノウォンテ（ソングァン､2003年） パクジョンソ（バンジュ、2005年） ベギサン（釜山ヤンジョン、2005年） オサムフン（マンナンウィ､2003年） イドウォン（バンジュ､2005年） イウォンチャン（バンジュ、2001年） ファンスンシク（ソングァン、2003年）
平北（6）	キムチホ（シンフン、010年） キムヘジュ（イルサンドンアン、2012年） パクハンホ（美しい、2006年） イハンソク（冠岳中央、1998年） チャウィソン（シンフン、2010年） ホンジョンジン（ナンソン、2012年）
咸海（4）	カンギドク（漢江、2005年） キムウシク（昌寧宣教、2011年） イデヨン（漢江、1997年） ハンスギル（釜山ソンドン、2009年）

三代長老受彰者の中で、名前が無い場合や名前のみ記載され老会や教会がない一九八一年、一九八二年、一九九四年、一九九五年を除いて、一九七六年から二〇一二年まで二六五人が表彰された。そのうち、九人が二回、三人が三回重複されたので、それを除いて再作成してみると、合計二五二人だった。

三代長老が出席する教会の地域別内訳は、ソウル・京畿地域七四人、忠清地域九人、全羅道地域（済州を含む）三〇人、慶尚道地域一一七人、江原二人、以北老会二〇人であり、合計二五二人である。嶺南地域の三代長老が半数に達していることが分かる。

三代長老とともに四代長老は、曾祖父から続いている家庭をいう。四世代長老は一六人であり、詳細は次の通りである。一九七六年に姜信元（京東第一）、一九九七年に慶安老会のクギョイク（安東）と李正一（安東）、二〇〇〇年にソウル東老会の姜シンヒョン（ジョンシン）、二〇〇一年にソウル老会の金チョンウ（韓人第一長老）とソウォンソク（セムンアン）、二〇〇二年、に慶東老会のヤンサンチョル（アファ）、二〇〇五年に光州老会のクスンリョン（ドンクアン）、二〇〇六年に榮州老会のカンビョンウ（新榮州）、二〇〇八年に慶北老会の金ドヤン（大邱第二）とソウル東老会のカンシンギュ（ジョンシン）、二〇一〇年に慶尚北道老会の金グン（大きな光）、二〇一一年に慶北老会の金ドクヤン（大邱第二）、李スヒョン（大邱南山）とソウル南老会のファンボンジュ（ミョンスデ）、二〇一二年に咸海老会の李ユジン（漢江）長老がそれぞれ受賞した。

地域別に見ると、ソウル・京畿六人、全羅道一人、嶺南（ヨンナム）八人、以北（イブック）一人である。（表27参照）三代長老と同様に慶尚道（キョンサンド）地域が半分を占めている。嶺南（ヨンナム）地域を細分すると、慶尚北道三九％、慶尚南道が八％を占めている。同じ嶺南地域だが、儒学において退渓学派と南冥学派の差があったように、三代、四代長老受賞者数においても差がある。これまで地域別に信仰の特徴を区別しようとする努力はあったが説得力のある説明がなかった。漠然と「慶尚北道は儒教の影響で福音伝道が難しい」という説明しか聞こえてこなかった。しかし、大韓イエス教長老会（統合）の場合を見ると、全羅道よりも多くの教会と教会信者の分布を見せている。三代長老に関する統計を見ると、今まで説明した慶尚道地域は儒教の影響により福音受容が困難であるという言葉が繰り返されたが、現実とは異なるということが証明されるだけでなく、むしろ、嶺南（ヨンナム）地域でさらに活発に福音を受け入れ、実践していたことが分かった。

三代長老に関する統計の傾向性は嶺南（ヨンナム）地域の信仰類型がそのまま現れている。嶺南地域の信仰類型は、退渓学派が本質を追求するように、信仰の本質を追求するために、世代を続けながら信仰生活をしている。しかし、現実における適用では、脆弱で信仰の広がりの幅が狭いということだ。理と気に分かれており、気が理についてくる状態なので、理が現実に対する責任を負わない。四七論争で四端を主張する退渓学派の道徳的であり、善を追及する傾向性が、親の信仰をそのまま継承していると見ると、三代長老の割合が嶺南（ヨンナム）地域で四八％を占めるのと同じ点である。

そして、大韓イエス教長老会（統合）の統計では、嶺南地域が湖南地域より高い福音化率を見せている。しかし、全人口に対するすべての教派のキリスト教信者統計から見れば、嶺南の福音化率がむしろ低い。つまり、教派によって嶺南と湖南の福音化率が違うと説明できる。

三代長老数は二五〇人であるが、その家柄の由来を見ると、四代長老賞を受けた人たちの中には、親族同士で受賞した場合がある。（その二五〇人うち、四代長老の受賞者中で連絡がつかない金チョンウ、金クン、黄ボンジュ三人を除く。）ソウル地域で受賞した姜信元長老と姜信ヒョン長老は兄弟であり、姜シンギュ長老とはいとこ同士である。また、慶北老会の金ドクヤン長老と金ドヤン長老もいとこ同士である。

表 27　三代長老　地域別分布（四代長老 16 名含む）

	ソウル京畿	忠清	湖南（濟州）	嶺南					江原	以北	計
				慶北				慶南			
				その他	大邱	慶安	榮州				
1976. 9. 22	3				2						5
1996. 9. 12	2	1	1	1							5
1997. 8. 25	8	2	5	3	5	12				1	36
1998. 7. 23								1		1	2
1999. 7. 19	3	1	3	1	4	2	11				25
2000. 7. 29	4		4(2)	3	1	3		3	1		19
2001. 7. 23	10	1	1		4		2	3	1	1	23
2002. 7. 22	1		1	5	1						8
2003. 7. 21	6		1	2				1		5	15
2004. 7. 12	9		3	4	6			2			24
2005. 7. 11	2		3	1	1	1	3	5		4	20
2006. 7. 12	2		1		3	3	1			1	11
2007. 7. 11	6				5			1			12
2008. 7. 9	4	1	3		3			1			12
2009. 7. 8	7	1		2	1	1				2	14
2010. 7. 7	5		3		2			2		2	14
2011. 7. 6	4	1	2		3			1		1	12
2012. 7. 5	4	1			1	1	1			3	11
計	80	9	31	22	42	23	18	20	2	21	268
				125							
百分率	29.9%	3.4%	11.6%	46.6%					0.7%	7.8%	100%

表 28　四代長老受賞者

受賞者（老会） 受賞年度	1代 名前、将立式、 教会	2代 名前、将立式、 教会	3代 名前、将立式、 教会	4代 名前、将立式 教会
カンシンウォン （ソウル東） 1976年	カンピルスン 1913.12.10 京東第一教会	カンヨンファン 1931.5.10 京東第一教会	カンウンソプ 1958.10.28 京東第一教会	カンシンウォン 1974.6.9 京東第一教会
グギョイク （慶安） 1997年	グジャドン 1921.8.2 飛鳳教会	グスボン 1947 孝睦教会	グギョンモ 1952.1.24 飛鳳教会 慶安副老会長	グギョイク 1970.4.26 安東教会
イジョンイル （慶安） 1997年	イジュンヒ 1915.5.7 安東教会	イジェサン 1948.5.2 安東教会	イインホン 1964.12.13 安東教会	イジョンイル 1983.5.8 安東教会
カンシンヒョン （ソウル東） 2000年	カンピルスン 1913.12.10 京東第一教会	カンヨンファン 1931.5.10 京東第一教会	カンウンソプ 1958.10.28 京東第一教会	カンシンウォン 1989.11.26 貞信教会
ソウォンソク （ソウル） 2001年	ソギョンジョ 1900 ソレ教会	ソビョンホ 1940 上海韓人教会	ソジェヒョン 1955 鎮海教会	ソウォンソク 1995.12.10 セムンアン教会
ヤンサンチョル （慶東） 2002年	ヤンヒウン 1947.3 入室教会	ヤンヘジョン 1952.12.28 毛火教会	ヤンオクリュン 1967.11.24 阿火教会	ヤンサンチョル 2001.10.21 阿火教会
グスンリョン （光州） 2005年	グマンソク	グヨンモ 1928.9 ソクヒョンリ教会	グダンリョル 1981.10.11 ドングァン教会 全南老会長	グスンリョン 2003.11.29 ドングァン教会
カンビョンウ （榮州） 2006年	カンシンユ 1922.1.28 ネメ教会	カンソクヒョン 19563.1.18 ネメ教会	カンテグ 1978.11.17 新榮州教会	カンビョンウ 2004.11.7 新榮州教会
キムドヤン （慶北） 2008年	キムセミン 1916 イリョン教会	キムジョンオ 1927.1.9 大邱第二教会	キムサンファン 1980.5.25 チルコク第一教会	キムドヤン 2002.5.19 大邱第二教会
カンシンギュ （ソウル東） 2008年	カンピルスン 1913.12.10 京東第一教会	カンヨンファン 1931.5.10 京東第一教会	カンジョンソプ 1986.11.16 貞信教会	カンシンギュ 2005.12.18 貞信教会
キムドクヤン （慶北） 2011年	キムセミン 1916 イリョン教会	キムジョンオ 1927.1.9 大邱第二教会	キムサンリョル 1966.4.3 大邱第二教会 啓明大理事長	キムドクヤン 2008.4.27 大邱第二教会
イスヒョン （慶北） 2011年	イジョンオク 1931 大邱南山教会	イサンウ 1953.1 大邱南山教会	イチョルサン 1972.10 大邱南山教会	イスヒョン 2010.11 大邱南山教会
イユジン （咸海） 2012年	イミョンリョン 1917.8.21 ドクフン教会 三・一運動 33人	イギョンソン 1926. 庭州教会	イデヨン 1982.2.11 漢江教会 咸海老会長	イユジン 2010.12.5 漢江教会

二．継承される本への愛着（書院と文集、そして書店）

「人は本を作って本は人を作る」という書店の宣伝文句のように、本を流通させる場所としての書店は、本によって人間の人格を作りながら文化を分かち合う場所でもある。また、現代の書店と同じ脈絡ではないが、朝鮮時代の地域別初等教育機関である郷校と私学の書院を考察してみると、地域的に差があることが分かる。そして、書院の影響を受けて文集出版は他の地域よりも活発であった。書店数においては、嶺南地域が優位であり、官学である郷校はある程度のバランスを保っているが、私学の書院の場合、嶺南地域が絶対優勢となっている。このような点も嶺南地域と湖南地域の特性と言え、この特性が表れるようになった理由もまた儒学の地域特性に関わる。

　儒学の思想から事物の生成原理を中心に、嶺南は生まれた時から善良な心を持って生まれるという四端中心の理、湖南は四端と七情を一つに考え、七情の中で善良な部分だけ採れば四端になるという「気」中心に発達した。このような思考が儒学の学習方法である「音読」をしながら真理を悟る過程を経験したため、読書の教材である書籍が中心となり、自分と祖先の思想を整理した文集が出版され書籍を販売する書店数でもその現象が現れている。

　高麗の郷校は地方教育という人材育成に努めたのに対し、朝鮮の郷校は儒教文化の上に設立・運営された教育機関で、国家が儒教文化理念の普及のために地方に建てたものである。郷校の起源は儒教文化理念が紹介される高麗時代から始まるが、郷校が積極的に設立されたのは崇儒抑佛と儒教文化理念を政治理念として標榜した朝鮮時代からだ。[32] 朝鮮王朝は儒教文化理念を受け入れ、地方の社会秩序を儒教文化の論理に結びつけ、科挙運営を儒教教育と結びつけようとした。そして、このような社会文化の基礎機構としての機能を担当したのが郷校である。したがって、国は郡県制の整備とともに、地方の首領らに郷校に対する積極的な関心と保護・育成を促し、そのための財政的支援も積極的に行った。

表29　朝鮮初期の全国８道における郷校と教官
（永安道は咸鏡道の旧名）

区分	府	牧	大都護府	都護府	郡	縣	教官	
							教授	訓導
京畿道		4		7	7	19	11	26
忠清道		4			12	38	4	50
慶尚道	1	3	1	7	14	41	12	55
全羅道	1	3		4	12	37	8	49
黄海道		2		4	7	11	6	18
江原道		1	1	5	7	12	7	19
永安道	1		1	11	5	4	13	9
平安道	1	3	1	6	18	13	11	31

したがって表29の郷校[33]と教官は、地方首領の責任下において慶尚道、全羅道地域で似たように運営されている。

郷校が儒教文化理念による秩序体制を維持するための教育機関という確実な教育目標が与えられたことで、郷校の教育対象は良人[四七]全般となった。朝鮮が身分制社会であるため、上流階級が他の階層より教育を受ける機会が多かったが、地方に分布している郷校は少数の門閥貴族だけでなく、多くの良人にも儒学教育の機会を与えた。これに両者は郷校に入学し、学生となり、身分上昇の社会的変化を追求した。

朝鮮初期の教育制度は、地方の郷校、中央の四部学堂、成均館の官学が中心だった。一六世紀後半から建てられ始めた書院は、高麗末朝鮮初期に存在していた書斎の伝統を受け継ぐものだった。

書院は朝鮮時代に性理学の研究と教育を目的に地方に建てた私学だ。豊基郡守周世鵬（ジュセブン、一四九五年―一五五四年）によって初めて白雲洞書院が一五四三年（中宗三八年）に設立され、後任の李滉により発展した。表30で書院[34]は、初期には学問を中心に発展し党争の中心となる政治的な様相を呈し、粛宗の時には書院の乱立により、サウ（祠宇）[35]と違いがない先儒祭享の姿を見せるようになる。

表 30　朝鮮時代の書院建立／（　）の中は祠宇の数

地域 年代	慶尚	全羅	忠清	京畿	黄海	江原	平安	咸鏡	計
明宗	12(5)	3	1(2)	1(2)	1	1	2(4)	1	22(13)
宣祖	25(3)	13(9)	7(3)	6	8(1)		3(4)	1(2)	63(22)
光海君	12(3)	5(4)	6(1)	2	1	2		1(1)	29(9)
仁祖	11(9)	6(7)	5(1)	2(2)	(1)	2(2)	1(2)	1(1)	28(25)
孝宗	10(2)	5(3)	2(1)	4	3	2(3)	1	(1)	27(10)
顯宗	14(6)	8(4)	8(3)	5(2)	2	4	4(1)	5(3)	46(23)
肅宗	76(61)	27(40)	27(25)	19(8)	5(8)	4(8)	6(15)	2(9)	166(174)
景宗	2(5)	3(4)	3(2)		(1)	(2)	(4)	(2)	8(20)
英祖	6(48)	4(22)	1(14)	1(7)	1(16)	2(14)	1(17)	2(9)	18(145)
正祖	(2)	2(1)		(3)					2(6)
純祖以後				1				(1)	1(1)
未詳	5(9)	1(14)	(6)	(3)	1(3)	(7)		(1)	7(43)
計	173(151)	77(108)	60(58)	41(28)	22(30)	13(40)	18(47)	13(30)	417(492)

書院数を見ると、慶尚道は一七三ヵ所、全羅道は七七ヵ所と慶尚道が二・二倍多いことが分かる。韓国のカトリック伝来は『天主実義』によって行われた。カトリックは当時、権力から疎外され、故郷を失った嶺南地域の南人（ナムイン）星湖学派（ソンホハクパ）が『天主実義』を読みながら福音を受け入れたのとも関連できる。これは嶺南地域で福音伝道が人から人へ伝わったのではなく、本を読んで福音を受け入れた例である。

『天主実義』が韓国に紹介されたのは、丁卯胡乱[四八]と丙子胡乱[四九]によって人質となった昭顕世子（ソヒョンセジャ）が北京滞在間に、イエズス会神父のアダム・シャルと交流しながら西学に接したことから始まった。一七世紀初頭、中国燕京に派遣された外交使節の赴燕使行を通じて西学物品が流入しており、一七六六年に洪大容（ホンデヨン、一七三一—一七八三）が、カトリック礼拝堂を訪問し神父と対談した[36]。カトリックは仁祖反正以降、政界から疎外され故郷

表31　朝鮮王朝前期 冊板目錄所載刊本の主題頻度

	經部	史部	子部	未詳	累計
江原道	9	9	27	14	61
京畿道	0	0	2	0	2
慶尚道	87	54	149	114	413
全羅道	71	34	140	83	337
忠清道	6	2	12	17	37
平安道	20	6	29	11	67
咸鏡道	11	2	3	3	19
黄海道	23	14	28	12	78
累計	227	121	398	246	1,014

表32　朝鮮王朝後期の文集藏板の道別の現況

道別	慶尚道	全羅道	忠清道	平安道	咸鏡道	黄海道	江原道	京畿道	計
文集種数	327	130	59	15	14	11	9	9	579
百分率	57.3	22.2	10.3	2.6	2.5	1.9	1.6	1.6	100%

を離れていた南人若手学者らを中心に知識層に広まった。南人少壮学者たちは、西洋の文物と科学、宗教に至るまで受容した階層で、権力から長い間疎外され、改革意識が強い南人系の学者だった。これらは退渓を宗師として仕え、星湖の李瀷を師匠とする「星湖学派」と見ることができる。カトリック伝来においても『天主実義』を読んで退渓学派系列で福音を受け入れたところにも表われる。

高麗時代にも文集が刊行されたが、本格的な刊行は朝鮮時代に行われた。高麗時代の印刷は主に仏経を刊行し、朝鮮時代には様々な種類の本を刊行した。表31は朝鮮前期の出版現況を示している。[37]

上記の表から見れば、韓紙の生産が活発に行われる全州地域での出版が多くあるはずなのに、慶尚道地域には追いついていない。また、朝鮮後期に移れば文集類の出版が慶尚道地域で圧倒的な優位を占めている。[38]

表33　プロテスタント・カトリック信者と書店比較

	人口		プロテスタント			カトリック			基督教書店	
			信徒		人口対比	信徒		人口対比		
ソウル	9,904,312		2,286,305			1,012,892			75	19%
京畿	12,479,061		2,729,767			1,065,430			82	21%
仁川	2,890,451		642,515			265,369			26	7%
首都圏	25,273,824	49%	5,658,587	58%	22%	2,343,691	60%	9%	183	47%
忠北	1,589,347		241,747			112,512			9	2%
忠南	2,107,802		416,916			124,602			19	5%
大田	1,538,394		327,421			110,724			18	5%
世宗	204,088		39,328			15,528				
忠清	5,439,631	11%	1,025,412	11%	19%	363,366	9%	7%	46	12%
江原	1,518,040	3%	258,660	3%	17%	98,521	3%	6%	12	3%
全北	1,834,114		480,150			132,948			26	7%
全南	1,799,044		404,287			97,533			14	4%
光州	1,502,881		292,150			126,284			17	5%
湖南	5,136,039	10%	1,176,587	12%	23%	356,765	9%	7%	57	14%
慶北	2,680,294		345,238			135,299			18	5%
大邱	2,466,052		288,540			185,546			21	5%
慶南	3,334,524		334,671			132,817			17	4%
釜山	3,448,737		407,659			180,815			26	7%
蔚山	1,166,615		122,159			47,448			9	2%
嶺南	13,096,222	26%	1,498,267	15%	11%	681,925	18%	5%	91	23%
濟州	605,619	1%	58,258	1%	10%	46,043	1%	8%	3	1%
全国	51,069,375	100%	9,675,761	100%	17%	3,890,311	100%	7%	392	100%

人口及びプロテスタント、カトリック人口統計／2015年統計庁人口全数調査基督教書店／韓国基督教書店協議会　ホームページ（2009年2月）

二〇一五年人口統計を中心にキリスト教とカトリック人口を比較して見れば、キリスト教は九、六七六、七六一人で人口比率一七%であり、カトリックは三、八九〇、三一一人で七%だ。人口比率から見ると、キリスト教は、嶺南地域の一一%と湖南地域二三%である。湖南（ホナム）地域が一二%優位を見せており、カトリックは、嶺南地域が五%と湖南地域七%である。湖南地域で二%優位を見せている。プロテスタントとカトリックとを比べてみても嶺南地域より多少の差を見せるが湖南での優位が現れる。

韓国全体のプロテスタント人口を居住地域別比率で見ると、首都圏五八%、忠清一一%、江原道（カンウォンド）三%、全羅道（チョルラド）一二%、慶尚道（キョンサンド）一五%の割合である。カトリックの場合は、首都圏六〇%、忠清九%、江原道（カンウォンド）三%、全羅道（チョルラド）九%、慶尚道（嶺南）七%の比率を見せている。慶尚道の人口が全羅道の人口より倍以上なので、プロテスタントとカトリック信者の数は慶尚道（嶺南）が全羅道（湖南）より多い。しかし、全体の人口対比から見れば、プロテスタントとカトリック信者は全羅道で多く現れている。

キリスト教の書店数を全体の居住地域別比率でみると、首都圏四七%、忠清一二%、江原道三%、全羅道一四%、慶尚道二三%となっている。嶺南と湖南のプロテスタント人口は、嶺南一二七万人、湖南一一四万人である。嶺南が若干優位を占めている。ところが、湖南地域のキリスト教の書店数は五七カ所、信者は一、一四三、五二一人である。書店一社当たり二〇、〇六一人である。これに比べて嶺南地域のキリスト教書店数は九一箇所、信者は一、二七八、八三一人である。書店一社当たり一四、〇五三人である。嶺南地域が三〇%高い割合を見せている。

また、カトリックの場合は、カトリック書店の全国的な統計は不明だが、全国的なネットワークを持つ聖パウロ書院とパウロタル書院を選定し調べた。聖パウロ書院はソウル、京畿道四ヵ所（ノンヒョン洞、苧洞、千戸洞、水原)、清州、春川、濟州はそれぞれ一ヵ所と慶尚道地域三ヵ所(釜山、大邱、馬山)など一〇の支店があり、パウロタル書院は一六ヵ所で、ソウル四ヵ所(カトリック会館、明洞[(ミョンドン)、西江、ミア)]、京畿地域四ヵ所(コヤン市、一山、議政府(ウィジョンブ)、盆唐、仁川、原州、大田各一ヵ所と嶺南地域四ヵ所(大邱、安東、大青洞、龍湖洞)、湖南(ホナム)地域二ヵ所(全州、光州)などの支店がある。

聖パウロ書院の場合、嶺南地域は三ヵ所あり、比べて湖南地域にはなく、パウロタル書院の場合は、嶺南地域の四ヵ所、湖南地域二ヵ所で、五〇%の違いを見せている。カトリックの聖パウロ書院とパウロタル書院を統合した嶺南地域七ヶ所、湖南地域二ヵ所である。書院数を地域の信者の数に分けると書院一社当たりの嶺南地域信徒数は一三三、〇六〇人であり、湖南(ホナム)地域信者数は二七二、〇三九人となっている。

プロテスタント人口は一〇%の差に過ぎないが、プロテスタント書店の数は四〇%の差が出ており、カトリックの場合には半数近い差を示している。これは嶺南地域と湖南地域のプロテスタント信者数の差は一三万人、カトリックは、人口比率四%の差である。しかし、書店の数は半数近い差を見せているのが嶺南と湖南の地域特性として見られるだろう。シアラーは査経会が韓国に及ぼした影響を述べながら「韓国人は数世紀の間、儒学に影響を受けながら彼らの経典の中で暮らしてきた。聖書が贈られた時、熱烈に歓迎され学んだ」[39]と述べ、韓国の人々が経典を親しみながら音読したように、聖書が与えられると親しみを持つのは、当然だと語った。

これらの地域特性を説明できるのは、朝鮮時代の官学である郷校数ではほとんど同数であるが、私学である書院数が慶尚道一七三ヵ所、全羅道七七ヵ所である。慶尚道が二・二倍高く現れている。朝鮮後期の文集の発刊を見ても慶尚道は三二七種、全羅道は一三〇種で約二・五倍の差がある。慶尚道と全羅道のプロテスタントとカトリックの書店数でも全羅道より、プロテスタントは三〇%、カトリックは二倍高い差が続いている。思考中心の嶺南儒学の土台では、本に親しみ本を愛する生活が朝鮮時代から続いている。しかし、実践中心の湖南儒学の土台では、本に親しむよりは、生活の中で実践する部分に注力していたものとみられる。

Ⅳ．信仰類型から見る地域別殉教地

韓国の福音受容をみると、カトリックは書籍の『天主実義』を通じて当時の南人北学派によって嶺南地方で受容された。嶺南地方が先に福音を受容したならば、その過程と実も嶺南地方で刈り入れるのが当然の考えである。しかし、カトリックによる初の殉教者は湖南地方の全州で廃祭祀問題による尹持忠（ユンジチュン、一七五九―一七九一）[40]だった。一七八四年カトリックが伝来したが、全羅道珍山（ジンサン）の尹持忠が朱子家礼による祭祀を行わなかったため、一七九一年一二月八日（旧暦一一月一三日）に今日の全州殿洞聖堂で斬首され初の殉教者となった。

プロテスタントもやはり、満洲で翻訳されたロス訳と日本での李樹廷による翻訳聖書が、宣教師より釜山から義州をつなぐ中国からの属人主義宣教方式の北方宣教ルートと日本から上がってくる属地主義宣教方式である南方宣教ルートを通じて受け入れられた。[41] 北方宣教ルートは、徐相崙（ソサンリュン）など自身が翻訳した分冊の聖書を持って黄海道長淵を経てソウル南大門に定着し、伝道したものである。南方宣教ルートは米国宣教師の属地主義宣教だと言った。このようにカトリックの場合のように、聖書の受け入れは嶺南地域で先に行われたが、殉教は湖南地域で現われている。個人的な信仰告白の殉教は全国で行われたが、教会全体で信者皆殺しにされる殉教は全羅道地域で広範囲に行われた。

このように信仰の受容は嶺南地域で、まず『天主実義』と聖書をもって受容し、信仰の実践が現れるところは湖南地域で示されている。これは「儒学の四端七情論」による理気二元論と理気一元論が地域的に及ぼした影響だと言える。「理気二元論」では、理と気が距離を置かずに交ざらない「不相離不相雜」で宇宙的本質と存在を追求する格物致知の影響が表れ、自分の存在を探すが、現実の面では理と気が区別されるため現実適用

表 34　哀切な思いで巡る韓国教会殉教地巡礼

地域	殉教地
ソウル、京畿	楊花津 外国人墓地／外国人宣教師墓地 切頭山殉教聖地／カトリック迫害者 華城堤岩里／ 3.1 独立運動 龍仁韓国基督教殉教者記念館／ 240 名の殉教者 尊影
忠清地域	竝川 梅峰教会／ 3.1 独立運動 ヘミ 生き埋め殉教聖地／カトリック迫害地
湖南地域	霊光塩山教会／ 6・25 戦争時 77 名殉教 塩山夜月教会／ 6・25 戦争時 全信徒 65 名殉教 麗水 愛養園／韓国最初ハンセン病病院

韓国教会殉教者記念事業会「哀切な思いで巡る韓国教会殉教地巡礼」

では弱い点がある。「理気一元論」は、理と気が一つになる経験的で実用的な思考の影響で、自分が告白する信仰を、体をもって守ることができる思想が発展するのだ。

このように地域の思想的な差によって韓国の殉教地を見ると、嶺南・湖南の地域特性が見られる。全国各地に散在している殉教地を対象とするには、非常に広範で場所選定に対する客観性でも不足しているため、総会（大韓イエス教長老会統合）殉教者記念宣教会が連合して韓国観光公社後援で作った韓国教会殉教遺跡地巡礼プログラムを選定した。韓国教会殉教者記念事業会は殉教地を選定し、踏査する目的を「純粋で情熱的だった初期の信仰、そして死を覚悟しながらも守ろうとした殉教者の崇高な信仰の回復のため」[42]だと述べた。

韓国教会殉教者記念事業会と総会殉教者記念宣教会が連合し、韓国観光公社の後援で行った韓国教会殉教遺跡地巡礼プログラムには次のような地域が含まれている。

当然のことながら、ここに現れた全羅道地域の多くの殉教地は韓国戦争中に殉教した地域である。慶尚道地域は洛東江（ナクトンガン）を防御ラインとして共産軍を阻止したが、湖南地域には共産軍を阻止できなかった結果とみることもある。しかし、嶺南地域も洛東江以北地域は共産軍を阻止できなかったため、湖南地域と同じ状況として見ることができる。

韓国教会殉教遺跡地巡礼プログラムの他、案内書には「続けて全国に散在している上の殉教現場巡礼を計画中です」と全国地域を紹介している。

表35　案内書に紹介された殉教現場の予定地

地域	殉教地
ソウル地域	永樂教会（金應洛長老)、新堂中央教会（安吉善牧師)、西小門教会（金東哲牧師)
江原地域	古城 權元浩伝道師、東海崔仁圭勧士
湖南地域	論山 餠村教会 66人殉教塔、井邑斗岩教会23人殉教塔、務安海際中央教会 5人殉教碑、霊岩邑教会 24人殉教碑、鳩林教会 18人殉教碑、上月教会25人殉教碑、康津康津邑 牧師（ベヨンソク牧師)、麗水德陽教会（チョサンハク牧師)
嶺南地域	鎭海 ウンチョン教会（朱基徹 牧師生家)、安康六通教会（沈能養長老)、青松 和睦教会（嚴柱善講道師)

上記の地域を見ると、殉教地が全羅道地域に偏っていることが分かる。湖南地域は一教会で数十人が殉教するが、嶺南地域ではこのような殉教は見当たらない。一人が殉教し、信仰の模範として現われる殉教者は見つけることができるが、ある教会やある共同体が同時に殉教した地域は見当たらないのが、嶺南地域である。

一．ソウル・京畿地域

ソウルや京畿（キョンギ）地域で殉教地としてはカトリックの切頭山殉教聖地があり、楊花津外国人宣教師墓地、三・一独立運動によって町が焼けた華城堤岩里（ファソン・ジェアムリ）教会、殉教者二四〇人の写真がある龍仁（ヨンイン）韓国基督教殉教者記念館である。韓国戦争の際に殉教したのは、金應洛長老（永楽教会)、安吉善牧師（新堂洞中央教会)、金東哲牧師（西小門教会）である。

永楽教会金應洛長老（一九〇六―一九五〇）[43]は、平安北道義州郡古館面の富豪の家に生まれた。裕福な環境で成長し柔和な性格の彼は、楊市普通学校通学時から、日曜学校に出席し一五歳になった時に洗礼を受けた。誠実な人柄が認められ、一九歳で少年執事となり、新義州第一教会、永楽教会の長老として務めた。

初めて信仰生活をした龍川徳興教会から新義州に移り、韓景職（ハンギョンジク）牧師が視務した新義州第二教会で一二年間執事として奉仕した。一九三〇年、志ある人々とともに平安北道新義州ミルクドンに三年コースの長老教会系の普通学校を設立した。その後、ソウルで旅館業と繊維業を営み、孤児院と老人ホームを援助した。北朝鮮では、解放後に共産党のキリスト教弾圧が激しくなり、同胞たちは南に下っていくようになった。金應洛長老は、教会設立委員に推挙され、ベタニア伝道教会を建て、一九四五年一二月に韓景職牧師と初の礼拝をささげた。そして一九五〇年に三五〇坪の石造建物の礼拝堂を完成させ、同年六月五日に感謝礼拝をささげた。感謝礼拝をしてから二〇日が過ぎて韓国戦争が勃発した。金應洛長老は、家土地や家族は捨てても、建てたばかりの礼拝堂を守ることを心に決めた。新しく建てた礼拝堂は、主のために信徒たちが苦労して建てた礼拝堂であるため、避難よりは教会を守ることにした。

金應洛長老は、共産党の支配下にありながら、家族と周囲の人々の必死の引き止めにも関わらずに教会の様子を見に行き、九月二一日の朝に、人民軍に捕まえられて殉教した。

新堂中央教会の安吉善（アンギルソン）牧師（一八九一―一九五〇）[44]は咸鏡北道城津で生まれ、神社参拝拒否で平壌神学校を中退し、京城神学校（ソウル神学大学の前身）に編入し卒業した。龍井東山教会を経てソウル新堂中央教会で一九四八年二月から牧会を始めた。一九五〇年六月二七日、通り過ぎる避難民を見ながら家族が安牧師を説得したが、「満州でも羊の群れを捨てて出たのに私だけ生きようと、また、ここを離れるか。まだ避難できなかった信徒たちもいるのに。私は教会を守るから母を連れて君たちだけ離れなさい」と言いながら、教会の牧会を続けた。一九五〇年八月二三日午前一〇時に、教会から共産党に拉致され殉教した。

西小門教会金東哲牧師（一八九九―一九五〇）[45]は咸鏡北道吉州で貧農の子として生まれ、親に従って満洲に行き、龍井で明東学校に通った。学生時代に両親を亡くし、人生の意味を探し求めイエスを信じることを決心し、中学校を卒業して教師として勤め、協成神学校に進学した。協成（ヒョプソン）神学校を卒業し、龍井監理教会の伝道師を経て、一九二八年に宣教年会で牧師按手を受けた。按手を受けて満州龍井監理教会、霊岩監理教会で牧会した。その後、新京（張春）に行き、新京イプソン正教会を開拓した。解放を迎えて満州から帰国した同胞と身寄りのない同胞のための教会を設立することにした。

一九四六年二月第一主日にＹＭＣＡ講堂で四〇人余りが参加して初の礼拝をささげた。満州宣教五〇周年を記念し、教会の名前はヨベル（嬉年）教会で決めた。金東哲は担任牧師として、ビョンソンオクは協同牧師として奉仕した。日本人所有の家を買売し修理・建築に従事する姜ジェフン執事（新京イプソン正教会）が、日本天理教のあった西小門洞七五番地を購入し献納することにより、西小門教会が始まった。そして韓国戦争が勃発すると、「私はもうこれ以上避難しない。共産党に捕まって死んでも、この西小門にそのままいる」と述べ、家族だけ避難させた。金牧師は、教会に残り、行くあてのない信者たちと寝食を共にしながら過ごしていたが、人民の敵と見なされ、北朝鮮の人民軍に八月二三日に逮捕され、西大門刑務所に収監された。その後、共産党により北朝鮮に連行されてそこで殉教した。

堤岩里（ジェアムリ）教会虐殺は一九一九年三・一独立万歳に起因している。プロテスタントは、天道教―仏教とともに三・一運動で全国的な連絡網を通じた指導的役割を担当し、独立万歳デモを主導した。それに対する日帝の無慈悲な弾圧による被害を代表的に示すのが京畿道華城郡の堤岩里教会だ。日本の警察は四月五日、地域で発生した万歳運動に対する報復として、一九一九年四月一五日午後に堤岩里教会に人たちを集合させて門を閉鎖し、教会に放火した上、無差別銃撃を加え二三人が命を落とした。堤岩里教会虐殺事件が発生した後、信者や一般人は日帝の監視のため、事件現場に接近する気にならなかった。カナダのスコフィールド宣教師は四月一八日、堤岩里を訪問して惨状を撮影し事後収拾を助け、堤岩里教会事件の報告書をカナダと米国の知人に渡して『消すことができない花火』という本で発刊して日帝の蛮行を世界に知らせた。一九三八年現在の位置に瓦の礼拝堂が建てられた。一九五九年四月、事件現場には李承晩（イスンマン）大統領の親筆で「三・一運動殉国記念塔」が建てられ、一九七〇年九月に日本キリスト教信者と社会団体からの贖罪として送金された一千万円の寄付によって新教会堂と遺族会館が建設された。

二．忠清、江原地域

忠清道（チュンチョンド）、江原道（カンウォンド）地域には三・一独立運動と関連する竝川梅峰教会（ビョンチョンメボン）、カトリック殉教地である海美（ヘミ）生き埋め殉教聖地がある。江原道地域の殉教者としては、高城權元浩伝道師と東海崔仁圭勧士が挙げられる。彼らは、神社参拝を反対した。

元山（ウォンサン）淮陽（フェヤン）教会の權元浩伝道師（一九〇四―一九四四）[46]は、平安南道のジュンファ面シンウ里で生まれ、京城神学校を卒業した（一九二八年）。元山通川監理教会を経て、一九三九年三月一日に元山淮陽教会の牧師として勤めた。一九四一年に神社参拝を反対していた時、日本警察に逮捕され、西大門刑務所で収監生活を送っていた一九四四年四月一三日に獄死した。

崔仁圭勧士（一八八一―一九四二）[47]は、江原道三陟郡北坪邑松亭里で生まれた。イエスを信じる前には放蕩生活を送ったが、一九二一年にイエスを信じてからは、信仰生活に専念した。当時、監理教会の勧士（コンサ）[五〇]職は、本処（ボンチョ、信徒）教役者[48]として監理司の派遣を受けて教会を担当し、伝道師の仕事もでき神学校を経て牧師按手を受けられる。

泉谷教会の崔仁圭勧士は、教会を開拓し、伝道し礼拝を導きながら、自身の田地一、三六九坪（当時時価六〇〇ウォン）と畑五三九坪（当時時価四五〇ウォン）を教会の敷地として献納した。教会建築のため、日中には材木を運搬し、夜には副業をしながら熱心に祈りながら喜んで仕事をし、一九三二年暮れには小さな礼拝堂を建て一九三三年に奉献式を行った。

一九四〇年に、強要される神社参拝に対し崔仁圭勧士は、偶像崇拝はできないと拒否し、同年五月に泉谷教会で日本警察に逮捕され残酷な拷問を受けた。彼は咸興裁判所で裁判を受け天皇を侮辱したという不敬罪を加えて二年懲役を言い渡された。監獄では看守に、「こいつは、神社参拝と宮城遥拝をしなかったのでここに入り、裁判所でも神社参拝と宮城遥拝ができないと宣言する奴だ」と怒鳴りつけられた。一九四一年一〇月に、思想犯が主に収監される大田（テジョン）刑務所へ移され、絶え間なく続く拷問の末治療も空しく一九四二年一二月一六日午後二時に殉教した。

三．湖南地域

湖南地域の信仰的特徴は、殉教地域が多いということだ。湖南地域では個人殉教者の他にも、一つの教会で同時に数十人が殉教した地域をよく見かけることができる。このような殉教地を嶺南地域では見当たらなかったのは六・二五戦争（韓国戦争）の際、洛東江防衛ラインを中心に共産軍の南下が阻止されたためだという。洛東江防御線を中心に、共産軍の防御地域と防御できなかった地域間の多少の差があることは確かだが、嶺南地域で皆無だったこととは異なる。六・二五戦争（韓国戦争）の際、殉教したのは次の通りである。栄光塩山教会で七七人、塩山ヤウォル教会の全信者六五人、論山（ノンサン）餅村教会（ビョンチョン）で六六人、井邑斗岩（ジョンウブドゥアム）教会で二三人、務安海際（ムアンヘジェ）中央教会で五人、霊岩郡の霊岩邑（ヨンアムウブ）教会で二四人、鳩林教会で一八人、上月教会で二五人。これらの殉教者が記録されたのは、共産軍が支配した地域であったからと結論づけるのは無理がある。また、湖南地域にはハンセン病患者のための施設が散在している。韓国初のハンセン病病院である麗水（ヨス）愛養園（エヤンウォン）があり、殉教者として康津（カンジン）のペヨンソク牧師（康津邑教会）、麗水（ヨス）の崔サンハク牧師（徳陽教会）がいる。

餅村（ビョンチョン）教会は[49]、城東面開拓里で一九三八年五月七日に李ギェソプ牧師を中心に始まった。餅村教会は一九四三年一二月に日帝の弾圧によって教会が解散されたが、光復（解放）により教会再建を果たし、一九四八年六月一五日に新礼拝堂を建立した。六・二五戦争の際に、逃走していた共産軍は餅村教会の信徒一六世代六六人を、熊手鍬とシャベルと棒で撲殺し掘った土穴に埋葬した。その中で、チョンスイル執事は、夫の両親と三男一女の子ども、義理の弟と幼い甥など家族一一人が一度に皆殺しにされながらも信仰を曲げずに家族と教会と国のために祈祷しながら殉教した。一九五八年三月に六六人の殉教者たちの志を称えるために殉教者記念碑が建立された。一九八九年六月二三日に、聖潔教教団創立八〇周年記念事業として餅村教会六六人の殉教者らの精神を称え、広く伝えるため六六人殉教記念塔を餅村教会に建立した。

一九五〇年一〇月一九日に、共産党は斗岩教会と信徒の家四軒に放火し、尹任禮執事と次男の金鎔采執事、嫁チョソンファン執事などの一家を虐殺した。同教会の井邑（チョンウプ）農業高校学生会長だった金ヨンスルと彼の家族、金ヨンウン伝道師の友朴ホジュンなど合計二三人が殉教した。それを記念し、斗岩教会の二三人殉教塔が建てられた。

全羅北道の斗岩聖潔教会の開始は、井邑川原教会の支援で金ヨンウン伝道師が、自身の母・尹任禮執事家庭を中心に、一九四九年一月七日に初の礼拝をささげた時からである。教会が建てられて間もなく平壌出身の林東善伝道師を招待し、リバイバル集会を開いたが、平壌で共産主義に触れた林伝道師は共産主義に対して批判的だった。韓国戦争（一九五〇年）の時、斗岩教会の周辺は共産軍と反共産勢力間の銃撃戦が頻発した。一九五〇年九月下旬から共産主義者の弾圧はさらに強まる中、一〇月一九日に二三人が殉教した。

務安海際（ムアンヘジェ）中央教会は一九三二年三月にベユンファ家族によって「陽橋里祈祷場所」として開所し、一九三四年五月に五〇坪の土地に一八坪の礼拝堂を新築した。一九三七年五月に、教会の名前を「ヤンメ教会」に改名し、さらに一九六七年三月に、教会名称を海際中央教会へと変更した。海際中央教会一代の長老に林インジェ長老が一九四二年一〇月に任職した。彼は韓国戦争の際に、金大業、金パンオプ、黄インギョン、洪スンヨンなどとともに殉教した。

塩山夜月（ヨムサンヤウォル）教会は一九五〇年九月二九日に、国軍と国連軍が木浦から咸平、栄光に進入したとき、住民たちと盛大に歓迎した。後退できなかった人民軍は、国軍歓迎大会が終わった夜に山から下り、万歳を叫んだ信徒と住民たちを捕まえ、容赦なく殴った。一九五〇年九月と一〇月の間に夜月里に乱入した北朝鮮人民軍は教会信者を教会堂に集め石油をまき散らしながら放火し、夜月教会の全信徒六五人が殉教した。以後、大韓イエス教長老会光州老会の後援で一九九〇年一一月二九日夜月教会殉教記念塔を建立し、霊光郡の後援で二〇〇九年七月二三日、殉教記念館を建設した。

一九五〇年九月一五日に、仁川上陸作戦を通してソウルを修復し、二九日に韓国軍と国連軍がソウルから南下して光栄邑に入った。その時、塩山教会の信者らは太極旗を振りながら歓迎した。人民軍は、人民委員会の事務室として使っていた教会堂に放火し教会信者を残酷にも七七人を射殺した。

以上の湖南地域を見ると、一つの特徴がある。しかし、嶺南地域は殉教者が少ないだけでなく、一ヵ所で一人が殉教した。これに対して湖南地域には嶺南に比べて殉教地が多かった。しかも一ヵ所で一人の殉教ではなく、集団的に殉教されたことが分かる。これも、地域的信仰の特性が現れるものと見られるのだ。

四．嶺南地域

嶺南地域で個人的な殉教者は存在するが、一つの教会で数人が殉教した形跡は見当たらない。殉教地域として紹介されている朱基徹牧師の生家（鎮海熊川教会）、沈能養（シムヌンヤン）長老（安康・六通教会）、嚴柱善講道師（青松和睦教会）を簡略に調べようとする。

朱基徹（チュギチョル一八九七―一九四四）牧師は、一八九七年一一月二五日、慶南昌原郡熊川面北部里で生まれた。父親の朱炫聲は地域の郷吏（ヒャンリ）出身で、家は召使を抱えるほどの中農だった。母親は、朱炫聲が最初の夫人と死別した後、再婚した曺在善だった。朱炫聲は最初の妻から三男三女をもうけており、曺在善と再婚し、末子として朱基徹をもうけた。幼少時にはジュキボク（朱基福）と呼ばれ、家で漢文を学び、一九〇六年に熊川開通学校に入学して一九一二年まで初等教育を受けた。長兄にあたる朱キウォンと一緒に開通学校に通い、一九一〇年のクリスマスから熊川教会に出席した。

朱基徹は、五山学校を卒業し、一九一六年四月に朝鮮キリスト教大学（延喜専門学校の前身）商科に進学したが、一年も満たさず、中断したまま帰郷した。勉強を中断し帰郷した一年後の一九一七年一〇月に、神社参拝拒否運動を共闘した李基宣（イギソン）牧師からの紹介で、三歳年下の安甲守（金海邑教会信徒）と結婚した。

一九二〇年九月に、彷徨していた朱基徹は、馬山文昌教会で開かれた金益斗（キムイクドゥ）牧師のリバイバル会で「ボーン・アゲインの体験」をし、一九二一年一二月文昌教会で開かれた第一二回慶南老会で「神学請願」をして許可を受けた。朝鮮イエス教長老会神学校入学試験を経て一九二二年三月から神学の勉強を始め、一九二三年春から慶南老会に所属した梁山邑教会の助師として牧会した。一九二五年一二月二二日に第一九回卒業生として朝鮮イエス教長老会神学校を卒業し、一二月三〇日に牧師按手を受けた。その後、釜山草梁教会から招聘を受け、一九二六年一月一〇日、担任牧師に赴任した。
朱基徹牧師は、老会[五一]の元老牧師[五二]らより、内紛のあった馬山文昌教会の赴任を薦められ、一九三一年草梁教会を辞任した。馬山文昌教会で牧会をしていた時、平壌山亭峴（サンチョンヒョン）教会が礼拝堂建築や神学問題で担任牧師と堂会員との間に対立が生じ、一九三六年七月、平壌にある山亭峴教会担任牧師として赴任した。彼は山亭峴教会で神社参拝を反対し投獄され、獄中生活の苦しみの中で、一九四四年四月二一日に殉教した。

安康六通教会の沈能養長老[50]は一八九六年一〇月六日、慶北月城郡安康面六通里九三八番地で父沈徳圭と母ソンヨンファの長男として生まれた。一九四九年五月二五日に、三一（サムイル）祈祷会後に、教会の門で共産主義者に連行されナイフと竹槍に刺されて息を引き取った。
沈能養の父親の沈徳圭は、民族意識が高く、安康の地にキリスト教私立学校である永昌学校を設立しハングルと聖書科目を教え、日帝の韓国抹殺政策に抵抗し信仰とともに民族意識を高めた。沈長老は父親とともにチャンマウル教会を設立した以外にも一九三三年、安康（アンカン）第一教会を開拓、設立し、続いて彼の家族が暮らしている六通里にも教会敷地をささげ、教会を建てた。

青松和睦教会の嚴柱善（オムジュソン）講道師（一九一九―一九五〇）[51]は一九一九年五月二三日に、慶尚北道義城郡多仁面ボンジョドン五二〇番地で嚴ギュヨン領袖（ヨンス）の次男として生まれた。日帝の収奪のため父について満州の瀋陽に行き、普通学校を終えて農業に従事した。解放後、共産治下になると、これまで血と汗を流して得た農地と家を放棄し、解放二年ぶりに韓国に戻って来た。奉天西塔教会で信仰生活を始め、長老会神学校に入学し、卒業を一年後に控えて義城郡舎谷面ヤンジ洞、ヤンジ教会教役者として招聘され、三一歳で牧会を始めた。六ヵ月後の一九四八年一二月に、和睦教会の招請を受け牧会した。二つ目の教会だった。

一九四九年一二月、長老会神学校（四三回）を卒業し講道師として視務していた一九五〇年の冬に、人民軍敗残兵によって殉教した。

1 シアラー牧師（徐ミョンウォン）は、米国のオレゴン市で一九三二年五月一四日に生まれ、一九五〇年にウェストリン高校を卒業した。一九五四年にルイス&クラーク大学とプリンストン神学校で学士号、カリフォルニア・フラー神学校で修士号、フラー世界宣教大学院にて臨床心理学博士号を取得。彼は一九五七年から一九六七年まで韓国のソウルと安東宣教支部で長老教会宣教師として働いた。一九七二年から一九九七年引退するまでバンクーバーで長老教会カウンセリングサービスを行い、一九九九年六月三〇日に心臓マヒで死去した。一九五五年にローリー（E. Loree）と結婚した。http://www.findagrave.com「Roy E. Shearer」、「来韓宣教師総覧」には一九五八年から一九七五年まで働いたことになっている。www.findagrave.com の内容を引用した。
2 Roy E. Shearer, Wildfire: Church Growth in Korea（Grand Rapids, 1966）, p.154.
3 同上、二七頁。
4 同上、二〇―二三頁。
5 同上、八〇頁。
6 一九四〇年に、他の地域より慶南地域の信者数が急減したのは、正義（神社参拝拒否）に対する強い現れだと言った。Roy E. Shearer, Wildfire: Church Growth in Korea, p.159.
7 同上、八一頁。
8 同上、九一―九二頁。
9 Roy E. Shearer, Wildfire: Church Growth in Korea, p.92.
10 同上、九三―九四頁。
11 同上、一四三―一四四頁。
12 同上、一四七頁。
13 マテオ・リッチ『天主実義』（ソウル：ソウル大学校出版部、一九九九）、八五―八六頁。
14 韓国基督教史研究会『韓国基督教の歴史Ⅰ』（ソウル：基督教文社、一九八九）一二七―一二八頁。
15 同上、一四八頁。
16 李テオン『キリスト教の韓国伝来過程に関する研究』（釜山外国語大学校、一九九四）四一―四四頁。
17 朴戴陽『東槎漫錄』日記 乙酉正月 初五日（一八八五年、高宗二二年一月五日）我國人李樹廷。本芸楣家傔從。人甚巧慧捷給。頗解文字。仍入日本。薙髮爲敎師。朴戴陽の『「東槎漫錄』は一八八四年終わりから一八八五年の初めまで、近代形成期の朝鮮と明治日本を通して作成された一種の間文化的見聞記かつ海外旅行記である。
18 柳大永『開化期の朝鮮と米国宣教師：帝国主義侵略、開化自強、そして米国宣教師』（ソウル：韓国基督教歴史研究所、二〇〇四）一八二頁。
19 李萬烈／玉ソンドク『大韓聖書公会史Ⅰ：組織、成長と受難』ソウル：大韓聖書公会、一九九三）一二五―一三九頁。
20 韓国基督教史研究会『韓国基督教の歴史』一六四―一六五頁。

21 G. T. Brown, Mission to Korea (Board of World Missions, 1962), p.48. 両班は韓国の貴族の上流階級だ。国で最も保守的な階級で彼らはあらゆる変化に抵抗した。北の方でキリスト教が早い成長をした理由としては、北の地域はまだ両班制度が深く根付いていないためと見ている。

22 Roy E. Shearer, Wildfire: Church Growth in Korea, p.81.

23 Roy E. Shearer, Wildfire: Church Growth in Korea, p.101-102.

24 李基善（イギソン、一八七八―一九五〇）牧師は平安北道博川出身。一九〇九年にキリスト教に入信し、一九一五年の「平壌長老会神学校」卒業後、牧師按手を受け、義州郡一帯に二三教会を建てた。一九一七年には慶尚南道蔚山教会・金海邑教会などで牧会し、一九三四年には再び義州に戻って白馬教会・北河東教会・上端教会などで教勢拡張のために伝道活動に取り組んだ。一九三七年から日本の神社参拝の強要が激しくなると、蔡廷敏、朱南善、韓尚東などと共に組織的な抵抗を繰り広げ一九三九年に逮捕されて七年間服役した。光復（解放後）になると釈放され、韓国教会再建の基本原則を発表し、それに従う教会を集めて大韓イエス教独老会を組織して教会浄化運動を展開した。韓国戦争の時、義州で共産党に殺害された。李基善牧師も一九一五年に平壌長老会神学校を卒業して牧師按手を受け、一九一七年慶南蔚山教会・金海邑教会などで一九三四年まで務めたことから見ると、慶尚南道の影響を受けていない人物はいないと考えられる。

25 李仁宰は李朱元と同名異人である。故郷が密陽で、平壌神学校の在学生として山亭峴教会に出席した李仁宰は、平壌と平安北道地域と南の韓尚東、朱南善牧師などが連帯できる架け橋の役割をした。平壌老会一〇〇周年記念事業委員会『立ち去った平壌、近づいた平和統一、大韓イエス教長老会平壌老会一〇〇年史』（ソウル：韓国長老教出版社、二〇一三）二二一―二二三頁。

26 朱南善（一八八八―一九五一）牧師は一八八八年九月一四日に慶尚南道居昌で生まれ。幼い頃から一七歳まで漢学を学び、地方郡守の秘書官として働いた。一九一一年九月に、三ヶ月間の蚕業実習所を修了し養蚕に従事。彼がキリスト教に接したのは一九〇八年で、市場で伝道する宣教師を通してであり福音を受け入れて入信した。一九一一年一二月にはオーストラリアの宣教師メンホウン（韓国名、Fred J. L. Macrae）から学習を受け、翌年六月には受洗した。一九一四年四月には居昌邑教会の代理執事として、一九一九年二月二八日には居昌邑教会の長老として将立された。一九一四年五月一〇日に結婚。福音宣教と教会奉仕のため晋州慶南聖書学校で勉強した。神学校在学中に、居昌邑教会の伝道師と勧書人としても活動。平壌神学校を卒業した一九三〇年秋に、慶尚南道老会で牧師按手を受けた。翌年一九三一年から居昌邑教会の委任牧師となった。一九三八年一二月には、神社参拝拒否運動を展開した理由で居昌邑教会の委任牧師を強制解任された。一九四〇年七月に逮捕され一九四五年八月一七日まで投獄された。解放後、居昌邑教会での働きをはじめ、慶南老会の老会長を歴任し、高麗神学校の設立者兼初代理事長を務め、高麗高等聖書学校と居昌聖書学校を設立。一九五一年三月二三日に死去。

27 韓国基督教歴史研究所『韓国基督教の歴史Ⅰ』（ソウル：キリスト教文社、一九九一）三三三頁。

28 平壌老会一〇〇周年記念事業委員会、二二二頁。

東亜日報一九四六年〇九月〇三日？―殉教者の略歴

神社参拝を断り、信仰で日本政府と戦い、ついに獄死した五人は、以下の通りである。

一．故朱基徹（四八歳）牧師

慶南出身、五山中学卒業後、平壌神学校卒業。一九三九年神社参拝拒否により一九四四年四月二一日獄死。

二．故崔鳳奭（七二歳）牧師

平壌出身、平壌神学校卒業後、平安北道江界地域を伝道。神社参拝拒否で朱基徹と共に平壌刑務所に投獄、一九四三年出獄するが、一〇日後に逝去。

三．故 崔尙林（七四歳）牧師

慶南出身、平壌神学校卒業後、慶南長老会担当。神社参拝拒否により、一九三九年平壌刑務所に投獄、四二年に獄死。

四．故 朴寬俊（七四歳）長老

平壌出身の医師。神社参拝問題が起きると組織的に反対、一九三九年に平壌刑務所に投獄され、五年後に獄死。

五．故 朴義ウム（三七歳）伝道師

平壌出身。聖書学校卒業、神社参拝拒否同志会を組織し、満州方面に亡命。一九四四年に満州安東刑務所で獄死。

29 金良善『韓国基督教史研究』（ソウル：基督教文社、一九七一）一九六頁。

30 李象奎&崔スギョン編『韓尙東牧師、彼の生涯と思想』（釜山：グルマダン、二〇〇〇）一九〇頁。

31 韓国基督教歴史研究所『韓国基督教の歴史Ⅱ』（ソウル：基督教文社、一九九一）三三六頁。

32 金東石『高麗後期郷校の実態とその機能に関する研究』韓国教員大学大学院修士学位論文、一九九〇、五七頁。

33 「経国大全」巻一、「吏典」外官職。

34 鄭萬朝『朝鮮王朝書院の政治、社会的役割』（韓国史学）一〇、韓国精神文化研究院、一九八九頁。

35 祠宇（サウ）は先祖や先賢の神主・影幀を祀る場所である。書院にも教育機能とともに先賢を祀る機能があったが、書院の祭享（ジエヒャン）は学生教育に付け加えたもので、郷村民全体ではなく学生を対象とし、儒学に功績の大きい文臣や学者を祭享するのが原則であった。書院は地方両班層が政派・学派・門閥によって結集する場所となり、教育的技能よりも書院の配享人物が互いに権威を比較する基準となった。その結果、書院と祠宇は用語上も区別がなくなり、祠院と通称され、祠宇建立が増えた。鄭萬祚『朝鮮書院の成立過程』「韓國史論」一九八〇、八頁。

36 柳洪烈『韓国カトリック教会史』（ソウル：カトリック出版社、一九八七）六八頁。

37 金チウ『朝鮮朝前期地方刊本の研究 — 冊板目錄所載の傳存本を中心に』成均館大学校大學院 博士学位請求論文、一九九九、一六四頁。

38 辛承云『文集の編纂と刊行の拡散』「朝鮮時代の印刷出版政策と歴史の発展」（清州高印刷博物館、二〇〇七）一九二頁。

39 Roy E. Shearer, Wildfire: Church Growth in Korea, p.197.

40 尹持忠（一七五九―一七九一）。洗礼名はパウロで、海南の両班（ヤンバン）の子孫で丁若鏞の母方の従兄弟であり、一七八三年（正祖七年）のジンサ試験に合格。一七八四年、金範雨の家で『天主實義』『七極』を借りて読んだ。三年後、丁若銓から教理を学びカトリックに入教。一七九一年の母の権氏の死亡時に弔問を受けて葬儀を行ったが、位牌を燃やし祭祀を行わず、親戚や儒林から親不孝者という非難を受け、倫常を害したという罪名で、洪楽安らによって告発された。逮捕命令が下され逃避したが、叔父が人質に取られたという知らせで自首した。珍山郡守の申史源からの異端を捨てろという説得にも屈しなかった。これに自分からカトリック教理を学び入教した母方の従弟の權尙然と共に全州監営に移送され、監司の尋問に対してもついに教理の妥当性を主張して信仰を守り、三〇の杖打ち刑を受けた。朝廷に形殺の上訴が殺到する中、左議政・蔡済恭らが死刑を要請して斬首された。珍山郡は五年間、県に降格し、郡守は罷職されるなど最初の殉教者が出た辛亥邪獄が発生した。「ブリタニカ」辞書、尹志忠。

41 徐正敏『韓国教会の歴史』（ソウル：サリム、二〇〇六）一〇頁。

42 韓国教会殉教者記念事業会『哀切な思いで巡る韓国教会殉教遺跡地』（ソウル：デザインハウス、二〇一〇）四頁。
43 永楽教会ホームページ（http://cms.youngnak.net/bshongbo）殉教者金應洛長老）。
44 韓国殉教者記念事業会ホームページ（http://kcmma.org）安吉善牧師。
45 金チャンギル『ここにいることを知らずに』ソウル：韓国長老教出版社、二〇一〇）。
46 韓国コンピューター宣教会のホームページ（http://kcm.kr）、權元浩伝道師。
47 韓国コンピューター宣教会ホームページ（http://kcm.kr）、崔仁圭勧士。
48 本処（ボンチョ）奉仕者は礼拝場所や宣教場所の中に聖徒の集まりである「ソクフェ（Class Meeting）」があり、Class Meeting で実際に礼拝を導き、聖書を教え、伝道する信徒リーダーをいう。
49 デジタル論山文化大展ホームページ（http://nonsan.grandculture.net）、餅村教会。
50 http://café.daum.net、沈能養。
51 http://kcm.kr、嚴柱善。

第五章　地域特性による一九五〇年代の長老教会分裂

第四章では、地域における信仰の特性を、地域別に異なって現れる福音受容率、三代長老、郷校と書院[五三]、文集の発刊、書店数、殉教地を通して調べてみた。地域ごとに、異なる特性を持っていることを確認したので、第五章では一九五〇年代に、長老教会が三回にわたって分裂した思想的背景を考察する。これまでは事件別・原因別に分けて分裂について記述していたが、本章では、その事件と原因の背景を探る。また、儒学によって地域特性ができ、同じ地域特性を持つ地域を中心に教団分裂が起きたことも確認しようとする。

米国北長老教会、豪州宣教部、米国南長老教会、カナダ宣教部は「宣教地域分割協定（礼譲協定、comity plan）」により、互いに地域を分割し宣教した。各自の地域であるとしても、長老教会を一つにし、一九〇七年「独老会」[五四]を組織し、一九一二年には「朝鮮耶蘇教長老会総会」（大韓イエス教長老会総会）を組織した。日帝に強制解散された一九四二年第三一回総会までは一つの長老教会だった。日本に強制的に解散された「大韓イエス教長老会総会」は一九四三年五月五日に「日本キリスト教朝鮮長老教団」と名づけて日本長老教団に隷属され、一九四五年八月一日には、朝鮮のキリスト教諸教派が「日本キリスト教朝鮮教団」として統廃合された。

一九四五年の解放とともに「教会再建運動」を行い、一九四六年六月一二日に、勝洞（スンドン）教会にて「南部総会」[五五]を開催し、総会組織を再建した（現実的に参加不可能な北朝鮮地域を除く）。一九四七年四月には、大邱第一教会にて開催された第二回南部総会では、一九四二年第三一回大韓イエス教長老会総会を最後に解散された「大韓イエス教長老会総会」を継承することにした。そして、第一回南部総会（一九四六年）を第三二回総会にし、第二回南部総会（一九四七年）を第三三回総会にして継承することを決議した。一九五二年八月末まで単一総会として集まった。

解放後、教派別に展開された各教団の再建運動の影響が一九五〇年代に入り、教団分裂として現れ始めた。韓国教会で最大教派として位置づけられてきた長老教会は、一九五〇年代に三回にわたって大分裂を経験した。監理教会も三回の分裂や統合過程を経た。バプテスト教会と聖潔教などの教派も同様だった。

一九五〇年代に三度の分裂を経験した長老教会は、神社参拝の信仰問題と朝鮮神学校の神学問題、エキュメニカル運動（ＷＣＣ、ＮＡＥ）による連合問題に分類して見ることができる。そのうち、高麗派は釜山、慶尚南道を中心に、基長（キジャン）は全羅道を中心に、統合と合同は連合問題であるため、ソウルと慶尚北道を中心に分けられた。

安東、釜山、光州地域においては、牧会者である李源永（イウォンヨン）牧師、韓尙東（ハンサンドン）牧師、崔興琮（チェフンジョン）牧師を通して地域性を見出そうとする。李源永牧師は、退溪李滉の一四代の孫として安東地域で生まれ、三・一運動で投獄され、イエスを信じてから安東を離れたことがなかった。韓尙東牧師は、金海（キムへ）で生まれ人生問題で悩んだ末に、福音を受け入れ、後に積極的な信仰生活を送った。信仰問題で韓氏の門中より追放された。神社参拝拒否で獄苦を経験した後、高麗派（コリョパ）に入り、高麗神学校を設立した。崔興鍾牧師は光州で生まれ、北ムンアン教会で受洗した。その後、北ムンアン教会の最初の長老となり、さらに平壌神学校に入学した。シベリア、済州島などで、ハンセン病患者を救う運動を繰り広げた。彼は去勢を行い、ハンセン病患者のために尽力した。

表 36　韓尚東牧師、崔興琮牧師　李源永牧師の比較

人物	韓尚東	崔興琮	李源永
出生	密陽（1901-1976）	光州（1880-1966）	安東（1886-1958）
力点事業	教育	社会、宣教	教育
宣教	高麗神学校	シベリア、済州道、ハンセン病患者救済	慶安神学院
別名（号）	なし	五放	鳳卿
特徴	訴えないこと	無欲、清貧な修道者	生ける殉教者、ソンビ
子孫	なし	親とは反対の道で、別名を六取とする。	親の道を継承する。
神社参拝	反対、投獄	反対／去勢、死亡通告書	反対／別名（オボクサゴル）
創氏改名	西原尚東	しなかった	しなかった

　三人の牧師を比較すると、李源永、韓尚東牧師は教育を中心に働いた。李源永牧師は安東を離れず、そこで生涯を終えた。韓尚東牧師は釜山一帯で働き、神社参拝反対で平壌の監獄に投獄されたが、出獄した後は山亭峴教会で奉仕した。母親の訃報を聞き、一九四六年五月に南下して来て草邑（チョウブ）教会で奉職した。その時、教団分裂による草邑教会の明け渡し訴訟に巻き込まれたが、争わずに草邑教会から出て三一教会を開拓した。山亭峴教会にいた時も、平壌老会加入をめぐって自分と信徒の間で意見対立があったが、母親の訃報を聞いて、争わず故郷に帰った。

　葛藤はどこにでもあり得るが、母親の葬儀に出席し、その後、高麗神学校設立に向けた朱南善（ジュナムソン）、孫良源（ソンヤンウォン）牧師などと期成会[五六]を組織した。[1] というのは、母親の葬儀で帰京し三八度線という壁もあったが、山亭峴教会に戻ろうとする努力より高麗神学校設立に尽力したのは、山亭峴教会に戻る気がなかったという反証でもある。

Ⅰ．慶南地域と高麗派の分裂

一．慶南地域と神社参拝による分裂

日本は一九三〇年代に入って大陸侵略を再開し、皇国臣民化政策を展開して一九三七年日中戦争以来、「内鮮一体論」をさらに強化した。これに先立ち、一九一五年に「布教規則」[2]を発表して、宗教を統制したが、三・一運動後、キリスト教だけは「申告制」として緩和した。

日本は、神社神道と教派神道を法律的、行政的に区別して分離し、神社神道は宗教ではなく国家意識である国家神道（State Shinto）とし、教派神道は教祖がいて信仰と宗教行事を行うことで、また宗教的な布教を行っているので宗教として認めた。日本の宗教政策が、従来の宗教を国家統治の監督下に置くためとするなら、神社政策は、国家権力自らが敬拝の対象になるための政策である。

神道とは、日本民族の神という概念に基づいて日本で発生し、主に日本人の間で展開された伝統的な宗教的実践とそれを支える生活態度及び理念を言う。神は包括的な意味で聖なる力や超越的な権能を持っており、天皇は昔からほぼ絶対的な存在であったため、祭政一致の社会を実現しようとしたのである。神社政策が初めて朝鮮総督府によって始まったのは「神社寺院規則」[3]を制定してからだった。日本は朝鮮に神社を設け「内鮮一体」である植民地時代の同和政策とし、朝鮮以外の満州、台湾、中国にも設置された。

日本は植民地の民衆も日本人と同様、国家に忠誠を尽くすものとし、皇国臣民の誓詞斉唱、創氏改名、志願兵制度、徴兵制度、神社参拝などを実施した。これらの政策は、それぞれ個別のものではなく皇国臣民を作るための異なる方法だった。彼らが掲げた国体思想は、日本の天皇[4]が直接統治し天皇に無条件忠誠を尽くすことが日本の臣民になった者の絶対的義務だと考える思想だった。第二次世界大戦で惨敗した日本の天皇は、「私は神ではなく人間だ」と宣言し、新たな日本憲法には「天皇は、日本国の象徴であり日本国民統合の象徴であって、この地位は、主権の存する日本国民の総意に基づく。」（第一条）、「思想及び良心の自由」を「侵してはならない」（第一九条）となっているが、近年、問題となっている靖国神社は、戦没者たちの位牌を安置しそこに宗教的儀式を行っているので、神社神道は宗教なのである。

一九三九年四月に、宗教団体や活動について政府による監督を厳重にする「宗教団体法」は、神社を宗教という枠から外し、宗教団体に対する政府統制から除外させた後、神道は宗教ではなく宗教を超越した日本固有の「教え」に当たると主張した[5]。

日本はキリスト教について、政治、宗教、文化的イデオロギーと共存、調和が難しく、教会が民族運動と深い連帯を持った最も大きな勢力であると同時に敵対関係にある英国、米国などの宣教師とつながっているため、植民統治の障害だと考えた。そのために「キリスト教に対する指導方針」（一九四〇年）をもとに「日本的キリスト教」を作るため、信仰の本質を変質させ政府の御用教化機構にしようとする政策を強力に推進した。

神社参拝は、先に教育界において一九三二年に平壌秋期皇霊祭の祭礼の時、それぞれの学校に出席を要求したことから始まった。この祭礼は平壌ソギ山上にある忠魂塔で行われたが、満州事変戦没将兵のための慰霊祭を兼ねたもので、キリスト教学校にも参加を強要した。一九三五年一一月一四日に、平安南道、道内の公・私立中等学校の校長会議を招集し、参加者全員に平壌にある神社に参拝を命令したが、崇実中学校、崇義女子中学校、順安安息校、義明中学校の校長が神社参拝を拒否する事件が発生した。日本政府の強硬な方針を受け、宣教師らは協議を行ったが、南長老教会宣教部は、「唯一神教と多神教の闘争」と見なし、明確な反対を[6]明らかにした。南・北長老教会と豪州長老教会宣教部が反対したが、カナダ宣教部とメソジスト教会の宣教師たちは、神社参拝を国家意識で受け入れ、学校運営を続けた。カトリック[7]、聖潔教会、安息教会、救世軍、聖公会などの教派も神社参拝に応じた。監理教会は一九三六年六月に、梁柱三監督が総督部招請懇談会で、日本政府の立場を受け入れることにした。

長老教会は総会で、神社参拝の可決に向けて一九三八年二月に平安北道老会が可決したのを皮切りに全国二三の老会のうち一七の老会が神社参拝を可決し、第二七回長老教会の総会で神社参拝案を可決した（一九三八年九月一〇日）。総督府は、長老教会の総会で神社参拝を可決するために、各地域の警察署長は総会を控えて、二三老会で総代として選出された老会代表らに次の三つの条件のうち、一つを選ぶように強要した。[8]

①総会に参加して神社参拝の賛成に同意すること。
②神社参拝問題が上程されれば沈黙を守ること。
③以上の二つの条項を実行する意思がない場合は、総代を辞退して出席しないこと。

日本は、皇国臣民化政策の一環として神社参拝を実施した。カトリックと監理教会は神社参拝に順応したが、長老教会は反対した。日本は、長老教会の神社参拝拒否が続くと、時局座談会と教役者座談会を開催しながらキリスト教を圧迫した。その後一九三八年二月に平安北道老会が出席会員一一六人全員賛成で神社参拝を可決したのを皮切りに、同年八月末までに二三の老会のうち、一七の老会が神社参拝を可決した。[9]

解放を迎えた韓国教会では、日本支配期に神社参拝拒否運動のため投獄された七〇人余りの教役者のうち五〇人余りは獄中で殉職し、二〇人余りが八月一七日に平壌刑務所から釈放された。いわゆる「出獄聖徒」は、解放によって出獄したが家庭や教会には帰らず、獄中で殉教した朱基徹牧師の山亭峴教会に集まり、二ヵ月間にわたり韓国教会の再建問題を討議し、九月二〇日ごろ韓国教会再建の基本原則を発表した。[10]

一．教会の指導者（牧師及び長老）たちは、すべて神社参拝をしたので、戒規を受け、悔い改めた後、現場に復帰すること。

二．戒規は、自責および自粛の方法で行うが、牧師は、最小限二か月間休職し、痛悔の告白をすること。

三．牧師と長老の休職中には、執事、又は信徒が礼拝を導く。

四．教会再建の基本原則を全国の各老会及び支教会に伝え、一斉にこれを実行すること。

五．教役者養成のために神学校を復旧再建すること。


韓国教会の再建の基本原則が発表されると、最初から強い反対を招いた。平安北道老会が主管し、一九四五年一一月一四日から一週間平安北道 宣川月谷洞教会で二〇〇人あまりが集まり、解放祝いを兼ねた心霊復興会を行った。講師として出獄聖者の李基宣（イギソン）牧師を招き、彼の証を通して多くの人々の信仰が励まされ、信仰復興にもつながった。そして、満州大学学院長の朴亨龍博士により、韓国教会再建基本原則が発表された時、神社参拝可決時の総会長であった月谷洞教会の洪澤麒（ホンテクギ）牧師らが強く反発した。神社参拝を反対し監獄で苦労した人々も、一方で神社参拝はしたものの教会を守るために残り苦労した人も、その苦労は同じだったと強弁した。神社参拝拒否のために、教会を捨て海外で逃避生活をした人々、引退生活をした人々の苦労よりは、教会に残り日帝が強制する神社参拝にやむなく屈服した人の苦労を評価しなければならないと主張した。神社参拝に対する懺悔や戒規は、神との個人的な関係の中で解決されるものだということだった。このような反発が続くと、一二月初めに平壌章臺峴（ジャンデヒョン）教会で「以北（北朝鮮地域）五道連合老会」が組織され、以前の教会再建五つの原則より緩和された六項目を決議した。[11]

一．北韓五道連合老会は、南北統一が完成されるまで、総会を代行できる暫定的決議機関とする。

二．総会憲法は、改正以前の憲法を使用し、南北統一総会が開催されるまでそのままにしておく。

三．全教会は、神社参拝の罪を懺悔し、教職者は二か月間、謹慎すること。
四．神学校は、連合老会直営とする。
五．祖国のキリスト教化を目指し、独立記念伝道会を組織し、伝道、教化運動を大きく展開する。
六．北韓老会を代表し、使節団を派遣し連合国司令官に感謝の意を表すこととする。

緩和された六項目では神社参拝問題が、拘束力のない個人的な謹慎に緩和されたことで出獄聖徒と既成教会の指導者間の対立が深刻化した。

北朝鮮では一九四六年一一月三日に、北朝鮮総選挙を機に教会に対する共産党の弾圧がさらに深まるにつれ、出獄聖徒たちが提示した韓国教会の再建の基本原則は、強い反発を招くことになった。出獄聖徒と李基宣牧師は、既存教会を離れ「再建教会」を組織した。彼らは平壌再建山亭峴教会などをはじめ、宣川、新義州、江界などに三〇あまりの教会を設立した。[12]当初、平壌監獄で出獄した信徒たちの活動の中心は、平壌再建山亭峴教会であったが、慶南老会に移りつつあった。

韓国（南）では一九四五年九月一八日に、慶南再建老会が組織された。慶南老会は、「長老教会総会」が日本によって強制解散され（一九四三年五月五日）、「日本キリスト教朝鮮長老教団」に隷属された後、二〇日経過した同年五月二五日に慶南老会を自ら解散し、「慶南教区会」に改編した。金吉昌牧師が解放されるまで教区長であった。そして、解放後、慶南教区会が中心となって再び慶南老会を組織した。

解放後、慶南地方でも教会の再建を主張する出獄聖徒と、教会の主導権を離そうとしない親日的な教権主義者の間に対立が生まれた。出獄聖徒は高麗神学校を中心に結束した人物として、悔い改めをもって公的な戒規を通じて教会の刷新を主張したが、教権主義者たちは妥協的な立場で教会の主導権を握って教権を維持しようとした。

慶南再建老会が組織され、現役教職者の自粛案として、「一）牧師、伝道師、長老は一斉に自粛し一旦教会を辞職すること、二）自粛期間が終了すると、教会は教職者についた視務投票を実施し、その進退を決定すること」を決定したにもかかわらず、老会の主導権を掌握するため、老会自粛案を廃棄したことに不信を抱いた金吉昌牧師などが総辞職した。一九四五年一二月三日に、馬山文昌教会において開催された慶南老会第四七回定期老会で、朱南善牧師が老会長に選任された。

しかし、一九四六年一二月三日に晋州ボンレ洞教会で開催された慶南老会第四八回定期老会で、金吉昌牧師が老会長に再び選出されて教権を掌握した。彼らは、神社参拝など一連の教会の浄化は無関心でありながら、高麗神学校の認可取り消しと学生推薦を取り消すに至った。韓尚東牧師は金吉昌牧師の措置を教権横暴と見なし、「慶南老会が正しく歩むまで」期限付きの老会脱退宣言をした。韓牧師の脱退宣言で、慶南老会所属の六七教会が第四八回慶南老会決議に反発しながら、韓牧師を支持した。この事態を収拾するために慶南老会は一九四七年三月一〇日に、亀浦（グポ）教会で臨時老会を招集し、全役員が総辞退をした。臨時老会では神社参拝と国旗礼拝に対する犯罪と痛悔を改めて確認し、出獄聖徒の心を傷付けない教会再建案を再確認した。

一九四七年一〇月一四日に高麗神学校校長に就任した朴亨龍は、学校運営に対する見解の違いで韓尚東と決別したため、一九四八年四月に校長職を辞任した。セムンアン教会で開催された長老教会第三四回総会（一九四七年四月二〇日）で金觀植（キムグヮンシク）牧師が順川老会の質疑に答えながら、高麗神学校は総会と無関係なので推薦書を書く必要がない旨を述べた。これは高麗派の信仰路線が現総会を離れ、出獄聖徒だけが集まる新総会を意味するもので、メイチェン派宣教師[13]の信仰態度と一脈通ずる保守的な見解だった。[14]

一九四八年九月二一日に釜山港西教会で開かれた慶南老会第四九回臨時老会にて、高麗神学校問題を討議する際、「一．朴亨龍博士の高麗神学校の離脱理由、二．総会の承認を請願しなかった理由、三．メイチェン派宣教師を教授に採用する理由」などに対する韓尚東牧師の答弁が独善的で曖昧だった。[15]したがって、表決を取った結果、四四対二一で高麗神学校認定を取り消すことに至った。

一九四八年一二月七日に、馬山文昌教会で開かれた慶南老会第五〇回定期老会で、日帝下での神社参拝と親日的な行為に対して、自粛しない金吉昌牧師の除名案が提起された。金吉昌牧師は事態が不利に展開すると、会議場を退席した。会議は停会され、再開したが、本人の不在という理由で老会長の盧震鉉（ノジンヒョン）牧師はこの案件を処理しなかった。金吉昌は権南善などと別の慶南老会を組織することにし、一九四九年二月一九日付で老会召集通知書を発送した。そして、三月八日に既存の老会を離れて別途の慶南老会を組織した。

一九四九年第三五回総会は、慶南老会紛争問題で金世烈牧師を委員長とし、五人の全権委員会を派遣したが、別途の慶南老会を作った金吉昌には何の措置も取らなかったまま、慶南老会を三つに分割することを推進した。一九五〇年四月二一日に大邱第一教会堂で開会された第三六回総会では再び特別委員として権世烈、金グァンヒョン、金サングォン、朴ヨンヒ、李デヨン、李インシク、趙昇濟など七人を派遣した。特別委員は慶南老会が現存しているにもかかわらず、一九五一年三月一四日に新慶南老会を組織した分裂の主導者である金吉昌、権南善を調査しようとした。

長老教会第三六回総会（一九五一年五月、釜山中央教会）では、特別委員が過去の神社参拝に対する過ちを整理し、再建を試みていた高麗神学校中心の教会刷新派である慶南老会の総代には総代権を拒否したので、従来の慶南老会（いわゆる「慶南法統老会」）は総会から追放された。総会は、金吉昌牧師を含む新しく構成された代表を「慶南老会の総代」と認めたのだ。

その後、総会は一九五一年九月に、韓尚東牧師に草梁教会の明け渡しを要求すると同牧師は無条件に草梁教会を去り、一九五一年一〇月一四日に三一教会を設立した。以後、三一教会は高麗神学校と高神教団運動の中心的な教会となった。

大韓イエス教長老会総会と高麗神学校を中心に慶南法統老会[五七]は一年間、総会との関係正常化を図ったが、

表 37　大韓イエス教長老会　高神側　2012 年総会報告書

老会	教会		洗礼信者		合計	
ソウル	30	104 5.8%	11,780	23,727 8.7%	29,625	49,442 10.2%
東ソウル（江原）	49		4,668		8,395	
南ソウル	25		7,297		11,422	
京畿	34	211 11.8%	8,299	35,613 13.1%	14,534	61,144 12.6%
京仁	45		5,657		9,020	
西京	82		8,109		14,538	
首都	27		4,793		8,313	
首都南	46		8,845		14,739	
大田	23	77 4.3%	1,745	7,520 2.8%	4,309	15,064 3.1%
忠清	54		5,775		10,755	
全南東部	31	108 6%	3,341	11,001 4%	6,072	20,421 4.2%
全羅	52		5,910		11,267	
全北	25		1,750		3,082	
釜山	71	243 13.6%	17,564	61,751 22,8%	30,562	109,054 22.6%
東釜山	44		10,450		17,840	
西釜山	60		18,726		34,807	
中釜山	46		12,526		21,484	
北釜山	22		2,485		4,361	
慶南	65	696 39.2%	10,602	93,169 34.4%	19.202	163,392 33.7%
慶南南部	74		8,638		15,795	
慶南中部	54		3,087		4,543	
金海	68		15,251		27,335	
馬山	67		8,386		14,663	
南釜山	53		8,509		15,603	
南馬山	35		4,432		7,563	
居昌	49		2,176		3,407	
蔚山	39		12,144		20,364	
蔚山南	49		6,208		11,975	
晋州	124		9,745		15,641	
鎭海	20		3,991		7,301	
大邱	61	311 17.5%	10,188	36,420 13,5%	16,346	62,240 12.8%
東大邱	41		8,027		13,120	
慶東	58		6,181		10,776	
慶北	41		5,739		10,497	
慶西	57		4,613		8,454	
慶安	40		1,672		3,047	
濟州	13	0.7%	1,042	0.4%	1,731	0.3%
合計	1,774	100%	270,351	100%	482,488	100%

一九五二年四月の第三七回長老教会の大邱総会においても慶南法統老会総代を最後まで受け入れなかった。「高麗神学校とその関係団体と総会とは何の関係がない」と宣言したので、高麗神学校を中心とする慶南老会（法統）は総会と分立された。

総会と分立された慶南法統老会は、一九五二年九月一一日に晋州城南教会堂に集まり総老会を組織し韓国教会が犯した神社参拝の罪を告白し、自粛するために三週間の特別集会を行うことを決議した。三週間の自粛期間を送った後、高麗派が一九五二年一〇月一六日「大韓イエス教長老会の総老会」と公式宣言して分立された。総会より高麗派に分離する時には、慶南法統老会中心に分離されたため、慶南地方を中心としている。しかし、その後六〇年が経った二〇一二年高神側の統計を見ると、慶南三三％、釜山二二％を占めており、慶南地域や釜山地域で全体信者の五五％を占めている。分離されて六〇年が経った今までも分離した時の雰囲気が残っていることを示すものだ。

二．慶南地域に南冥学派が及ぼした影響

慶南地域における曹植の「南冥学派」は、壬辰倭乱（一五九二年（宣祖二五年））と日本植民地時代に多くの義兵が起こり、困難を克服した。日帝強占期の義兵活動は抗日的な地方儒生の衛正斥邪運動であり農民などが連合した封建制抗日運動だった。壬辰倭乱の時に嶺南義兵と湖南義兵は、倡義（チャンウィ）[五八]目的から儒教的な忠義を前面に掲げた。そのうち嶺南地域は、日本軍と直接的な接戦を繰り広げた地域であるため、自身の家族と親戚がいる地域を守るという現実的な目的が強かった。

しかし、鄭仁弘（チョンインホン）は、義兵を集める過程で、相互間の氏族通婚を基盤にした「在地土族家門」[五九]に対し、王に忠義を尽くすため、倡義することを促す書簡を発送した。[16]

壬辰倭乱が起きると、朝廷は両南（嶺南、湖南）の勤王兵を招集し助けを求めたが、この時、「全羅道観察

使の李光が兵士たちを率いて上がってくる途中、公州に至っては京城がすでに陥落し、大駕（王の乗り物）が西側にぶら下げられた」という噂を聞き、兵士を撤収して本陣に戻ったと『宣祖實錄』に記載されている。[17]官軍は回軍したが、金千鎰（キムチョンイル）、高敬命（コキョンミョン）などが義兵を結集した後、「勤王」の目的で漢城（現ソウル）に向かって北上した。金千鎰軍は五月一六日、羅州（ナジュ）から漢城に出兵し、六月一四日に水原（スウォン）に到着した後に四分割した部隊で交互に日本を奇襲攻撃し、相当な戦功を立てた。金千鎰の江華駐屯により、京畿地域を安定させ、京畿と忠清、全羅北道、黄海、平安道の疎通を円滑にするのに大きな貢献を果たした。高敬命も六、〇〇〇人余りの大軍を結集した後、「勤王」を叫びながら漢城に北上した。[18]嶺南に比べて湖南の倡義目的が相対的に観念的、理念的性格が強かったと考えられる。[19]

義兵長が主導的に現れた慶南地域では、神社参拝拒否運動を主導しながら全国を歩き回った朱基徹、韓尙東、李朱元らは、慶南出身であるにもかかわらず、平壌まで全国を回りながら神社参拝拒否運動の先頭に立った。

南冥学派の「敬義之学」は、平素、社会の安定期には現われないが、壬辰倭乱のような国難があった時には、南冥の門人たちは命をかけて国を守るために義兵長になった。南冥の門下で義兵が多く起ったことと、神社参拝が強要された時に、命がけで信仰を死守した系譜がうかがえる。このように、命がけで起す義兵が義を重んじる南冥学派の門人らにつながっている。

三．慶南地域と神社参拝を拒否した中心人物

一九三一年九月の満州事変後には、韓国で日本の神社参拝の強要が本格化した。キリスト教系の学校に対する神社参拝の強要がひとまず完遂されると次の強要の対象は、教会へと移った。教会で神社参拝拒否を主導した中心人物は、平安南道の朱基徹、平安北道の李基宣、慶尚南道の韓尙東、李朱元、朱南善、全羅南道の孫良源などだった。初期は教会と知人が地域的連帯となったが、次第に地域間の連帯が行われ、慶南地域、西北地

表38　倡義（チャンウィ：義兵を起こすこと）に賛同した人物

姓名	生没年代	本貫	住所	活動した所	備考
ジョンインホン	1536-1623	瑞山	陝川	陝川 星州	南冥門人
ギムミョン	1541-1593	高靈	高靈	高靈 居昌 金泉	南冥門人
グァクジェウ	1552-1617	玄風	ソンヨン	ソンヨン 咸安 昌寧	南冥門人
ノフム	1527-1602	光州	サンガ	サンガ	南冥門人
チョンチウォン	1527-1596	完山	草溪	草溪	南冥門人
ジョジョンド	1537-1597	咸安	咸安	安陰	南冥門人
ノサイェ	1538-1594	豊川	咸陽	咸陽	來庵從遊
ジョンユミョン	1539-1596	草溪	安陰	安陰	南冥門人
チョンパルゴ	1540-1612	竹山	居昌	居昌	來庵從遊
ジョンインヨン	1540-1602	瑞山	陝川	陝川	來庵弟子
ソンペンニョン	1540-1594	昌寧	安陰	安陰	南冥門人
イジョン	1544-1598	固城	ソンヨン	晋州	南冥門人
パクジョンワン	1543-1613	高靈	高靈	高靈	來庵從遊
イノ	1544-1598	固城	ソンヨン	晋州	南冥門人
ジョンインハム	1546-1613	瑞山	陝川	陝川	來庵諸宗
オヒョン	？ - ？	咸陽	山陰	山陰	德溪從弟
パクイジャン	1547-1622	順天	陝川	陝川	來庵門人
ギムヨン	1547-1640	高靈	高靈	高靈 居昌 金泉	松庵諸宗
ハホン	1548-1620	晉陽	陝川	陝川	南冥門人
パクソン	1549-1606	密陽	玄風	グンヤン	來庵門人
パクジョンボン	1550-1611	高靈	高靈	高靈	來庵門人
ベソル	1551-1599	星州	星州	星州 陝川 金泉	來庵麾下
グァクジュン	1551-1597	ジョンウィ	草溪	草溪	來庵門人
ノスン	1551- ？	新昌	サンガ	サンガ	南冥門人
イデギ	1551-1628	ジョンウィ	草溪	草溪	來庵門人
イスン	1552-1598	全州	星州	星州	來庵門人
ムンホンド	1553-1603	南平	居昌	居昌 金泉 星州	來庵門人
パクヨソル	1554-1611	三陟	咸陽	咸陽	來庵門人
ユンテク	1554-1593	坡平	サンガ	サンガ、ソンヨン	來庵門人

パクサジェ	1555-1619	竹山	サンガ	サンガ、ソンヨン	來庵門人
クォンヤン	1555-1614	安東	陜川	陜川	來庵門人
ギムウンソン	1556-1614	瑞興	高靈	高靈 玄風	來庵門人
ユンギョンナム	1556- ?	坡平	居昌	居昌 金泉	來庵門人
ジョンギョンウン	1556- ?	晉陽	咸陽	咸陽	來庵門人
チョウンイン	1556-1614	昌寧	陜川	陜川	來庵門人
ムンギョンホ	1556-1619	南平	陜川	陜川	來庵門人
イフル	1557-1627	碧珍	サンガ	サンガ	來庵門人
イユソン	1557-1609	星州	丹城	丹城	カクジェ門人
ユジュンヨン	1558-1635	文化	居昌	居昌	來庵門人
ガンウンファン	1559-1636	晉陽	咸陽	咸陽	來庵門人
ノササン	1559-1598	豊川	咸陽	咸陽	來庵門人
ギムギョングン	1559-1597	赤山	丹城	丹城	カクジョ門人
イチョンシク	1559-1611	慶山	星州	星州	來庵門人
オジャン	1565-1617	咸陽	山陰	山陰	來庵門人
ソンインガブ	? -1592	密陽	密陽	陜川 星州 草溪	來庵麾下
ギムジュンミン	? -1593	赤山	丹城	星州 晋州	來庵麾下
イヒョン	? -1592	咸安		居昌 金泉	松庵麾下
パクソン	? -1597	羅州	咸陽	咸陽	來庵門人
チャンウンリン	? -1592	居昌	居昌	金泉	松庵麾下

李相弼『南冥學派の 形成と展開』ワウ出版社、2003、111-112。

域、満州奉天地域間の交流へとつながった。」[20]前述した人物の出身地を見ると、朱基徹は慶南昌原、李基宣は平安北道博川、韓尙東は慶南金海、李朱元は慶南密陽、朱南善は慶南居昌、孫良源は慶南咸安地域だった。これを見ると李基宣だけが平安道であり、他の人物はすべて慶南地域である。韓尙東については、次章で扱うため、他の人物について概観してみる。

平安南道の朱基徹牧師は、神社参拝拒否の代表的な人物である。朱基徹牧師は慶南昌原で生まれた。文昌教会で牧会をしていた時、五山学校恩師である曺晩植の要請で平壌の山亭峴教会に赴任し、この山亭峴教会を中心に神社参拝拒否運動が展開された。朱基徹牧師は一九三八年春に一次検挙され六月二九日に釈放されたが、総会を控えて再び検挙された。一九三九年一月に釈放された時は、日本警察によるひどい拷問にも毅然と対峙した朱基徹牧師の信仰は人々に感動を与えた。しかし、拷問の後遺症のため精力的に牧会活動を行うことができなかった。

日本は、朱基徹牧師に神社参拝を強要することが不可能になると、一九三八年一二月一九日に南門外（ナムムンバク）教会にて開催された平壌老会臨時老会で、朱基徹牧師の免職を決議した。[21]警察は山亭峴教会が神社参拝を断ると、「布教規程」に基づき、老会の財産である教会の建物使用を禁止することにした。[22]一九四〇年三月一九日には蓮花洞（ヨンファドン）教会で開かれた定期老会時に、朱基徹牧師免職を再度確認した。朱基徹牧師は、一九四一年五月一五日に「イエス教信徒の神社参拝に不参加した教会再建運動事件」で拘束され一九四四年四月二一日に殉教した。

李朱元（イジュウォン）伝道師は慶南密陽に居住し、李仁宰[23]とも呼ばれた。当時、四〇歳で慶南と平壌の神社参拝拒否運動を全国的に連帯させた連絡係だった。彼は韓尙東の助言を受け、新しい老会の組織のための会合を取り持った。朱基徹が出獄したことを機に、南側と北側の神社参拝拒否運動の指導者を集めていた。一九四〇年五月一三日に平壌神学校寮で平壌鍾路警察署特別高等警察によって逮捕され、五年四ヵ月の間獄中生活を過ごし、一九四五年八月一七日に解放とともに出獄した。

朱南善（一八八八―一九五一）[24]牧師の資料は少なかったので、沈グンシクの『太陽のように輝こう』を主に引用した。慶南居昌で生まれ、一七歳まで漢学を学び、その地方郡守の秘書官として働いた。一九一一年九月には三ヵ月間の蚕業実習所を修了し養蚕にも従事した。

朱南善は、一九〇八年に市場で宣教する宣教師を通じて福音を受け入れ、一九一一年にメンホウン（Frederick Macrae）から学習を受け、翌年六月に洗礼を授けられた。一九一四年四月に居昌（コチャン）邑教会で署理執事に任命され、一九一九年二月二八日に居昌邑教会の長老に将立された。一九一七年に慶南聖書学校に入学し、一九一九年に卒業した。三・一運動の時には、居昌邑教会の万歳デモ事件や軍政署義勇兵や資金募金事件で投獄された。一九一三年から一九一七年まで、勧書（移動式聖書販売）の仕事をしながら聖書全書二冊、新約、旧約二八冊、分冊五、一六〇冊を販売したが、大韓聖書公会には朱南皐（ジュナムゴ）になっている。朱南善は一九二〇年に平壌神学校に入学し、一九三〇年に卒業した。[25]神学校を卒業して居昌邑教会委任牧師になったが、神社参拝拒否で一九三八年一二月に委任牧師職を強制的に解任された。一九四〇年七月に神社参拝拒否運動により検挙され、一九四五年八月一七日まで、晋州、釜山、平壌などに収監された。監獄生活を終えて、韓尙東牧師が「出獄聖徒」として慶南老会長の朱南善牧師と教会の浄化と再建を推進しながら問題は大きくなった。

解放後、居昌（コチャン）邑教会に戻り慶南老会の老会長を歴任し、高麗神学校設立者兼初代理事長として、高麗高等聖書学校と居昌聖書学校を設立し、一九五一年三月二三日に死去した。

孫良源（一九〇二—一九五〇）は、慶南咸安で生まれた。父孫ジョンイル長老の信仰に習いながら信仰生活をしていて、一九一四年三月一七日にジョンユン助師に学習を受け四月に漆原（チルウォン）公立普通学校に入学した。[26] 一九一七年に宣教師メクレイ（F. J. Macrae、メンホウン）から洗礼を受け、一九一九年にソウルに上京し中東中学校に入学したが、馬山では孫ジョンイル長老が三・一運動に参加して投獄され獄中生活を送っていた。その影響で思想が不純な者の子どもと見なされ退学になった。[27] 父が出獄した後、叔父の助けで一九二三年に東京巣鴨中学校に通い学校の授業を終え、共同墓地の間で祈祷していたところ、熱い聖霊体験をした。[28] 聖書教会の路傍伝道に参加し、東京板橋聖潔教会の牧師の説教を聞いて献身した。

一九二五年の慶南聖書学院卒業後、慶南老会釜山視察区域の伝道師となり、釜山の相愛園（サンエウォン）教会の伝道師として赴任した。同教会はマッケンジー宣教師が設立した「ハンセン病収監者たちのための教会」だった。

蔚山（ウルサン）防御陣教会・南倉教会、梁山の院洞教会などを開拓・設立し一九三四年まで務めた。一九三八年に平壌神学校を卒業し翌年七月からは麗水愛養園（エヤンウォン）で視務した。一九四六年に、慶南老会にて按手を受け牧師になった。一九五〇年九月一三日に共産党に逮捕され、銃殺された。

孫良源は、一九四〇年九月二五日に靖国神社の参拝反対で逮捕され、一九四三年五月一七日に拘束されてから三年ぶりに出獄する予定だった。しかし、神社参拝、いわゆる「転向」を拒否し、再び無期拘禁を言い渡され、釈放が取り消されたため民族解放の時まで収監された。

四．言行一致の牧会者　韓尚東（ハンサンドン）牧師

韓尚東牧師は、一九〇一年七月三〇日に慶南金海郡ミョンジ面で生まれた。父親の塩田が津波で失敗し

（一九〇四年）、一九〇六年三月多大浦にいる父の従兄弟、韓クムチュルの養子となった。一九一〇年に多大浦実用学校に入学し、一九一六年に卒業した後の一九一八年に母校で教師として勤務した。一九二一年五月三一日に東莱郡機長面東部里に住む金チャスクと結婚した。同年九月から人生の問題で悩み始め、一九二四年に朴チャングン伝道師の伝道で入信し、一九二五年に洗礼を受けた。洗礼を受けてから家庭における迫害と韓氏門中会議で破門宣告を受け、家族からも追い出された。豪州長老教会宣教部の配慮で全州光臨学校の教師（一九二七―一九二八）として勤めていた時、牧会に召命を受けてピオソン高等聖書学校（一九二八）に通ったが、一九二九年三月に肺結核で断念した。慶南女性伝道会で開拓伝道師募集が始まると、志願して、慶南固城郡学林里において福音伝道の道を歩み出したが、失敗に帰した。しかし、一九二九年九月に慶南河東郡ジンギョ里での福音伝道は成果を収めることができた。

その後、一九三三年に平壌神学校に入学し神学教育を受けて、一九三六年四月に釜山草梁教会の伝道師として働いた。一九三七年三月に、慶南老会にて牧師按手を受け、馬山文昌教会の牧師として牧会したが、神社参拝拒否により一九三九年五月に辞任した。同年八月に、釜山水営海水浴場にて尹スルヨン牧師、李インジェ伝道師など一〇人余りが集まって修養会を開催したのが、慶南地方で組織的な神社参拝拒否運動の開始となった。一九三九年一〇月には密陽（ミルヤン）馬山里教会で奉仕し、神社参拝拒否運動を展開したという理由で一九四〇年七月に逮捕された。一九四一年七月には平壌刑務所に収監され投獄されたが、一九四五年八月一七日に釈放された。釈放後、一九四五年九月、平壌山亭峴教会で牧会していたところ、一九四六年五月に母親の死去により南朝鮮（韓国）に下ってきた。

一九四六年五月には、慶南老会長朱南善牧師と孫良源牧師などと共に、高麗神学校を設立するための期成会を組織した。一九四六年六月二三日から三ヵ月間、慶南鎮海（チンヘ）で朴允善（パクユンソン）牧師の導きで六〇人余りが参加し、夏季神学講座を開催し、九月二〇日に朱南善牧師と共に高麗神学校を設立した。高麗神学校を通じて徹底した神本主義の設立は、正統神学運動に対する出発であり、神様と同行するという如主同行を教えた。[29]

一九四六年九月二〇日に日新女学校で始まった高麗神学校は、殉教者の精神で信仰の正統と生活の純潔を兼備する人材を養成する目的で設立された。以降一九四七年三月五日に草梁教会の幼稚園へ移転し、次いで同年四月一九日、光復洞一街一七番地へ移転した。一九五六年四月に松島岩南洞敷地と一九八二年に影島東三洞に第二キャンパスを増設した。

高麗神学校を設立する頃、一九四六年七月三〇日に草梁教会の担任牧師として赴任した。一九五一年一〇月に草梁教会を辞任し、三一教会を設立し、一九七二年まで牧会した。一九五四年フェイス神学校で名誉神学博士（D. D.）を受け、一九七一年に高麗神学大学初代学長を歴任し、一九七四年一月に定年退職した後には名誉学長として就任し、一九七六年一月六日に死去した。[30]

韓尚東牧師は、日本の植民地支配期に神社参拝拒否運動のため投獄され、出獄後は出獄聖徒と共に教会を建て直すための教会刷新運動とその精神による後進育成のため、高麗神学校設立に努めた。同時に釜山の草梁教会と三一教会で牧会した。その過程で、神社参拝拒否運動を中心に検討しようとする。

神社参拝問題は、日本の「神道国家主義（Shinto Nationalism）」を「天皇制の下に置く統治イデオロギー」として確立しようとしたところにある。日本は一八七一年五月一四日に太政官布告第二三四号で「神社は国家の宗社」と宣布した。神社における祭祀は、「孝」の延長であるため、宗教ではなく儀礼と習慣だと言った。[31]

一八八九年には皇室典範と憲法が制定されて「現人神、人間の姿をしている神」である天皇が国家神道と完全に結合された。国家神道は日清戦争と日露戦争を経る過程で日本軍国主義によって利用され、帝国主義ファシズムの思想的支柱として国内外に大きな被害を与える原因になった。[32]

しかし、韓国における神社参拝問題は「民族教会」の姿と信仰的保守性を持っているため、日本の場合ほど容易ではなかった。[33]

朝鮮総督府は一九一五年八月一六日に「神社寺院規則」（官報）を公布し、すべての神社における創立と存廃を総督の許可を受け、従来の神社も総督の認可を受けるようにした。同日に公布された「布教規則」は、教派神道を宗教として認め、布教しようとするより、国家神道としての目的があったことが分かる。一九一七年三月に公布された「神祠に関する件」では、神社として公認を受けなかった小さな神祠という名前で許可を受けられるようにした。一九二五年には、朝鮮神社が朝鮮神宮へと名称変更された。一九三一年の満州侵略と一九三七年の日中戦争と一九四一年の太平洋戦争を経て、日本と朝鮮が一つであるという民族抹殺の内鮮一体の皇国臣民化政策が推進された。皇国臣民化政策は、天皇を中心に、民族アイデンティティを抹殺することに目的があったが、神社参拝がその基本的な政策だった。朝鮮総督府は目的を達成するために、宮城遥拝の強要、日章旗掲揚、「皇国臣民誓詞」の斉唱、創氏改名、日本語の常用などを強要した。

一九三六年に、朝鮮総督府は神社問題に対する通告で、「神社は、日本皇室の先祖と国家に功労がある国民の先祖などを祭り、国民として崇拝する心を持つようにし、永久にその業績を称賛させるための国家公共施設として、いささかも宗教的意義を持ったのではない」[34]と定義した。韓国での神社参拝は、日本と同和政策のための手段の一つになったのだ。神社参拝が「宗教性とは関係ない」と強調すればするほど、韓国のキリスト教信者を説得するのはさらに難しくなった。

韓尚東牧師は、釜山草梁教会伝道師であった一九三六年一〇月二四日に、「現政府は、正義及び神意に違反した偶像である神社参拝を強要するので、余等は屈せず、これに絶対に参加してはならない」[35]と説教し、神社参拝拒否運動を始めた。一九三七年三月に馬山文昌教会に転任し、個人的な反対からさらに注力して組織的な反対運動を主導するようになった。

一九三八年二月に、朝鮮総督部より施政方針[36]が出された。

一．時局認識を徹底するため、教役者懇談会を開催し指導啓蒙に取り組むこと。

二．時局認識の徹底のための指導及び施設

一）教会堂の中に国旗掲揚台を建設すること。

二）キリスト者の国旗敬礼、宮城遥拝、国家斉唱、「皇国臣民誓詞」の斉唱を実施すること。

三）一般信徒の神社参拝に対する正しい理解と実施に励むように努めること。

四）西暦年号を使用しないこと。

三．賛美歌、祈祷文、説教において不穏な内容は厳重に取り締まること。

四．当局の指導に従わない信者は法的措置を取ること。

五．新しく国体に合うキリスト教を建設する運動は積極的に援助すること。

しかし、韓尚東牧師はこれを拒否し、一九三八年三月六日に「三つの嘆き」という説教を通じて神社参拝拒否の立場を明確にした。[37] 韓尚東牧師は文昌教会を辞任し、一九三九年八月に釜山水営海水浴場で尹スルヨン牧師、李インジェ、金ヒョンスク、崔スオク、李ジョンジャ、ペクヨンオク、裵ハクス等と一緒に集まって、慶南地方の組織的神社参拝拒否運動を開始した。慶南各地を巡回しながら以下の実行内容を周知した。[38]

一．神社参拝する教会には出席しないこと。

二．神社参拝した牧師に聖礼典を受けないこと。

三．神社参拝する教会に十一献金やヨンボ（救済など）をしないこと。
四．教会出席しない信者同士が集まって礼拝するが、特に家庭礼拝を主に行う。

また、次のように地域の責任者を擁立した。釜山地方は韓尚東、趙スオク、孫ミョンボク、裵ハクス、馬山（マサン）地方は崔ドクジ伝道師、テイト宣教師（Miss M. G. Tait）、廉エナ・李チャンス伝道師で、居昌地方は朱南善牧師、咸安地方は李ヒョンスク伝道師、晋州地方には韓尚東、李インジェ、崔ドクジが馬山テート（Tait、太邁是）宣教師宅に集まり、慶南地域で神社参拝拒否運動のため、以下のことを決定した。

一．神社参拝した現老会は解体するようにする。
二．神社参拝した牧師に洗礼を受けない。
三．神社不参拝主義の信徒だけで新しい老会を組織する。
四．神社不参拝同志の相互援助を図る。
五．神社不参拝者のグループ礼拝実施と同志獲得に注力する。

韓尚東（ハンサンドン）牧師は、慶南地方で全国規模の神社参拝を反対する運動を展開することとし、平壌に行って神社参拝反対者で構成される新しい老会を組織することにした。しかし、一九四〇年六月以降、神社参拝に反対している人たちの検挙が始まると、韓尚東牧師は七月三日に逮捕され一九四五年八月まで平壌刑務所で収監生活をした。韓尚東牧師は獄中生活を通じて、「私たちの生活すべてが、自分自身の力によってなったものは、何一つもなかった。本当に神様は生きておられ、自分の生活を見守って下さる力あるお方であることを私は確かに体験したと告白した。[39]

韓尚東牧師は一九四五年八月の独立と共に出獄した後、出獄聖徒らとともに一九四五年九月一八日、慶南再建老会[六〇]を組織した。彼は神学教育を通じて、「一．真理のために命を捧げられる教役者を養成する。二．伝道者を育てて教会を設立する。三．修養会場所を設立し、日帝の弾圧の下で信仰良心を汚した教職者たちを修行させ、新しく出発する案」[40]を構想した。

韓尚東は、密陽で生まれ、西部慶南地域と釜山で活動したが、平壌で出獄し、平壌山亭峴教会でも九ヵ月程度牧会した。一九四〇年に慶南の道警察部の留置場に拘禁された後、一九四一年七月に平壌刑務所に収監された。一九四五年八月一七日に釈放され、九月から山亭峴教会に復職した。そして、一九四六年五月に母の訃報に接して帰郷した後には、再び山亭峴教会には戻ることはできなかった。[41]以後、高麗神学校設立期成会を組織し、七月に釜山草梁教会の委任牧師として赴任した。彼の活動地域としては主に釜山と慶南地域で活動し、平壌山亭峴教会は九ヵ月間のみ牧会した。

Ⅱ．湖南地域と韓国長老教会の分裂

一．湖南地域と朝鮮神学校の神学問題による分裂

いかなる時期にも、保守と進歩の差が共存している。辞書的な意味での保守神学とは、歴史におけるキリスト教の本質的な信仰と教理を擁護し守ることである。また、自由主義神学は人間の主体的な思考と活動と意義を積極的に認めている。韓国では保守神学に敬虔主義と神秘主義まで含んでいる。自由主義神学では、キリスト教における解釈の究極的な権威を聖書よりは理性に置く。超自然的なものを排除し、キリスト教を現実的かつ倫理的なものに把握し、楽観的な世界観を持っている。

日本は一九三七年に日中戦争を開始しつつ、天皇崇拝政策を強要し全国に神社を建てて神社参拝を強要した。

宗教団体法[42]を策定してキリスト教学校に対する統制を実施し、保守的な「朝鮮イエス教長老会学校（平壌神学校）」は、神社参拝拒否を積極的に提唱して一九三八年九月二〇日に自ら無期休学を宣言した。神社参拝に反対していた朱基徹牧師ら保守陣営の人々が投獄された。保守陣営によって運営されていた教権が、当時カール・バルト（Karl Barth）の絶対的な影響下にあった日本で、教育を受けた教権者へと移行されていくようになった。したがって自由主義神学、あるいは日帝の強圧に従属するような神学思想が現われるようになった[43]。

韓国での自由主義神学は一九三〇年代から現れたが、支持されることはなかった。しかし、自由主義神学は平壌神学校の休校とともに、一九四〇年に神学的自由を標榜する神学教育機関として設立された朝鮮神学校において登場した。朝鮮神学校をめぐる総会における対立と京畿老会にて金在俊（キムジェジュン）牧師の除名は韓国基督教長老教会の分立につながる。

一九三九年第二九回総会は、平壌神学校に代わる朝鮮神学校設立と直営が可決された。朝鮮神学校の校長である蔡弼根（チェピルグン）牧師は、平壌神学校を卒業し日本留学において自由主義神学を学んだ。朝鮮神学校はソウルの金英珠、車載明牧師らが、金テヒョン長老より神学教育のための巨額の寄付金を得て一九三九年三月二七日には「朝鮮神学校設立、期成委員会」を組織し、一九四〇年四月にソウル勝洞（スンドン）教会において韓国人の手によって建てられた初めての神学校として開校した。蔡弼根牧師が一九四〇年二月に、平壌に再建された平壌神学校へ異動し、日本の青山学院大学の神学部で勉強した金在俊牧師、宋昌根牧師と明治学院で学んだ尹麟九牧師などが教授として招聘された。一九四六年第三二回南部総会で総会直営神学校になったが、校長金在俊の自由主義神学に対する反発が続いた。

解放後、南部総会にて総会神学校として承認を受け、韓国（南）における唯一の神学校である朝鮮神学校神学生五一人より、第三三回長老会総会（大邱）に対して陳情書が提出された。それは、金在俊教授の自由主義神学への不満に端を発し、一九四七年四月一八日の第三三回長老会総会（大邱）に講義内容である聖書の絶対無謬に対する態度を明らかにしてほしいという旨の陳情書であった。[44] 総会は八人の調査委員を構成した結果、調査する過程で金在俊の自由主義的神学思想が理事会に報告された。調査委員会は一九四八年第三四回総会を期して現教授陣が総辞職する内容の朝鮮神学校改革案を提出し、理事会は、金在俊の一年間の米国留学という折衷案として総会の許可を受けたが、朝鮮神学校が拒否した。総会で調査を行った後、金在俊教授は声明書を発表した。

（一）新旧約聖書は神様の御言葉として信仰と本分について無謬であることを信じるには変わりがない。

（二）新旧約聖書に啓示された命の言葉は、つまり、救いの結論であり、これは神様のひとり子イエス・キリストを証するところにその目的がある。そのような啓示としての新旧約聖書は絶対無謬であることを信じる。

（三）本人の講義を聞いた一部の学生によって教会に物議をもたらしたことに対して教授として、謹んで陳謝する。

以上を宣言する。　金在俊[45]

金在俊は咸境道慶興で生まれたが、咸境道地域はカナダ宣教部の宣教地域で、カナダ連合教会で派遣された宣教師の自由主義的傾向により、他の地域に比べて自由主義神学が早くから形成されていた。[46] 一九三四年咸鏡南道老会の女性伝道会連合会は、総会に女性按手[47]を献議しており、これについて城津中央教会の金チュンベ牧師が、「長老会総会へ送る文書」で、女性連合会からの献議案を支持した。この献議案に一九五三年、キリスト教長老教会が分裂していく時、金在俊と意見を共にした咸鏡道及び湖南、特に、群山、木浦牧師達が大勢参加することになった。

ソウルでも自由主義神学に対する拡散を警戒する保守陣営の牧師たちが中心となり、新たな神学校建設を企図し一九四八年六月に朴亨龍を校長とする「長老会神学校」が開校され、第三五回総会で正式に神学校として承認を受けた。そして、二つの直営神学校ができたことによって一九五〇年四月に、大邱で開催された第三六回総会にて、長老会神学校と朝鮮神学校の統合問題を議論したが、解決に至らなかった。一九五一年五月に釜山で再開された第三六回総会でも朝鮮神学校の支持者と長老会神学校の支持者の間に対立が続いた。しかし、数において優勢な長老会神学校の支持者たちが、二つの直営神学校を取り消し大邱に新しい神学校を設立するという決議案を可決し、キャンベルを大邱に新設される神学校校長に指名した。

一九五二年に、長老教会の総会は「以北老会（北朝鮮地域）」がない総会だったが、「非常事態」を宣言して以北老会が北朝鮮から三八度線を越えて韓国に来たものと見なし、総代は一九四一年第三〇回に平壌倉洞教会で開催された総代数に準じて受け入れることにした。これは保守的な西北教会[六二]の教権と連帯するためのものだった。西北地域（北朝鮮地域）と連帯した保守勢力が聖書無謬説を理由に金在俊牧師を罷免し、カナダ宣教師のスコット（W. Scott、徐高道）を治理した。[48]これに対し朝鮮神学校は一九五二年五月二日に、「信仰良心の自由のために合法的な総会を継承しようとした大志で国内、海外の各教会に私たちの決意と態度を表明する」との声明を発表した。

一九五三年四月二九日に、大邱ソムンバク教会堂で開かれた第三八回総会では、一．朝鮮神学校卒業生に牧師按手をしないこと。二．金在俊牧師を牧師職から除名すること。三．第三六回総会時、聖書逐語霊感説を否定した朝鮮神学校教授、徐高道（W. Scott）牧師を審査すること。四．各老会で、以上の二人の教授の思想を賛成支持する者は処罰すると警告した。[49]朝鮮神学校側の強硬な抗議に分立した忠清南道、全羅北道両老会を反総会行為者として究明し、総代会員権を剥奪し金在俊教授の牧師免職を決議した。

しかし、一九五三年五月一三日、朝鮮神学校側の会員が優勢な第五七回京畿老会で、「総会が不法決定を取

表39　韓国基督教長老会（基長）の教勢統計（1953年）

老会名	教会数		牧師数		洗礼者数	
京畿	110	19.3%	105	36%	4,920	23.4%
忠北	87	24.8%	20	14%	1,880	16.4%
忠南	54		21		1,572	
慶西	15	9.8%	9	15%	548	13.8%
慶北	14		25		655	
慶南	27		10		1,700	
全北	81	44.8%	28	32.6%	3,427	49.1%
金堤	10		8		359	
群山	37		21		2,100	
全南	12		5		1,200	
木浦	115		33		3,196	
濟州	6	1%	5	1.7%	380	1.2%
計	568	100%	291	100%	20,937	100%

り消す時までは総会に総代を派遣しない」という決議を行うところまで達したが、是正を要求しようという代案として終了した。

朝鮮神学校側の総代は退場し、一九五三年六月一〇日に東子洞にいた韓国神学大学講堂で分立された全北、群山、金堤、忠南、慶西、慶北、木浦、忠北、済州老会など九つの老会代表四七人が集まって別途の第三八回総会を組織した。一九五三年の分裂当時、韓国基督教長老教会の教勢統計（表39）によると、教会数が全羅道地域で四四・八％を占め、牧師数は京畿に続き、三二・六％を占め、受洗者数は四九・一％を占めているのが確認できることから湖南地域が分裂の基盤になったことを見ることができる。

韓国キリスト教長老教会の分立には、朝鮮神学校の学生陳情書事件とその問題の解決をめぐって展開された教団指導部内の教権闘争および神学的な立場の違いが直接的要因だった。ここにはカナダ長老教会宣教師たちの自由主義的傾向と彼らの影響下で朝鮮神学校を設立した咸境道出身の神学者と教役者たちの存在があった。[50]

表40　韓国基督教長老会（基長）総会総代（牧師／長老）

老会	38回 1953年	39回 1954年	40回 1955年	41回 1956年	42回 1957年	43回 1958年	44回 1959年	45回 1960年	46回 1961年	47回 1962年
ソウル									3/3	3/3
京畿			6/6	6/6	7/7	8/8	8/8	9/9	6/6	6/6
畿男						2/2	2/2	2/2		
忠北	2/2			4/4	6/6	4/4	4/4	4/4	6/6	5/5
忠南	2/2	3/3	3/3	3/3	3/3	4/4	4/4	4/4	6/6	5/5
忠東					2/2	1/1	1/1	1/1		
大田						1/1	1/1	1/1		
群山	3/3	3/3	3/3	3/3	5/5	5/5	5/5	4/4		
全北	5/5	6/6	5/5	4/4	5/5	7/7	7/7	7/7	13/13	12/12
金堤	2/2	3/3	3/3	3/3	2/2	1/1	1/1	1/1		
全南			3/3	3/3	3/3	1/1	1/1	1/1	8/8	8/8
木浦	4/4	4/4	5/5	6/6	8/8	7/7	7/7	7/7		
慶北	4/4	6/6	6/6	4/4	4/4	2/2	2/2	2/2	5/5	5/5
慶西	3/3	5/5	4/4	3/3	3/3	2/2	2/2	2/2		
慶南			6/6	6/6	7/7	5/5	4/4	3/3	4/4	4/4
晋州							2/2	2/2		
慶東				3/3	1/1	1/1				
慶安				3/3	3/3	1/1	1/1	1/1		
江原									1/1	1/1
濟州	1/1	1/1	2/2	2/2	2/2	1/1	1/1	1/1	1/1	1/1
計	26/26	31/31	46/46	53/53	61/61	53/53	53/53	52/52	53/53	50/50

一九五三年から一九六二年までの韓国基督教長老会牧師や長老総代（表四〇）を見ると、全羅道（湖南）地域で優勢を見せているが、嶺南地域では劣勢を見せている。二〇〇五年の総会報告書に表われた老会を見ると、ソウル地域に四つの老会（ソウル老会、ソウル北老会、ソウル南老会、ソウル東老会）、京畿地域に五つの老会（京畿老会、京畿南老会、仁川老会、京畿中部老会、京畿北老会）、忠清地域に三つの老会（忠北老会、忠南老会、大田老会）、湖南地域に六つの老会（全北老会、全北東老会、益山老会、群山老会、全南老会、光州老会）、嶺南地域に四つの老会（慶北老会、大邱老会、慶南老会、釜山老会）と江原老会、済州老会によって構成されている。教会数は光州・全羅道地域が五七九箇所で三七・一％を占め、洗礼を受けた信者は六七、二九六人で三八・八％を、全体の信者は一三七、八九一人で四一％であり、全ての部分でリードしている。

二．湖南地域に栗谷学派が及ぼした影響

栗谷学派は、別称で「畿湖学派」と言うが、畿湖というのは京畿と湖南を指す言葉で、湖南地域に栗谷の思想が内在していることを意味する。退渓が語る「理」が事物の原理と道理を重視するのなら、栗谷が主張する「気」は事物がどのように作られるのかの問題だ。事物の構成は、物の材料を意味する現実的な側面を強調することだ。現実世界で私たちがどのような姿で生きていくかが重要な意味を持つようになる。湖南地域の歴史を見ると、現実的にぶつかりながら生きてきた歴史が綴られている。

慶尚道（嶺南）と全羅道（湖南）が違うということには様々な論議があるが、九四三年、高麗太祖王建が残した訓要十條（フンヨシプチョ）[51]を言わざるを得ない。そのうち様々な意見がある第八条は、「車嶺以南の錦江の外側は、山形と地勢がすべて反逆の方向に走っており、人の心もその通りだ。その地方の人々が朝廷に参加し、王族と結婚して国政を握るようになれば、国家を変乱に陥れるか、あるいは高麗に統合された百済の恨

表 41　韓国基督教長老会（基長）の 2005 年総会報告書

老会	教会		洗礼者		全体信者数	
ソウル	46	464 29.7%	7,798	60,962 35.1%	10,849	111,372 33.1%
ソウル北	55		8,480		13,619	
ソウル南	54		11,840		26,750	
ソウル東	39		5,141		8,153	
京畿	64		7,556		13,245	
京畿南	60		7,130		14,162	
仁川	44		3,286		5,676	
京畿中部	46		4,800		7,569	
京畿北	56		4,931		11,349	
忠北	116	307 19.7%	10,692	28,080 16.1%	21,876	54,124 16.1%
忠南	92		9,906		17,630	
大田	99		7,482		14,618	
全北	71	579 37.1%	10,273	67,296 38.8%	18,561	137,891 41%
全北東	93		10,415		23,440	
群山	76		11,992		21,890	
益山	67		8,830		17,583	
全南	140		13,061		29,338	
光州	132		12,725		27,079	
慶北	60	139 8.9%	4,860	12,434 7.1%	9,730	19,952 5.9%
大邱	34		2,985		5,444	
慶南	14		1,769		1,958	
釜山	31		2,820		2,820	
江原	49	3.1%	2,550	1.4%	8,350	2.4%
濟州	20	1.2%	2,068	1.2%	4,406	1.3%
計	1,558	100%	173,390	100%	336,095	100%

みを抱えて、王の行き先を反対し、乱を起こすだろう。また、かつて官庁の奴婢と賤人（雑尺）に属した輩が権勢あるものにくっついて公賤、私賤を免れ、あるいは王室や宮廷に密着し、言葉を巧みに言わせて権力を振るい、政治を乱して災害を起こす者が必ずいるだろう。たとえ良民といえども、当然官職に就いて仕事をさせないようにするのが当然だ」[52]と述べた。ここで、車嶺（チャリョン）以南の錦江の外側地域は、現在の湖南（ホナム）地域であり酷評されている。

豪族連合政権として出発した高麗王朝に中央集権制が確立し、地方豪族出身の張裳（チャンサン）功臣らは没落し、首都開京を中心とした近畿豪族と新羅六頭品勢力が、王室や貴族相互間の婚姻を通じて門閥を形成し、中央政界を掌握した。金富軾（キムブシク）の『三国史記』は高句麗継承論者の北伐論を論駁し、高麗の新羅継承論に基づいて高句麗の意識が生きていた『旧三国史』を保守的・事大的儒教史観としてもう一度書いた本と見ている。[53]『三国史記』が、勝利した新羅を中心に記録され、新羅の歴史に比べれば百済史は簡略に記述されるのみだった。

これに対する論証として、禅雲寺創建についての話が挙げられる。全羅北道高敞郡、雅山面禅雲寺創建は新羅の真興王が創建したという説と百済の威徳王二四年（五七七）に高僧検旦禅師が創建したという二つの説が伝わっている。最初の説は新羅の真興王（在位期間五四〇―五七六）が晩年に王位を渡し、兜率山のある洞窟で一夜を過ごすことになったが、その時、弥勒三尊仏が岩を割って出て来る夢を見て甚だ感動し、重愛寺を創建した。これが、この寺の始まりであったということだ。しかし、当時ここは新羅との勢力争いが激しかった百済の領土だったため、新羅の王がここに寺院を建立した可能性は薄い。したがって、時代的・地理的状況から見て、検旦禅師の創建説が定説であると受け止められている。[54]

兪弘濬（ユホンジュン）は、「禅雲寺創建説話が、新羅の土地である慶州ではないにもかかわらず、主人公が義湘（ウィサン）、元暁（ウォンヒョ）、慈藏（ジャジャン）、眞表（ジンピョ）などの新羅の僧侶を前面に押し出している」とし、「その理由は、統一新羅時代だけでなく、高麗時代にも百済の伝統を受け継ぐこと自体を不可能にした時代的な雰囲気があったため」[55]である。

朝鮮時代に入って全羅道においては、各種の主要科挙試験（生員、進士、文科）合格者数と堂上官進出数が、一六世紀までは漢城と慶尚道の各数とほぼ同数であった。一七世紀に入りその数は急減し、平安道や京畿道、忠清道にも及ばなかった。高位官職である文科に合格する際に厳格に血縁的地縁的な受験制限のため、全羅道が疎外されていた。一五世紀に全羅道出身が全国で占める文科及第の割合は一一・九三％で、漢城（四二・六三％）、慶尚道（二一・七七％）に続いて三番目であり、京畿、忠清地域（七・一三％）と差を見せたが、一七世紀には合格率が八％であり一八世紀には六％にまで急落する。一九世紀前半には五・四八％、一九世紀後半には漢城（三六・九九％）、平安道（一六・四二％）、京畿（一一・九二％）、慶尚（一三・一四％）、忠清（一〇・七三％）にリードされる六・四三％で全羅道の勢いが衰えているのが現れる。[56]

朝鮮時代末期には、農民抗争、東学、東学農民運動が勃発した。農民抗争は一八六九年（高宗六年）に全羅南道光陽（クァンヤン）で起きた。一八六九年三月中旬、閔晦行、田贊文、李在文、権鶴汝、姜明佐、金文道などが康津で会合し、蜂起を決議し、一八日に河東市場の周辺で七〇人余りの人を集めて順天牛孫島に入った。彼らはそこで兵器を作り、祭祀をささげた後、二四日夜に数百人の群れを率いて光陽、県城に突入し、県監尹榮信を捕え、社倉を壊して、民に穀物を配った。農民蜂起の知らせに接した中央政府では県監尹榮信を罷免し、霊光郡守である南廷龍を按覈使（臨時官職）に任命し、全羅兵營と五つの陣営の大軍を率いて難民を討伐させた。しかし、軍隊が到着する前に県監尹榮信は数千人の人を集めて二五日夜に、県城を修復し主謀者を逮捕した。逮捕された首謀者たちは、ソウルに押送され、残忍な処刑を受け蜂起に参加していた農民四四人は左水營で斬首され、その首は木にかけて晒された。二人は追放された。

東学[57]は西学の反対で崔済愚（一八二四―一八六四）によって始まった。両班から疎外された庶子として生まれた彼は、宗教を通じて社会改革と民衆を救済することにした。儒教と仏教、西洋宗教を通じて悟りを得ることができず、隠居中の一八六〇年四月五日に、宗教体験をした。[58]崔済雨は、「侍天主」[六二]として世の中を治めようとした。東学は、教団支部の接所を設けてその地方の人物の中で接主を選んだ。慶尚道で教団的な組織が形成されると朝廷では邪教とみなし、一八六三年（哲宗一四）末に崔済愚と共に二〇人あまりを逮捕し、高宗元年（一八六四年三月一〇日）に大邱で処刑した。崔済愚に続き、第二代教祖の崔時亨は「事人如天」をもって緻密な東学組織で活発に布教活動を繰り広げたので、東学を信じる人がさらに増えた。第三代教祖の孫秉熙は「人乃天」（人が、すなわち天だ）、つまり、人間の尊厳性に基づいた教理を基盤に一九〇五年一二月に天道教と改称した。

没落した両班家門であり慶州で生まれた崔済愚は混乱の時代に自身の身分では出世が困難であったため、武術と商売で生活していた。一方で、乙卯天書[六三]を読みながら、慶南通度寺から近い千聖山で四九日の祈祷中、一八六〇年四月六日に神秘的な体験をした。

> 四月のある日、私は体と心が寒くて震えた。病気といっても何の病気なのか分からず、言おうとしても有様を表現できなかった。この瞬間、ある言葉が突然聞こえてきた。私は怖がって尋ねたところ、「怖がらず、恐れるな！」世間の人々が私を「上帝」と呼んでいるが、お前は「上帝も分からないのか」と言った。[59]

布教道具として造った『東經大全』は布徳文、論学文、修徳文で水雲崔済愚の宗教思想が収録されている。「布徳文」は宇宙が作られた後、人類文化の変遷とその変遷が現在どのように現れているかを要約し、西洋の侵攻によって経験する危機意識を克服するための苦悩を収録している。「論学文」は一八六二（壬戌）年一月から二月の間に官の注目を避けて全羅南道南原　蛟龍山城の隠寂庵に滞在して記録した東学初期の記録で、経片であり、「東学論」とも言う。西洋の侵攻により、世の中が混乱しているように見えるが、正しくハヌニムの摂理が分からないためだという。「修徳文」は、東洋を守ってきた思想体系である儒教的教えをもとに東学を説明し、さらに、道人が守るべき戒律、東学の教えを実践すれば現れる修行の効能を記述した。

崔済雨は、「庚申年に西洋人が先に中国を占領し、次には韓国に来るが、将来起きる変乱は計り知れないほどになるだろう。それで一三字呪文[60]を作って、人たちに教えて西洋人らを制御しようとした」[61]と言った。「この西洋のやつらは火の攻撃をよくして鎧を着た兵士が勝負できる相手ではない。ただ東学だけがそうした部類をすべて倒せる」。「西洋人が日本に入って、天主堂を建てて我が朝鮮に来てその教会堂を建てるが、私は彼らを残らず滅ぼす」と言った。[62]崔済雨は一八六一年一一月辛酉迫害の際に、全羅道へ避難し翌年三月に慶州に戻って九月の慶州監営で調査を受け、政府当局より調査を受けた後（一八六三年一二月）、大邱において一八六四年三月に梟首（さらし首）の刑を受けた。

東学思想は、「基本的に朱子学的世界観に対する克服の産物」[63]であり、「神観は天人合一的な天人関係の事由は継承するが、朱子学の理一元論あるいは理気二元論的存在論を気一元論的存在論に転換させて出発する」[64]といった。東学の気一元論は以下の通りである。

曰至者　極焉之爲　至氣者　虚靈蒼蒼　無事不渉　無事不命　然而如形而難狀　如聞而難見　是亦渾元之一氣也　今至者　於斯入道　知其氣接者也　願爲者　請祝之意也　大降者　氣化之願也[65]

至とは至極のもの、極めて大きいものであり、気は極めて大きく、その始まりと終わりを測ることができないため、空と同じで、ハヌニム（天主）であるので神霊なものであり、宇宙に満ちていることで森羅万象に干渉しないものはなく、命令しないことはない。したがって、形容があるようだが形状が難しく、聞くことができるようでも見にくいので、これもまた宇宙を覆っている大きな万物の元気となる気運の一つだ。

「理」の本質性と「気」の現象学的経験から出る儒学の理気概念から見て、崔済雨は、「気一元論」で東学の世界観を説明しながら、「どこにもない所がなく、すべての変化や事態に関与しない」と言った。

東学は、身分と嫡庶差別の廃止といった大衆的かつ現実的な東学の教理を主唱し、当時、社会不安と疾病が蔓延していた三南地方に迅速に広まった。ついに東学は、権力の否定と外勢に抵抗するため、一八九四年（高宗三一）全羅道古阜郡で東学接主の全琫準が率いる東学系農民蜂起で始まった東学農民運動[66]は、一次蜂起と二次蜂起に分けることができる。一次蜂起は、一八九四年旧暦三月に、古阜郡首趙秉甲の横暴に対して、全琫準、金ゲナム、孫ファジュンが中心になって起こした反封建的運動である。しかし、武力抗争には積極的に加担しなかった。破竹の勢いで官軍を撃破し、四月六日に全州城と四月二八日に晋州城を陥落させると、政府は日本と清国に要請し、五月八日に全州（チョンジュ）城を奪回した。これに対し外国勢から国を守ろうとした東学軍は、不良な両班儒林官史の粛清をはじめ、奴婢文書の焼却、七班賤人[67]の待遇改革、若い未亡人の再婚、無名雑税の撤廃、人材中心の登用主張、地閥（社会的地位、家門）打破、公社債の整理、土地を平均的に分作、日本と内通する親日・附日協力者の粛清などを内容とする弊政改革案を提示し、政府がそれを受け入れた。一次東学農民運動の震源地である全羅道の場合、五四郡県のうち、三分の二の三八の郡県で勃発した。破竹の勢いの東学軍は、全州省で官軍が東学の弊政改革案を受け入れることで解散した。全羅監察司は、全羅道五三軍に執綱所[六四]をおいて、東学教徒に管掌させ、行政の補助機関とした。しかし、慶尚道は官権が支配力を持っていたため官権の下に集強所が設置され、民堡軍（ミンボグン）が組織され農民軍の鎮圧に率先した。[68]

二次蜂起は旧暦九月に、日本軍の王宮の占領と改革強要圧迫で起きた積極的な反外勢、反侵略運動の性格を持っている。一次蜂時、宗教的な立場を固守し、加わっていない崔時亨は、二次蜂起には反外勢的精神である抗日闘争に加担した。東学運動の主役は、始終全羅道（南接）の東学軍であり[69]、孫秉煕[70]は東学を一九〇五年一二月一日、天道教と改名した。

このように、湖南地方で最も強力だった東学は、反外勢的で自主的意識のもとで起きた事件であることは、栗谷学派の「気」の影響であり、現実の中で新しさを追求する面で強く表れている。東学の自主意識と現実の中の実際的な参加精神が、韓国基督教長老会の「基長性（キジャンソン）」という所信と指導理念の闡明につながる。

韓国基督教長老会の中心思想は「基長性」である。基長性は一九五三年六月一〇日、トンジャ洞の韓国神学大学講堂で九つの老会四七人の代表が三八回総会を開催し、新しい総会の招集と構成を正当化しようとする声明を発表した。この声明の内容を「基長性」といい、その内容は以下の通りである。

一．「総会」は三年間、その憲法と通用規則を蹂躙したため自らその存立の法的根拠を喪失した。
二．「総会」は改革派教会の本来の大憲章の信仰良心の自由を抑圧蹂躙したため、その信仰的な存在理由を喪失した。
三．「総会」は一党派の偏狭なこだわりによって教会総意の反響を拒否したため、よってその道義的な存在根拠を喪失した。
四．「総会」は、このようなすべての理由によって生じた各老会と教会の混乱と離散を目撃し、これを収拾する何の誠意も能力も示していなかった事実より、その行政能力までも既に喪失したことを認めざるを得ないのだ。

そのため、少しでも教会への忠義心があるなら、当然決起してこの偏向主義者に独占された総会を反正せざるを得ないのだ。

一九五三年六月一〇日、全国聖徒の熱烈な支援の下、正当な総会はついに構成された。

「これからは、長老教会も思想的に全世界の教会と聖徒と共に自由に成長するだろう。これから私たちも依存主義的な民族的根性から脱して、自主的な人格的威信を高く宣揚するだろう。

我々は分裂主義者ではない。ただし、霊的、法的、道徳的に自滅し、その形骸だけが残った「総会」を更新させたにすぎない。我々の扉はいつも開いている。我々は、これまでその態度を表明していない多くの長老や先輩と同僚を謙虚な心情で期待している。

真の理解と愛で臨むなら「一体化」の扉が私たちの側から閉ざされる恐れはまったくないのだ。我々はだれにも悪意を持とうとしない．我々はただ「新しいぶどう酒は新しい革袋」に入れるしかない最後の段階に到達すると思って神様の意思に従順であっただけだ。我々は私たちの所信に勇敢に立つ。しかし、私たちは私たちの考えを絶対化しない。我々に過ちがあるなら、いつもその是正に消極的ではないだろう。

もはや我々は、私たちの所信と指導理念を国内外に明らかにする。


一．私たちはあらゆる形のファリサイ派主義を排撃し、ただ生きておられるキリストを信じることで、救われるという「福音の自由」を確保する。

二．私たちは健全な教理を立てることと同時に信仰良心の自由を確保する。

三．私たちは奴隷的な依存思想を排撃し、自立自助の精神を養成する。

四．しかし、私たちは偏狭的な孤立主義を警戒し、全世界の聖徒と協力し、並進する「世界教会」という精神に徹底しようとしている。
もはや韓国は、非常事態に直面している。これから私たちは、私たちの所信どおり、キリストを人間生活の全部門に証するために総進軍する」

三位一体の神様が私たちと共にする。

一九五三年六月一〇日
大韓イエス教長老会代表、金世烈[71]

声明書は、旧総会の違法性、非道徳性、非良心性を批判し、「正統主義」が神学的イデオロギーで健全な教理を立てると同時に、信仰良心の自由を確保しながら奴隷的な依存思想を排撃し、自立自助の精神を涵養すると言っている。ここで「基長性」は、ある特定の神学をイデオロギー化し、信仰の良心の自由と奴隷的な依存思想を排撃するという宣言においても、東学の基本精神と共にしていることがうかがえる。

そして一九五四年六月一〇日に大韓基督教長老会へと改称し、新教団の価値を明らかにした。

一．名称変更について、本総会がすでに国内外に教会の平和を維持し、世界福音運動においてお互いの協力を主唱してきたことは周知の事実だが、本総会は世界の長老会の本流を確保し、紛争と摩擦を避けてエキュメニカル運動の達成に拍車をかけるため、その名称を「大韓基督教長老会」で当面改称使うことを決議した。神学的にも歴史的なイエスをキリストとして信じる時、初めてキリスト者になるというのが、「キリスト教」の教えとして妥当であり、これが全世界の教会が共同で採用したことであるのが事実であり、韓国教会でも世界キリスト教会と共通した名称を使用するのが正しいと思う。

二. 信条、憲法などについて、本総会は使徒継承の「使徒信条」を私たちの信仰告白にし、我が長老会（長老教会）の共同信条として遵守する。

三. 本総会は全世界長老教会の主流に沿って「世界教会協議会」に協力し、エキュメニカル運動を積極的に推進し、国内でも「韓国キリスト教連合会」と連携協力し、その他諸般の協同事業に積極的に協力する。

一九五四年六月一〇日

大韓キリスト教長老会総会長　朴容義[72]

この宣言で、排他と孤立、思想と信仰における保守主義を捨てて、エキュメニカル運動を展開するという。基長（韓国基督教長老会）の「基長性」は依存主義的な民族性から脱し、自主的な人格的地位を築こうとした。このような基長性がよく表われるカナダ長老教会宣教部と咸鏡道の神学者たちが、全羅道地域と結びついたことを否定することはできない。イエスを信じる点は同じであるが、栗谷学派の「気」の影響で、その信仰の姿は、教派を別にする他の服を着ることになる。

三. 湖南地域と殉教者

湖南地域は栗谷中心の畿湖学派であり、「気発而理乗之」の学風を受け継いでいる。理気一元論は、理と気が別々にあるのではなく、「理」が「気」に乗じて一つを成す構造だ。それは経験的であり、実用的であり、実際的な面が表れ、四端七情で、七情の一般的な感情である「欲求」が中心になっている。これは本然の気として、気が集まったり散らばったりするのだ。したがって嶺南地域退渓学派の「不相離、不相雑」つまり、距離もなく、混ざってもないとの「理発而気随之」とは違いがある。

畿湖学派は、理と気が一つになる「理気一元論」であるため、体と心が一つになり、一致した行動ができるのだ。[六五]退渓学派は理気二元論であるため、離れてはいないが分離され、「気」が「理」に付いてくる構造になっているので、本質的な信仰を守ることは確かにできるが、現実的に動力である「気」が弱いので、殉教に至るまでは及ばないのだ。殉教地が偏重する現象は、このような思想の違いから現れている。

このような傾向はカトリック教にも見られる。二〇〇九年に鄭ハソンが、「韓国戦争後、カトリック信者の犠牲者事例研究」を通じて発表した内容を見ると、嶺南地域では犠牲者がいないが、慶尚道以外の地域では四〇人が拉致され、殺害されたと報告しているところからも把握できる。プロテスタント教会でも、カトリック教会でも、このように嶺南地域と湖南地域で殉教に対する似たような傾向が現れるのは、地域性と見ることができる。表四二[73]は当時、カトリック教会の教勢の現況を説明している。当時、カトリック教会信者は一七九、一一四人で、ソウル六五、七九五人（三六％）、大邱二七、一四八人（一五％）、全州と光州二九、一六三人（一六％）を占めている。以北地域は三九、二四〇人（二二％）であり、中国延吉地域に一七、七六四人（一〇％）であった。

表四三[74]は、韓国戦争が起きた年、一九五〇年一一月一〇日付のカトリック会報第八四号を再構成したもので、報告された被害者は極めて少数だと言った。カトリックで、大邱地域は信者が二七、一四八人いるにも被害者が現れなかった。しかし、湖南地域には全州と光州を合わせた信者二九、一六三人のうち、教職者を除いて、信徒五人、神学生二人が殺害された。

プロテスタント教会は、仁川上陸作戦と国連軍の介入で共産軍が逃走する同時期であるが、餠村教会六六人、斗岩教会二三人、夜月教会六五人、塩山教会七七人が殉教したこととは対照的である。無論、統計が戦後であるため包括的な統計ではない。大邱教区は抜けている。しかし、嶺南地域において、プロテスタントの殉教者

表42 韓国戦争後、カトリック教会教勢現況

	主教	神父		修士		修女		本堂	公所	信者	予備信者
		内	外	内	外	内	外				
ソウル	2	52	22			150	10	53	545	65,795	1,540
大邱	2	30	16			87	3		243	27,148	916
徳源	1	2	20	12	25	23	13		35	5,370	753
咸興		5	11		1	13	6		31	5,470	247
平壌	1	14				31				28,400	
延吉	1	5	23			19	18	47	200	17,764	752
全州	1 교구장	19				6		41	193	18,615	120
光州										10,548	
春川		7	10			3					124
合計	8	134	102	13	43	332	50	141	1,247	179,114	4,452

表43 韓国地域のカトリック教会教区別被害者数

	教皇庁大使館		ソウル教区			大田教区	全州教区					光州教区				春川教区		総計
	主教	神父	神父	修女	平信徒	神父	主教	神父	副祭	修女	平信徒	主教	神父	神学生	平信徒	主教	神父	
拉致	1	1	4	7	6	8						1	1			1		30
被殺			1			1					3			2	2		1	10
行方不明			4														6	10
生還救出							1	4	1	?								6
合計	1	1	9	7	6	9	1	4	1	?	3	1	1	2	2	1	7	56

は弱く、カトリックの殉教者はいなかった。やはり、これは同じ土壌から出た結果としか見ることができない。

韓国教会殉教者記念事業会で殉教地プログラムに確定したところはソウル、京畿地域四ヵ所（楊花津外国人墓地／外国人宣教師墓地、切頭山殉教の聖地／カトリック迫害地、華城堤岩里教会／三・一独立運動、龍仁韓国基督教殉教者記念館／二四〇人の殉教者の尊影）であり、忠清地域二ヵ所（ビョンチョン メボン教会／三・一独立運動、海美邑生き埋め殉教の聖地／カトリック迫害地）、湖南地域三ヵ所（霊光塩山教会／六・二五戦争の際、七七人殉教し、塩山ヤウォル教会／六・二五戦争時には全信者六五人殉教し、麗水愛養園／韓国初のハンセン病病院）である。

巡礼プログラムをみると、ソウル、京畿地域と忠清地域は遺跡地が中心を成しているが、湖南地域には六・二五戦争の際、塩山教会で七七人とヤウォル教会で六五人が一ヵ所で同時に殉教した殉教地は、他の場所で見られない。

また、巡礼予定地としては、ソウル地域三ヵ所（永楽教会／金應洛長老、新党中央教会／安吉善牧師、西小門教会／金東哲牧師）、江原道地域二ヵ所（固城權元浩伝道師、東海崔仁圭勧士）、湖南地域八ヵ所（論山餅村教会六六人殉教塔、井邑斗岩教会二三人殉教塔、務安海際中央教会五人の殉教碑、霊岩郡霊岩邑教会二四人殉教碑、鳩林教会一八人殉教碑、上月教会二五人殉教碑、康津康津邑ペヨンソク牧師、麗水徳陽教会／チョサンハク牧師）、慶尚道（キョンサンド）地域三ヵ所（鎮海熊川教会／、朱基徹牧師の生家、安康六通教会／沈能養長老、青松和睦教会／嚴柱善講道師）が明らかになっている。

全羅道地域を除く他地域は個人的な殉教者だが、湖南地域には八ヵ所のうち、六ヵ所（論山餅村教会六六人殉教塔、井邑斗岩教会二三人殉教塔、務安海際中央教会五人殉教碑、霊岩郡霊岩邑教会二四人殉教碑、鳩林教会一八人殉教碑、上月教会二五人殉教碑）で、信徒たちが一緒に殉教した殉教地として現れる。

このように、理が発する嶺南地域と、気が発する湖南地域で、それぞれ地域の特徴によって殉教した殉教者を区別することができる。

四　清貧な修道者の崔興琮（チェフンジョン）牧師

崔興琮牧師（一八八〇―一九六六）[75]は「ハンセン病患者の友達」であり、「乞食たちの父」と呼ばれた。彼は一八八〇年五月二日に全羅南道光州邑ブルノ洞で生まれた。母とは早くに死別し継母の手で育てられ、父親は一九歳の時に亡くなった。早くに親をなくしたため、その村の「無法者」となり乱暴で放蕩な生活をした。キリスト教に触れるようになったのは一九〇四年で、木浦教会の執事金允秀が、南長老教会宣教会の委託で光州に宣教部拠点を構築するため土地を物色している時に、崔興琮の助力で楊林里の土地を購入したことからである。崔興琮が金允洙に関心を持つようになったのは、彼が総巡[76]という官職を務めたからである。また、過去を清算し新しい人生をスタートしようとしていた自分にキリストを紹介してくれたからである。

一九二二年に医師ウィルソン（R. M. Wilson）の「光州の新しく建てた教会献堂式」[77]によると、改宗者の中の一人であり病院で助手として働いた崔興宗は、北ムンアン教会（現光州第一教会）で一九〇六年献堂式と一九〇七年奉献式で受洗したものと推定され崔泳琮から崔興琮に改名した。一九〇七年六月の宣教会の年次報告書では「教会は青年三人の入会で強力になっている。彼らはすべて青年だ」と記録されている。

崔興琮は、一九〇五年に光州警務庁巡検[78]に抜擢され、帝国の治安を担当する管理になったが、当時の巡検は義兵を鎮圧する日本の憲兵隊の補助兵力に過ぎなかったため、崔興琮の考えとは異なるものであり、巡検を放棄して洗礼を受けたとみられる。受洗した崔興琮は、光州農工銀行にて仕事をしたが、医療宣教師ウィルソンが光州に到着すると（一九〇八年二月）、語学習得と診療の補助を行った。その過程の中での一九〇九年四月五日に、木浦（モッポ）から光州に行く路上で彼の転換点が訪れた。ポサイド（W. H. Forsythe）医師が、ハンセン病患者の女性を自分のコートに包んで馬に乗せていく途中、崔興琮と巡り合った。そのハンセン病患者が落とした杖を拾ってくれという言葉に対し崔興琮は伝染するのではないかと躊躇しながら、杖を患者に渡した。このことをきっかけにポサイドの人間愛に感銘を受けた崔興琮は、やがて光州を宣教拠点としてハンセン病患者のために働くようになった。

崔興琮は、当初ハンセン病を嫌悪していたが、後にはハンセン病患者のための管理者になりハンセン病患者たちと共同生活を送るようになり、ついには光州村の「小さなキリスト」という称号を受けた。『朝鮮イエス教長老会史記』には一九一二年光州郡鳳仙里教会は、ハンセン病患者二〇人余りを済衆院事務員である崔興琮、李マンジュンが三年間、福音を教えて教会が設立されたと記録されている。

崔興琮は一九一一年に北ムンアン教会で金允秀とともに初代長老として選ばれ、一九一二年に長老任職を受けた。一九一五年に平壌神学校に入学し、卒業年一九一九年に万歳運動に加担して一年の求刑を受け投獄された。

教勢拡張と距離上の不便さから、一九二〇年九月に北ムンパク教会（現光州中央教会）が分立した。崔興琮は出所後、平壌神学校での最終学期を修了し、一九二〇年一一月からは北ムンパク教会で働き始めた。都市中心に位置し米国教会に公開書簡を送る情熱で教会が成長した。一九二一年初め、礼拝堂を建築し始めて同年七月三日に礼拝堂を献堂した。

崔興琮は、社会活動として日本が文化政策を標榜する機会を利用し、労働共済会光州支部の創立を主導した。労働共済会は、労働者相互間の有機的な結合のために組織された合法的な社会団体だった。彼は、一九二二年一月の全羅南道老会で、北ムンパク教会の後任牧師として承認を受けた。

崔興琮牧師は一九二二年三月の北ムンパク教会を辞任し、シベリア宣教のためにウラジオストクへ向かった。一年間ほどシベリア宣教のために一生懸命に働いたが、当局が彼の宣教を容認せず追放され、一九二三年五月に帰国した。崔興琮の辞任で空席だった北ムンパク教会に一九二四年春に再度赴任し、一九二四年第一四回全南老会長に選出された。グンジョン教会が分裂の困難に直面し、崔興琮牧師に緊急招聘を要請した。一九二四年九月にグンジョン教会に赴任し、回復させた後の一九二五年一一月に辞任した。

一九二六年一月の第二次シベリア宣教後、ロシアから布教禁止令違反と不法越境で二〇日間留置場に監禁されたが、四月に強制追放された。帰国後、教会を引き受けず、新幹会の光州支部会長として活動した。一九二九年四月に慕瑟浦（モスルポ）教会に赴任するまで新幹会の活動をし、二年間の牧会期間中に済州老会組織責任者として活動し、済州老会が創立された。

一九三一年から「ハンセン病救済研究会」と「ハンセン病団体連合会」を設立した。生活を共にしていたハンセン病患者たちが小鹿島（ソロクド）に送られ治療を受けられるようになると、自身は去勢手術を受けた（一九三五年九月）。去勢は真のキリスト者の人生を生きるための方法として選択した。一九三七年一月には「死亡通知書」[79]を送ってすべての関係を断絶し、神様と自由に生きていくことを希求した。一九三六年四月には『聖書朝鮮』に「教役者の反省と信徒の覚醒を促す」を投稿し、教界の刷新と改革を追求した。

解放後、建国準備委員長になったものの、その任を他人に譲り、韓国戦争期間中には孤児や物乞い、ハンセン病患者らの世話をした。韓国戦争後、農村の指導者養成学校であるサムエ学院（一九五五年）、羅州に陰性ハンセン病患者の村であるホヘウォン（一九五六年）、そして肺結核患者収容所であるソンドゥンウォン（一九五八年）をそれぞれ設立した。医療宣教師カディントンは崔興琮を尊敬して協力を惜しまなかった。一九六四年一二月に、遺言状を回状してキリストから頂いた永遠の命と祝福を喜びながら悔い改めと信仰、キリストに従う真実な人生となることを子供たちに薦めた。一九六六年二月一〇日から断食祈祷をしながら過ごし、同年五月一四日に死去した。

崔興琮の号（別名）は五放（オバン）だ。五方は死亡通知書で、「家庭に対して傲慢、社会に対して放逸、事業に対して放縦、国に対して旁岐、宗教に対して放浪」[80]を述べた。「五放（オバン）という別名が彼の生きざまを示すアイデンティティなら、五放は現実問題に束縛されず、たくましく生きる」との彼の意志表現である。

Ⅲ．慶北地域と統合・合同の分裂

一．慶北地域のＷＣＣとＮＡＥの連合運動問題による分裂

一九五九年韓国長老教会分裂の表面的な理由は長老教会内の世界教会協議会（ＷＣＣ）に対する見解の相違と「長老会神学校」朴亨龍校長の三千万圜（ファン）詐欺事件だった。この問題が複雑に紛糾し、一九五九年の大田（テジョン）総会で対立した。その後、彼らが、ソウル蓮洞（ヨンドン）教会と勝洞（スンドン）教会で、それぞれ総会を開催し「統合と合同」[六六]で分離するようになった。

世界教会協議会（World Council of Churches）は、一九四八年八月にオランダのアムステルダムで四四カ国一四七の教会の三五一人の代表と、その他多数のオブザーバーが出席した中で組織された。韓国からは金観植牧師と卞鴻圭（ビョンホンギュ）牧師が長老教会と監理教会代表として出席した。進歩的傾向を持つ韓国基督教長老教会と監理教会は、ＷＣＣ加盟に積極的だった。しかし、高神教団をはじめとする保守的な教会は、ＷＣＣが正統神学から離脱し、信仰告白的一致よりは外形的連合を強調し、単一教会を目指していると敬遠した。また、韓国戦争時期の一九五一年七月に、慶南法統老会の後援を受けている国会議員二一人が世界教会協議会は共産主義を容認する容共的という宣言をし、国会議員だった李ガプギュ牧師は「キリスト教と容共政策」というパンフレットを発行した。世界教会協議会を反対する保守層は、米国福音主義協議会[81]（National Association of Evangelicals）と世界福音主義連盟（World Evangelical Fellowship）と意思疎通を図りながら反対した。

一九五四年八月に、米国エバンストン（Evanston）で開かれたWCC第二回総会へ長老教会から金顯晶、明信泓、兪虎濬の三人の牧師が代表として派遣された。一九五五年に帰国した金顯晶は、長老教会第四〇回総会でWCCが志向するエキュメニカル運動は教会連合を意味するユニティ（unity）で教会の合同を意味するユニオン（union）ではないとして、WCCを支持しながら弁護する立場で報告した。金顯晶は、WCCは容共でもない。自由主義であると言うが、カール・バルトほどだと報告した。兪虎濬もWCCを支持する立場だった。しかし、明信泓は、反対にWCCは教理的な面で混合主義的で容共主義的であるだけでなく、飲酒問題と喫煙問題にも明らかでないと報告した。相反する報告は二分された長老教会の総会の雰囲気を反映することだった。[82] 一九五六年九月に、長老教会第四一回総会はエキュメニカル運動研究委員としてWCC支持側の韓景職、全弼淳、兪虎濬、安光國また反対側の朴亨龍、朴ビョンフン、鄭ギュオ、黄ウンギュンなどで構成した。同委員会は一九五七年九月に釜山中央教会で開催された第四二回総会で、「親善と協力だけのためのエキュメニカル運動は過去と現在にも参加しており、今後も引き続き参加することにし、単一教会を志向する運動については反対することで態度を決定した」と結果を報告した。この報告でWCCに対する賛否両論はさらに深まり、WCCを支持する韓景直（ハンギョンジク）牧師中心の人事と、国際福音主義団体であるNAEを支持する朴亨龍（パクヒョンリョン）牧師中心の人物たちで二分され、両者は総会で主導権を掌握するための熾烈な対決を繰り広げた。

京畿老会は全国で最多の総代を擁しているが、双方に二分されていた。一九五九年五月一四日の定期老会で二八人の総代のうち、一八人がNAE側だったが、発表された名簿には総代として選出されたファンクムチョン牧師の名前が記載されていなかった。この問題で、六月二九日に勝洞（スンドン）教会でWCCを支持する人たちを中心とした臨時老会が召集され、新総代を選出したが二八人の総代のうちNAE側は二人だけだった。NAE側は臨時老会で「今回の総代選定は不法だ」と言ったが、このような結果は彼らが老会に出席しなかった結果だった。一九五九年に、大田総会はどちらかの総代を受けるのかという問題で対立し、総会を進めることができなくなった。この対立には、総会神学校建築記念基金三千万圜（ファン）の詐欺にあった朴亨龍校長に対する引責問題も含まれていた。朴亨龍はWCCに反対していたため、WCC支持側の問責要求も激しかった。総会長盧震鉉牧師は元総会長に事態収拾を要請し、「現総会の状況では会議を円満に推進することが難しいので、同年一九五九年一一月二四日火曜日まで停会し、その間に、京畿老会総代は、改善して来るようにすることと会議場所は継続してセムンアン教会にする」という案を採択して九月二八日に停会した。

停会の決定に不満を抱いた会員らは、「総会を継続する」と宣言し、列車一両を借りて自分たちを支持する関係者らを上京させ、翌日の一九五九年九月二九日にソウルの蓮洞教会で全ピルスン牧師の司会で単独の総会再開を招集し、総会長李チャンギュ、副総会長金ソクジン牧師を選出し、「我々は、全役員の不法行為を不信するとともに規則に沿って会議を継続して七五年の法統を継承する」、「私たちは分裂を望まず、総会が一つになるための努力と手段を惜しまないだろう」という内容声明を発表した。そして総会神学校校長代理の盧震鉉牧師を解任し、桂イルスン牧師を校長代理に任命し、NAE研究委員を選定した。総会が蓮洞教会で開催されたという意味の蓮洞側は統合（トンパップ）教団となった。

大田総会で、停会する際に予定された日程の一九五九年一一月二四日に勝洞教会で総会再開が行われた。最初に決定された場所はセムンアン教会だったが、教会側で場所使用を許可されなかったので、勝洞教会で開催された。二七の老会総代二〇九人が集まった中、総会長盧震鉉牧師の司会で開会し、総会長に梁ファンソク牧師、副総会長に羅徳煥牧師を選出した。そして、「WCCは永久に脱退し、エキュメニカル運動に反対すること」を決議し、また、NAEも総会と直接関係がないため、総会紛争の要因になり得ることから、個人的に加入した者の退会を決議した。また、総会神学校教授の桂イルスン、金潤國、朴チャンファンを解任し、朴亨龍、金治善、金ホンジョン牧師を教授に任命することを決議し、総会をスンドン教会で開催されたという意味の勝洞

（スンドン）側は合同（ハップドン）教団になった。

神学校も分裂したために蓮洞側は南山にある朝鮮神学校を追加運営することができず、廣壮洞に神学校の建物を建てた。勝洞側は、国際キリスト教協議会（Internation Council of Christian Churches）のカール・メクキンタイオ（Carl McIntire）[83]から一〇万ドルを受け、漢江路で授業をしながら、五年後舎堂（サダン）洞に建物を新築した。一九六七年五月に、大韓イエス教長老会総会神学院で文教部の設立認可を受けた。

「大韓基督教書会」で主催した長老教会総会一〇〇周年記念特別座談会が二〇一二年八月八日に開かれた。[84]対談に参加した元国史編纂委員長の李萬烈教授は、「統合の主流は北長老教会を中心にしたソウルと西北地方（北朝鮮地域）で、合同の根は南長老教会だが、西北地域で劣勢にあった黄海道（ファンヘド）系列が加わった側面がある」と述べた。これに対して大韓イエス教長老会の合同総会長を務め、釜山温泉第一教会の元老牧師でもある張次男牧師は、「平安道主流が統合へ、黄海道主流は合同へ行き、同じ北長老教会の管轄区域である大邱地域は合同側が強い勢いを見せた」と話した。地域偏差を見ると、平安道は統合に、黄海道は合同に分裂したのは間違いないが、李萬烈教授は、「湖南が合同の基盤だ」ということと、張次男牧師が、大邱で合同が強勢だったという話については、異なる見解を持っていると言った。

張次男牧師は、「統合と合同が分かれたのは、西北地域で平安道（ピョンアンド）と黄海道（ファンヘド）の葛藤の中で、慶北老会を基盤に統合の韓景職牧師（平安南道平原）が平安道を背景にし、合同の朴亨龍牧師（平安北道碧洞）が、黄海道と連合した主導権問題だと考えた。一九六〇年一二月六日付の「基督公報」に掲載された教団別教勢統計表（表四四）を見ると、慶北老会、総二七二の教会のうち、統合（蓮洞）一一九の教会、合同（勝洞）一二九の教会、高麗二〇教会、中立四教会に分かれた。慶東老会と慶安老会、順天老会は、地域社会でキリスト教に対する信望と影響力が他地域に比べて高いため、二つの地域（統合と合同）に分けなかった、と総会一〇〇周年特別座談会でソンダルイク牧師は話した。[85]一例として、慶安老会の安東教会の金

表44　基督公報1960年12月6日 現在教団別教勢統計表

順番	区分	教会総数				牧師総数				洗礼者総数			
		統合	勝洞	高麗	中立	統合	勝洞	高麗	中立	統合	勝洞	高麗	中立
1	京畿	130	75	7	7	90	40	7	5	9,650	4,540	850	800
2	漢南	71	26		9	40	17			4,000	1,000		
3	大田	70	8		7	20	6			2,550	400		
4	忠南	43	30		7	11	8			1,000	1,000		
5	群山	43	33		5	15	10			2,600	2,000		
6	全北	107	65	1		18	14	1		4,520	2,820	50	
7	金堤	14	39		4	7	14			1,000	2,500		
8	全南	89	72	4	3	14	23	1		2,370	2,700	185	
9	馬山	91	12	120		19	3	10		3,000	300		
10	忠北	86	2	8		33	1	2		2,503	40	200	
11	全西	42	50	3		6	8			1,200	1,500	90	
12	木浦	90	59	3	2	11	9	1		2,600	2,100	30	
13	順天	146	45	5	4	33	11	2		6,500	5,500	300	
14	晋州	73	9	100		10	2	20		2,060	500	3,000	
15	濟州	50				17				2,050			
16	慶北	119	129	20	4	65	55	15		10,000	6,000	1,500	
17	慶中	40	50	7		7	8	2		1,221	1,344	150	
18	慶東	142	6	11		27	4	4		5,600	170	280	
19	慶南	40	20		8	35	15			3,500	2,000		
20	慶西	83	63	17		12	10	3		2,500	1,000	260	
21	慶安	195	22			35	12			6,050	400		
22	江原	32	14		5	8	8		2	950	350		60
23	江東	28	5	1		12	4	1		1,100	130	30	
24	平北	5				10				500			
25	平東	8				11				500			
26	平壤	28	8		1	26	9			1,000	500		
27	平西	7	2			14	1			290	80		
28	安州	14	3			17	3			400			
29	黄海	9	10	2		12	10	2		600	850	200	
30	黄東	8				7	5			215			
31	龍川	6			1	9				180			
32	咸南	18			1	20				1,550			
		1,927	857	309	68	671	310	71	7	83,759	39,724	7,125	860

広鉉牧師は、「安東が伝統的な儒教地域であるにもかかわらず、影響力が甚大で、統合により多くの教会が残留した。

地域による差を、統計を通じてみると、教団ごとに地域における教会数、信徒数の差が明らかにされている。合同側の統計資料は総会への報告書に示されておらず、合同側九四回総会総代（第九四回総会への報告書二〇〇九年）の資料を調べた。総代一、四一六人は、七つの堂会当たり、牧師、長老を各一人ずつ選出される。残りの堂会が、四堂会以上の時は、牧師、長老を各一人ずつ派遣する。三堂会以下は、牧師、長老を各一人ずつ言権総代（議決権がなく発言権のみ有する総代）として派遣すると規定する。この規定に従って、合計一、四一六人を地域別に分類すれば、ソウル二五二人（一八％）、京畿二〇〇人（一四％）、忠清七〇人（五％）、江原道二二人（二％）、全北一四二人、全南二〇四人で、全羅道三四六人（二四％）、慶北二〇〇人、慶南一三二人で、慶尚道三三二人（二三％）、以北一九四人（一四％）だった。

第九四会期負担金総額一、七二一、三五七、〇〇〇ウォンを地域別に分類すれば、ソウル三九九、一八五、〇〇〇ウォン（二三％）、京畿三〇四、二七三、〇〇〇ウォン（一八％）、忠清六六、〇六四、〇〇〇ウォン（四％）、江原道一三、七二〇、〇〇〇ウォン（一％）、全北一二〇、九四八、〇〇〇ウォン、全南一八一、九三二、〇〇〇ウォンで全羅道三〇二、八八〇、〇〇〇ウォン（一八％）、慶北一八九、五五二、〇〇〇ウォン、慶南一六五、五三二、〇〇〇ウォンで、慶尚道三五五、〇八四、〇〇〇ウォン（二一％）、以北二八〇、一四一、〇〇〇ウォン（一六％）だった。

教会と負担金を総合して見れば、教会は七つの堂会当り、一人の総代を派遣する。しかし、総代数が嶺南より、湖南が一四人多いのは湖南の教会数が多いということだ。しかし、負担金は教会数が少ない嶺南が湖南より一／七が多いというのは、教会の規模が大きいことを意味する。湖南は教会の数は多いが、教勢である洗礼

表 45　大韓イエス教長老会（統合）1963 年　総会報告書

<table>
<tr><th>老会</th><th colspan="2">教会</th><th colspan="2">洗礼者数</th><th colspan="2">全体信者数</th></tr>
<tr><td>京畿</td><td>135</td><td rowspan="2">222
10.9%</td><td>18,861</td><td rowspan="2">24,936
25.6%</td><td>48,749</td><td rowspan="2">66,680
19%</td></tr>
<tr><td>漢南</td><td>87</td><td>6,075</td><td>17,931</td></tr>
<tr><td>忠北</td><td>113</td><td rowspan="3">238
11.7%</td><td>2,451</td><td rowspan="3">6,313
6.4%</td><td>12,806</td><td rowspan="3">31,768
9%</td></tr>
<tr><td>大田</td><td>71</td><td>2,370</td><td>11,750</td></tr>
<tr><td>忠南</td><td>54</td><td>1,492</td><td>7,212</td></tr>
<tr><td>群山</td><td>48</td><td rowspan="7">566
27.9%</td><td>3,780</td><td rowspan="7">22,418
23%</td><td>14,605</td><td rowspan="7">91,565
26.2%</td></tr>
<tr><td>全北</td><td>123</td><td>4,419</td><td>17,368</td></tr>
<tr><td>金堤</td><td>18</td><td>1,267</td><td>4,550</td></tr>
<tr><td>全西</td><td>44</td><td>1,111</td><td>6,270</td></tr>
<tr><td>全南</td><td>78</td><td>2,662</td><td>10,916</td></tr>
<tr><td>順天</td><td>190</td><td>7,573</td><td>29,922</td></tr>
<tr><td>木浦</td><td>65</td><td>1,606</td><td>7,934</td></tr>
<tr><td>濟州</td><td>58</td><td>2.8%</td><td>1,735</td><td>1.7%</td><td>6,443</td><td>1.8%</td></tr>
<tr><td>晋州</td><td>70</td><td rowspan="8">787
38.8%</td><td>1,677</td><td rowspan="8">31,338
32.2%</td><td>7,435</td><td rowspan="8">119,892
34.3%</td></tr>
<tr><td>馬山</td><td>72</td><td>2,970</td><td>9,610</td></tr>
<tr><td>慶南</td><td>71</td><td>4,495</td><td>14,652</td></tr>
<tr><td>慶北</td><td>119</td><td>6,292</td><td>22,446</td></tr>
<tr><td>慶東</td><td>146</td><td>5,887</td><td>25,173</td></tr>
<tr><td>慶西</td><td>70</td><td>2,325</td><td>9,229</td></tr>
<tr><td>慶中</td><td>36</td><td>1,045</td><td>4,990</td></tr>
<tr><td>慶安</td><td>203</td><td>6,647</td><td>26,537</td></tr>
<tr><td>江東</td><td>35</td><td rowspan="2">65
3.2%</td><td>1,522</td><td rowspan="2">3.1%</td><td>6,780</td><td rowspan="2">3%</td></tr>
<tr><td>江原</td><td>30</td><td>1,550</td><td>3,800</td></tr>
<tr><td>黄海</td><td>6</td><td rowspan="9">91
4.4%</td><td>353</td><td rowspan="9">7,695
7.9%</td><td>1,222</td><td rowspan="9">22,249
6.3%</td></tr>
<tr><td>黄東</td><td>5</td><td>329</td><td>783</td></tr>
<tr><td>平西</td><td>6</td><td>448</td><td>2,007</td></tr>
<tr><td>平壌</td><td>24</td><td>2,608</td><td>6,075</td></tr>
<tr><td>安州</td><td>14</td><td>563</td><td>2,513</td></tr>
<tr><td>平東</td><td>8</td><td>693</td><td>2,165</td></tr>
<tr><td>龍川</td><td>5</td><td>345</td><td>1,214</td></tr>
<tr><td>平北</td><td>6</td><td>558</td><td>1,608</td></tr>
<tr><td>咸南</td><td>17</td><td>1,798</td><td>4,662</td></tr>
<tr><td>計</td><td>2,027</td><td>100%</td><td>97,306</td><td>100%</td><td>349,357</td><td>100%</td></tr>
</table>

者数は嶺南が多かったようだ。

二．慶北地域に退渓学派が及ぼした影響

嶺南地域は物事の原理と理性を重視する「理」を中心にする退渓学派の中心思想を持っている。同じ退渓学派に属しているが、「屏虎是非（ビョンホシビ）」[六七]のように、位牌をどの位置に置くべきかという主導権問題で四〇〇年あまりの間、西厓柳成龍（ソヘ ユソンリョン）の子孫と鶴峰金誠一の子孫の間の争いが続いた。同じ退渓学派の中でも誰が優位を占めるかという主導権問題があったように、統合と合同の分裂でも誰が教権の主導権を持つかという問題で対立したことが、一九五九年の統合と合同の分裂に対する思想的背景とも見ることができる。

嶺南地域で思想的背景では同じ「理」を強調する退渓学派でありながら、退渓主享とする廬江書院（ヨガンソウォン）に文廟配享（ムンミョベヒャン）する問題で四〇〇年間、西厓（ソエ）と鶴峰の子孫が争った。屏虎是非（ビョンホシビ）は一六二〇年（光海君一二年）、退渓李滉を主享とする廬江書院（ヨガンソウォン）を建設し、退渓李滉の二大弟子の西厓柳成龍と鶴峰金誠一の位牌のうち李滉の左に誰を安置すべきかとの問題から続いてきた葛藤だ。柳成龍（リュソンヨン）の屏山書院と金成一の虎渓書院の対決は「屏虎詩碑（ビョンホシビ）」という。柳成龍は領議政を務めたため、観察使である鶴峰より官職が高かったため、上部に祀らなければならないというのが柳成龍の弟子たちである豊山柳氏の主張だった。しかし、鶴峰・金誠一が西厓より年が四歳年上の年長者であり、当然、上席に祭られるべきだというのが鶴峰弟子たちである義城金氏らの主張であった。この葛藤は、嶺南学派である鄭経世の判断で西愛柳成龍の位牌を退渓左（上席）に置くことで終わった。

二〇〇年余りが過ぎた一八〇五年（純祖五）に慶尚道では、漢陽の文廟に西厓、鶴峰、鄭逑、張顯光の従祀

を請願することを推進した。ここでは、年長者の鶴峰、西崖、ハンガン、ヨホンの順で請願したが、西崖側で独自的に順序を変えて請願するに至ると朝廷では棄却した。

一八一二年（純祖一二）に、虎渓書院側の一部で虎渓書院に大山李象靖を追加で配享[六八]しようとする議論をした。これに対して、屏山書院側は積極的に反対し、虎渓書院と絶縁して柳成龍の位牌を屏山書院に移した。その後、安東儒林は湖渓書院と屏山書院に分かれ、退渓は陶山書院、鶴峰は臨川書院、西愛は屏山書院で別々に祀られるようになった。

二〇〇九年には、慶尚北道と虎渓書院復設推進委員会で虎渓書院復元問題を論議し、豊山柳氏と義城金氏の両門中の代表が配享する問題を合意し李滉左側に西厓、右側に鶴峰位牌が祀られたことで合意した。この合意案について、安東地域の儒林が、「屏虎是非は両一族間の合意事項だけでなく、両学派の間でも合意しなければならない問題であるため、再議論が必要だ」という意見を提起した。これによって、両家と両学派間の議論を通して、位牌は年少だが、官位が高かった西厓の位牌を上席である退渓位牌の左側に置く代わりに、鶴峰の位牌とその横に彼の弟子である大山李象靖の位牌を追加に安置し、一緒に右配享することに合意し、二〇一三年五月一五日の虎渓書院複設推進委員会では、四〇〇年位牌論争を終えた。

このように本質を守ろうとする点は李源永にも見られる。宇宙万物の原理として、理治と本質を重視する「理」の影響で李源永は創氏改名を拒否する[86]一方で、韓尚東は西原尚東、朱基徹は新川基徹とそれぞれ創氏改名[87]をしているためだ。退渓学派の李源永は神社参拝を反対して投獄されながらも、創氏改名は拒否した。神社参拝に反対していた他の慶南地域の牧師たちは、偶像崇拝である神社参拝には反対したが、創氏改名はしていた。しかし、李源永は「名前を変えることが宇宙万物の物事の理を私的に変えることはできない」と述べた。

ここで同じ嶺南地域だが、退渓学派と南冥学派の微妙な差をうかがうことができるが、退渓学派は迫害が迫ると、山間の村落に逃げ、家庭礼拝を行いながら信仰を守っていく純粋さがあったため、名前は変えられないのである。しかし、南冥学派の場合、創氏改名はできるが、偶像崇拝をする神社参拝はできなかったので、信仰を守りながら殉教したのだ。

三．慶北地域と三代長老と書店

地域特性は、地域による教会の信仰形態として現れた。慶南地域の高神派は、神社参拝に反対し、その信仰の幅を育んでいった。湖南地域の基長は、信仰を守る殉教者的な精神の類型として現れた。同じ信仰告白の下で、同じ信仰を持って、教会で信仰生活をしているにもかかわらず、地域別に信仰の類型が異なる。地域別に土壌の差がなければ、同じ信仰の類型に表れなければならないにもかかわらず、地域別に異なる類型が現れるというのは、地域の土壌が教会内にも影響を及ぼしているということだ。

前述したように、祖父―父―自身に至る三代長老を地域別に見ると、ソウル・京畿地域七四人、忠清地域九人、全羅道地域（済州を含む）三〇人、慶尚道地域一一七人、江原二人、以北老会二〇人などで、合計二五二人である。嶺南地域の三代長老が半数に達している。信仰の純粋性を守りつつ、信仰継承をしていく例として挙げられる。この研究で嶺南の李源永牧師と湖南の崔興琮牧師を観察する中で、子供たちの姿も対照的に現れており、韓尚東牧師は子供がいないため除外された。[88]崔興琮の長男崔ドクウンは、父が別名を「オバン（五放）」[89]と言い、五つにこだわらずに生きると言うと、自分はそこに一つを付け加えるという意味で別名を「六取」[90]と名乗った。自分が父親を必要とした時にウラジオストク、済州島などを往来しながら宣教した父親を遠ざけたい息子の気持ちとして見ることができる。

李源永牧師の長男李ヨハンは、「父の像が少なくとも私の生涯における私の脳裏から消え去る事ができず、どうすれば父がしてきたことを、子として継承することができるかということが、私の生涯において一つの課題になっています」[91]と話している。

崔興琮牧師の長男崔ドクウンは、父親を遠ざけながら、父と似た人生を嫌悪したが、李源永牧師の長男である李ヨハンは、父親の人生を継承するために努力している。このような点が嶺南で三代長老が半分近く占め、湖南より一〇％上回る結果が出たと考えられる。

また、書店数を見ても、儒学の経典を繰り返して音読しながら、本を読む「理」の本質的な学問探求によって、嶺南地域に、現実的であり、経験論的な気を重視する湖南地域よりも多くの書店数が残っていると考えられる。

四．ソンビ牧会者である李源永（イウォンヨン）牧師

鳳卿（ボンギョン）李源永牧師（一八八六—一九五八）は、慶北安東郡陶山面遠村洞で退渓李滉の一四世代の孫として生まれた。李源永は四歳から約一六年間（一八九〇—一九〇六）漢文を私淑して学んだ。真城李氏の門中が設立した門中（一族）学校である鳳城測量講習所（一九〇八年設立）に通い、一九〇九年一二月寶文義塾に進学し卒業した。一九一九年三月一七日に、万歳事件で逮捕された後に、西大門刑務所で服役し一九二〇年三月一八日に出所した。

鳳卿は、平壌神学校で勉強した期間を除いては、安東を離れてはいない。李源永は、家庭で漢文私淑をしながら四書三経を勉強したので、測量を勉強したのは若干不思議な点がある。これに対して、裵興稷によると見解は次の通りである。測量が必要とされる時期を想定したが、植民地になってから農民の田畑が土地調査事業で土地を没収される状況にまで至った。少数の両班と日本人が地主として成長し、大多数の農民は小作農と火田民に転落した。このような時代だったため、李源永は自分の手で国土を測量することができなかった。そして新たな学問の道である寶文義塾に一九〇九年に入学した。当時、私立学校は、先進諸国の文物を受け入れる

開化思想と民族主義の精神で建てられた。[92]

退渓の一四世代目の孫であるだけに、彼が投獄された時、受け入れた信仰について退渓家門では反対し始めた。一九二〇年四月に出所後二〇数里の禮安教会に出席して受洗し礼拝に力を注ぐや否や、門中から迫害が始まった。一族は、退渓の末裔としてイエスを信じるということは国家と社会に対する恥であり、先祖には容認できない罪人であるため、一族から追放し族譜から除名するという脅しをかけた。[93]それでも一九二〇年一〇月に、陶山書院の反対側に茅葺き屋根で作ったソン村教会を建築すると、一族の青年たちと大人たちが斧と凶器で教会の柱を破壊したことが数え切れないほどだったという。[94]

刑務所で李承晩（リスンマン、大韓民国の初代大統領）は、「福音を受け入れて感謝し、囚人たちに一生懸命伝道し、毎週聖書を教えることを決心し、官員と囚人たちが集めたお金と聖書公会の賛助金で書籍室を作って本を読んだと言われるが、神様の尊いみ心によって感化されなかったら、できないことだ」と語った。[95]五二三冊の図書目録[96]の大半は、宣教師たちが寄贈したもので、新学問の関連冊子を除けば、キリスト教に関連する本だった。このような過程で、開化期の知識人たちが改宗したものと見られる。[97]李源永は受刑中に儒林出身の長老・李相東長老の伝道を受け、キリスト教の信仰を受け入れ一九二一年一月八日にクロドス（John Y. Crothers）[98]から洗礼を受けた。

李源永が住む遠村には教会が存在せず、一九二一年一〇月に剡村（ソンチョン）に教会を設立することにし、この過程を「剡村教会の設立日記」[99]に記録した。

一九二一年六月、李源永に伝道した李相東長老[100]が平壌婦人伝道会の伝道者として派遣され、伝道したが伝道の実りを得られなかった。

臨時政府の初代国務領の李相龍の弟である李相東は、固城李氏の宗家でありながら儒学を捨てキリスト教を選んで家族と疎遠であった。李相東の信仰生活の始まりは明らかでない。一九〇六年頃、安東五日市で次男李ウンヒョンが、賣書人（メソイン）[六九]からルカによる福音書を購入して読み、父親李相東（イサンドン）に勧め、儒学とは全く異質の喜びに改宗した[101]という。

書籍だけ接した儒林親子である李相東と李運衡は、盈徳（ヨンドク）、英陽（ヨンヤン）、青松（チョンソン）、河東（ハドン）、豊川（プンチョン）などの近隣一〇余りの村々を歩きながら福音を伝えた。この光景を見た人は、儒林の九十九間臨清閣に西洋おばけが入って頭がおかしくなった、とざわめいた。「家門の宗孫である李相龍（上海臨時政府の初代国務領）が、独立運動で亡命する時、宗孫代行権をキリスト教信者の李相東に与えることはできないと言い、家門でも孤立し宗孫代行権も剥奪された。[102]

英陽郡の葡山洞教会は[103]、安錫鐘、趙秉宇とともに李相東宅で一九〇九年に始まった。[104]一九一八年第三回慶北老会で李相東を助師（ジョサ）に任命した。[105]全国的に万歳運動（一九一九年）を繰り広げた三・一運動の時、一緒にデモを準備していた人たちが捕まると、三月一三日に安東市場で、一人で独立万歳を叫んだ。日本警察に逮捕され、大邱（テグ）覆審裁判所で保安法違反の疑いで懲役一年六ヵ月刑を受けて投獄された。一九二一年出獄後、盈徳郡黄場洞フルムゴク教会と葡山教会が連合して李相東を長老に将立した。[106]

安東地域の教会より後援を受け、遠村を中心に伝道しながらソン村に祈祷場所を設けたが、反対が強かった。李源永は遠村（ウォンチョン）から少し離れたソン村に教会を建築することにし、一九二二年三月下旬から教会建築にとりかかった。一族の反対で困難に直面しつつも、五月に門中（一族）の許可を得て、建築が継続されて五〇日後に完工し、六月四日に初の礼拝を行うことができた。完工後も撤去せよという強要と器物破損の損害を受けた。これは一族との葛藤につながり、真性李氏の門中にはカトリックを排斥するために建てた為政斥邪の伝統を守ろうとする斥邪儒林と封建時代の身分秩序を打破しようとする革新儒林が共存している。革新儒林の一部が信者になって双方の葛藤が高まって行ったが、この内容は『朝鮮イエス教長老会第一二回総会録』[107]に紹介されている。李源永はイエスの中で、すべての人を「両班」と受け入れており、[108]すべての人を人格的に遇し、敬語を使ったという。

一九二一年に第一回朝鮮主日学校大会が開催され、安東地域で一〇人余りの者が参加し李源永も出席した。千人余りが出席した中で幼年、青年、壮年、職員、英語など五つのクラスに組織され、クラス別講習会、ソウル観光（南大門、済衆院、昌徳宮、秘苑、朝鮮銀行、京城監獄）などや音楽会と遊戯に参加し、週末には貞洞教会、勝洞教会、琮橋教会の主日学校を参観した。慶安老会に分立された第一回定期老会で「主日学校振興方針を研究」することとして主日学校組織を体系化し、教師の準備教育を開始した。主日学校教育の強調は、地域の伝統と無関係ではない。[109]安東宣教部は一年ぶりに「新旧約聖書完読運動」をしている時に、李源永は受洗後、一年経過した一九二二年に新約聖書を通読し「聖書通読証書」[110]を受けた。主日学校教育の強調、聖書を読むことなどは、その地域の儒教文化の伝統と一脈通じた。儒教文化は、経典を繰り返し読み意味を探求する方法であり、この方法に慣れ親しんだ地域のソンビが、信徒指導者となって信仰教育を担当した。

一九二〇年四月に、安東聖書学校が開校し、校長として務めたウィン（Roger E. Winn、印魯節）が一九二二年に死亡すると、權燦永（J. Y. Crothers）宣教師が校長になり、聖書学校の名前を印魯節（インノジョル）記念聖書学校（Roger E. Winn Memorial Bible Institute）と変更した。

李源永はインノジョル記念聖書学校に入学して一九二五年一二月に、二人の卒業生のうちの一人として卒業した。聖書学校を在籍していた一九二五年にスワルロン（Swallen、蘇安論）宣教師が個人的に運営していた聖書通信科に入学し同年六月二七日に、全課程を修了した。[111]

李源永は一九二六年三月平壌神学校に入学し、在学中は教会名は不詳だが、慶安老会有給助師の仕事をした。[112]彼は平壌神学校の第二五回卒業生として一九三〇年三月一二日に卒業した。同年六月から栄州中央教会、伊山の龍上教会講道師となり、一九三二年一二月まで働いた。同年一二月から安東シンセ教会と安奇教会を担任する。一九三四年からは安奇教会だけを担任した。印魯節記念聖書学校卒業生の李源永は一九三〇年六月に報告された慶安老会第一七回会録に「女子部担任教師」として働いたことが記録されている。

李源永は一九三八年六月に神社参拝を反対し、安奇教会を強制的に辞任され、市内で一〇里ほど離れた静かなところに入って「山里（オボクサゴル）」に名前を改めて生活したが、慶安老会は第三三回の定期老会（一九三八．一二．一三）で彼の牧師職を免職された。そして皇民化政策の拒否で、一九三九年五月に逮捕され、七月には拷問や殴打を受けて死亡したと思われ家族に通知されたが、ソンソ病院で二〇日余り間の治療を受けて回復した。釈放後は桃畑を耕したりもした。李源永は安奇教会を辞任し、山間の村落で家庭礼拝をした。家庭教会で作成された自筆の説教目録（一九三八年七月―一九四五年序盤）には、三二四本の説教タイトルと本文を記録している。[113]一九四〇年八月に、創氏改名の拒否で予備検挙され投獄されたが一二月末に病気のため保釈された。一九四一年四月に再び予備検挙され、苦痛と拷問を受けていたが、肺炎のため一九四二年三月二一日に保釈された。四回目は、一九四五年五月に拘禁されて八月の解放時に釈放された。

一九四五年一一月二〇日に、安東教会で慶安老会第三九回復旧会として集まり、李源永牧師が老会長に選出された。李源永は査経会（サギョンフェ）を導きながら、崩壊寸前の教会を再建し、働き手を養育した。査経会は一九四六年二月に、短期聖書学校で始めて慶安老会は一九四六年六月四日第四〇回定期老会で三年間の授業課程の「慶安高等聖書学校」（現慶安聖書神学院）を許可し、九月四日に法尚洞教会（安東教会）の下で開校した。

安奇教会は、安東西部教会に名称を変更し、一九四七年六月二九日に開始した。彼は慶安老会第三九回（一九四五．一一．二〇―二二）、第四〇回（一九四六．六．四―六）、第四一回（一九四六．一二．一〇―一四）、第四二回（一九四七・四・八―一〇）、第五〇回一九五一・一一・二七―三〇）、第五一回（一九五二・五・五・―八）、第五四回（一九五三・一一・二四―二七）、第五五回（一九五四・一一・三〇―一二・二）にて、老会長として八回在任した[114]。そして教役者と指導者を養成するために一九四六年慶安高等聖書学校と一九五一年慶安高等学校、一九五四年、啓明大学校設立理事として参加した。李源永は、宣教し・伝道する方法としての教育に関してより多くの関心を持った。

長老教会が二回も分裂した後の一九五四年四月二三日に、大韓イエス教長老会第三九回安東総会で総会長に選出された。安東総会では、洗礼を受けた信徒二千人単位の総代制度と牧師試験を総会が直接実施することで憲法を改正した。

長老教会教団分裂の原因が神社参拝にあると考えられたため、第二七回総会で決議した神社参拝決議を撤回し、声明書を発表しようと委員会（李源永、明信弘、権ヨンホ）を構成した。委員会は声明書で、一・神社参拝取消し声明を文書で作成し、全国の教会に公布し、二・総会を開催するとき、一定の時を定め、悔い改め、神様の罪の赦しのために祈り、三・委員五人を選択して神社参拝の主導者らを審査した後に、当該老会に通知して処罰するようにする。四・神社参拝で殉教した聖徒の遺族のため、総会期間中、一度救済献金を行い、六月最初の主日に全国各教会が献金し、遺族に見舞金を差し上げること。五、六月、初の主日を悔い改めの主日に定める。各老会を通じて全国の教会が一日断食を行いながら痛悔し、贖罪のために祈る。総会は、このうち四項目を受け入れ、実行することにし、大韓イエス教長老会総会第三九回総会で神社参拝取り消し声明[115]を発表した。

大韓イエス教長老会第三九回総会において、第二七回総会決議（一九三八年九月九日、平壌ソムンパク教会）は、日本政府の強圧に耐えられなかった決議だったことを確認した。その第二七回総会決議とは、「神社は宗教ではない。キリスト教教理に違反しない。神社参拝の本来の意味を理解し、愛国的国家意識であることを自覚し、率先して参加する。非常時局の下で皇国臣民として、国民精神総動員に参加し、力を尽くすこととする」である。しかし、強行された決議であっても神様の前に戒めを犯したのは確かである。従って、南部大会が神社参拝懺悔運動を決議・実行した。しかし、南北による統一総会でなかったため、今回の統一された本総会において、以上の第二七回総会決議を取り消し、全国教会の前に声明を出すこととする。

李源永は一九五五年一一月二三日に脳卒中を発症したが、ある程度回復されると一九五六年四月慶安高等聖書学校名誉院長を務め、慶安老会第六二回の定期老会（一九五七．一二．二六―二九）で功労牧師に推戴された。一九五七年一一月一七日に安東西部教会に辞任を請願し、一九五八年六月一日功労牧師に推戴され、六月二一日に死去した。

李源永の別名は鳳卿だ。米国連合長老教会宣教部現地代表のウヨルソン牧師（Stanton R. Wilson）は、ペフンジク牧師が出版した「鳳卿李源永」という本の序文に以下のように記録した。彼が書いた序文を韓国語に翻訳したが、以下の部分は削除された。His given names, Won Young, are appropriately translated 'tenaciously looking upward'. What beautiful names! prophetic of a clergyman who kept people looking up to Jesus.[116]（彼の名前はウォンヨンだが、適切に翻訳すれば「上を見つめる熱心」だ。人々がキリストを見つめるように助ける牧師になるように預言した何と美しい名前だ。

この内容が翻訳者に混乱を与え、翻訳から外されたものとみられる。源永という名前が「上を見つめる熱心」という意味ではないからだ。本のタイトルで李源永牧師を「Loyal Servant: The Rev. Won Young Lee」に英訳した。このような点から、鳳卿を「源栄」に、ウヨルソン牧師が誤解したようだ。したがって、彼の呼びかけの鳳卿を、上を見つめる熱心で解釈し、ペフンジク牧師は鳳卿を「忠実な僕」である「Loyal Servant」

と翻訳した。そのような意味で、鳳卿は退渓の子孫らしく上を見つめる熱心と情熱的で、根本に向かう熱心が彼にあるのだ。彼のアイデンティティーは、鳳卿にそのまま盛り込まれているのだ。

彼は自分のアイデンティティーが、鳳卿である忠実な僕であると言った。そのアイデンティティーの実践方法は教育だった。一九四五年に解放されたが、獄中生活の苦しみにより不自由な体となり牧師職が除名された状況でも彼は教育事業に尽力した。一九四六年に慶安高等聖書学院を設立し、慶安高等学校、啓明大学校設立理事として奉仕したことを見ると、彼は教育を通して自分に与えられた使命を成し遂げたということが分かる。

1 李象奎／崔スギョン『韓尙東牧師、彼の生涯と信仰』（プサン：グルマダン、二〇〇〇）三三六頁。
2 朝鮮総督府令八三号、一九一五年八月。
3 朝鮮総督府官報一九一五年八月一六日、神社寺院規則（全文二〇条）及び神道、佛道、基督教の布教規則（全文一九条）が発表され、上記両規則の施行は一〇月一日から実施する。
4 日本明治憲法第一条、天皇は人間ではなく現人神である。
5 閔庚培『韓國基督敎會史』四八二頁。
6 フルトン（C.D. Fulton）声明一．政府側の政教定義はキリスト教信者に妥当ではない。二．国家神道と教派神道の間にいかなる妥当な相違点も発見できない。三．神社儀式は単に宗教的としか考えられない多くの要素を持っている。四．投獄と苦痛と死の脅威の中にいる韓国人の意見は、額面通りには受け取りがたい。
7 教皇庁布教省より、一九三六年五月二五日声明。「神社参拝は宗教的行為ではなく愛国的行事なのでその参拝を許す」。
8 金良善『韓国教会史研究』（ソウル：基督教文社、一九七一）一八七頁。
9 金承台『植民権力と宗教』（ソウル：韓国基督教歴史研究所、二〇一二）一六二頁。
10 金良善『韓國基督敎解放十年史』（ソウル：大韓イエス教長老会 総会教育部、一九五六）四五頁。
11 金良善『韓國基督敎解放十年史』四七―四八頁。
12 金良善『韓國基督敎解放十年史』一四八頁。
13 メイチェン派宣教師は、米国の正統長老教会あるいは聖書長老教会所属の宣教師を指すものである。彼らは米国長老教会から分立して新設された教派で、保守主義者のメイチェン博士を首班として創設されたためメイチェン派と呼ぶ。この教派は極端な保守信仰と神学を持つことで有名である。
14 金良善『韓國基督敎解放十年史』一五六―一五七頁。
15 金良善『韓國基督敎解放十年史』一五六頁。
16 サジェミョン『來庵・鄭仁弘の義兵活動と共同体的国家教育観』「南冥学派義兵活動調査・研究（一）」南冥学研究院、二〇〇八、七七頁。

17 『宣祖實錄』二五年五月三日（壬戌）。
18 ジョウォンレ『壬辰倭乱と湖南地方の義兵抗争』（ソウル：亜細亜文化社、二〇〇一）一二六頁。
19 ナジョンウ『嶺湖南義兵活動の比較検討』（慶南文化研究）一四、一九九二、慶尚大学校慶南文化研究所、三四二―三四八頁。
20 韓国基督教歴史研究所『韓国基督教の歴史Ⅱ』（ソウル：基督教文社、一九九一）三三三頁。
21 毎日申報一九三九年一二月二〇日「問題の牧師は罷免し、神社参拝を実現するように平壌山亭峴教会事件 段落」。
22 東亜日報一九三九．一〇．二二。神社参拝を拒否した山亭峴教会閉鎖方針樹立。
23 李朱元は金吉昌に関する金今順の反民特委調査記録で、『当時、投獄または被害にあった者としては韓尙東、李仁宰、孫良源、朴仁順、林斗栄、他数人がいた。』と証言している。一九四九－〇二－二四。
24 沈グンシク『太陽のように輝こう』（ソウル：教会教育研究院、一九九〇）
25 柳大永／玉ソンドク／李萬烈。「大韓聖書公会史Ⅱ翻訳・頒布と勧書事業（ソウル：大韓聖書公会、一九九四）四〇五―四五六頁。
26 金承台、『孫良源の初期牧会活動と神社参拝拒否抗争』「韓国基督教と歴史」第三四号（二〇一一年三月二五日）二一九頁。
27 韓ヨンジェ『韓国基督教史料展示会資料集』（ソウル：キリスト教新聞社、一九九二）六四頁。
28 沈グンシク『韓国教会殉教者たちの生涯』一七―一八頁。
29 李象奎・崔スギョン編『韓尙東牧師、彼の生涯と思想』（釜山：グルマダン、二〇〇〇）一八七頁。
30 李象奎・崔スギョン編『韓尙東牧師、彼の生涯と思想』（釜山：グルマダン、二〇〇〇）三三四―三三七頁。
31 金チョルス『朝鮮神宮設立をめぐる論争の検討』「順天郷人文科学論叢」二七（二〇一〇）一六一頁。
32 孫ジョンモク、『朝鮮総督府の神社普及・神社参拝強要政策の研究』「韓国史研究」五八（一九八七）一〇七―一〇八頁。
33 徐正敏『韓日キリスト教関係史研究』（ソウル：大韓基督教書会、二〇〇二）一〇二頁。
34 金承台編『日本による植民地時代宗教政策史 資料集 キリスト教編、一九一〇―一九四五』（ソウル：韓国基督教歴史研究所、一九九六）一八六頁。
35 李象奎・崔スギョン編『韓尙東牧師、彼の生涯と思想』二八六頁。
36 金良善『韓國基督教解放十年史』（ソウル：基督教文社、一九七三）一八六頁。
37 李象奎・崔スギョン編『韓尙東牧師、彼の生涯と思想』二〇〇〇、二八七頁。
38 同上、二八七―二八八頁。
39 李象奎・崔スギョン編『韓尙東牧師、彼の生涯と思想』二〇〇〇、二八八―二九〇頁。
40 同上、二九四頁。
41 朴ヨンギュ『平壌山亭峴教会』（ソウル：生命のことば社、二〇〇六）三五〇頁。
42 一九三九年三月に成立し、四月に公布された「宗教団体法」は、全三七条項で、目的は「宗教保護」にあるとした。しかし、各宗教団体を天皇制国家の強力な統制に置くためのものだった。宗教団体法は、宗教機関の設立、運営、責任者の任免、全般的な教義、内規樹立、施行において、政府機関の干渉が強化された。
43 金良善『韓國基督教解放十年史』（ソウル：大韓イエス教長老会総会教育部、一九五六）一九一―一九二頁。
44 金良善『韓國基督教解放十年史』二一四―二一七頁。
45 同上、二二七頁。

46 自由主義神学の背景として一九三九年に設立された朝鮮神学校は、宣教師中心の保守的な平壌神学校と教育方針が異なることにある。共産主義者に転向した李東輝を助師に任命したり、宣教師たちは助師を通じてキリスト者の抗日租税抵抗運動に影響を与えたり、スコフィールド宣教師は提岩里教会を訪問して惨状を世界に知らせた。

47 基長は一九五五年に女性按手制度を採択し、一九五六年に慶北老会の姜ジョンエ、李へギョン氏などを長老として按手した。姜ジョンエ長老は二三歳の時、急性心臓病をきっかけに神様を正しく知るために横浜公立神学校で五年間修学し、総会の会計を歴任して大邱地方の超教派奉仕の先頭に立つ中、一九七三年四月、慶北老会で初の女性老会長に選ばれた。しかし、女性牧師の按守は翌年一九七四年に行われた。

48 閔庚培『韓國基督教會史』（ソウル：延世大學校出版部、一九九六）五二九頁。

49 大韓イエス教長老会 総会 第三八回（一九五三年）会録、一三八頁。

50 韓国基督教歴史学会『韓国基督教の歴史Ⅲ』（ソウル：韓国基督教歴史研究所、二〇〇九）八九頁。

51 訓要十條は①国家の大業が諸仏の護衛と地徳に助けられたので仏教を良くすること。②寺社の争奪、濫造を禁じること。③王位継承は嫡子嫡孫を原則とするが、長者が不肖のときは人望のある者が代統を継ぐこと。④契丹のような野蛮国の風俗を排撃すること、⑤西京（現平壌）を重視すること。⑥燃燈會・八關會などの重要行事を疎かにしないこと。⑦王となった者は公平に物事を処理し民心を得ること、⑧車峴（車嶺、チャリョン）以南の錦江以外の山形地勢は反逆するので、その地方の人を登用しないこと。⑨百官の給料を公平に定めること、⑩広く経史を読み、治めることを鏡とすること。

52 『高麗史巻二世家』 巻二太祖二六年四月。

53 ヤンジョンソク『一三〇〇年の歴史を持つ非主流、湖南の恨（ハン）』（ソウル：ジンソリ、二〇一三）四二頁。

54 禅雲寺ホームページ（http://www.seonunsa.org）、禅雲寺由来。

55 兪弘濬『私の文化遺産踏査記二』（ソウル：創作と批評社、一九九七）三七八―三八〇頁。

56 李ウォンミョン『朝鮮時代の文科及第者研究』（ソウル：国学資料院、二〇〇四）一〇二頁。表、各度別 文科及第者 世紀別及第推移。

57 東学は崔済愚（チェジェウ、一八二四―一八六四）が創始し、第三代教祖孫秉煕が天道教に名前を変えた。西学に反対する性格で、名前を東学という固有の民族宗教の性格を帯び、一八九四年の東学農民運動に見られるように、強力な現実参加的な性格も持っている。東学は個人の内面救援よりは東学農民運動に、三・一運動で主導的な役割を果たしたが、侍天主思想よりは、人乃天の人間中心思想に転倒した。東学の意味の詳細は不明である。西洋から渡ってきた西学に反対する意味もあるが、わが国の西側の中国に対して、東側の韓国という意味でも混用している。

58 柳東植『風流道と韓国の宗教思想』（ソウル：延世大学校出版部、二〇〇四）一五八頁。

59 不意四月 心寒身戰 疾不得執症 言不得雑狀之際 有何仙語 忽入耳中 驚起探向 則曰「勿惧勿恐 世人謂我上帝 汝不知上帝耶？」布德文、『東經大全』。

60 「侍天主造化定 永世不忘萬事知」。

61 渠於庚申年分 聞洋人先占中國 次出我國 變將不測云 故作十三字呪文 教人以制彼『日省錄』高宗元年甲子 庚子二月二十九日。

62 福述曰、此寇善火攻 非甲兵所敵 惟東學盡殲其類 又言 洋人入日本 建天主堂 出我東又建此堂 吾當勦滅云『日省錄』高宗元年甲子 庚子二月二十九日。

63 朴ギョンファン『東学の神観―朱子学的存在論の克服を中心に』（東学学報）二〇〇〇、Vol.2. 一七一頁。

64 朴ギョンファン『東学の神観―朱子学的存在論の克服を中心に』一七五頁。

65 論学文『東經大全』。

66 湖南の東学教徒が蜂起する。この時、全羅道（ソウルで六〇〇里離れている。）古阜郡守の趙秉甲（チョビョンガプ）が民衆の財産を強制的に奪うことがさらにひどかった。民が恨みに耐え切れず、群れを成して騒乱を起こした。長興（全羅道にあり、ソウルから八〇九里離れている。）副使の李容泰を按覈使（アンヘクサ、地方に事件が発生した際、事実を詳しく調査し明らかにするために任命する臨時官職）に任命し、実情を詳しく調査し明らかにするようにした。しかし、李容泰は無為に過ごした上に、この機会を利用して民の財産を奪おうとすると、むしろ民心がもっと騒がしくなった。これを受け、田舎の民は全ノクドゥ、つまり全琫準を首領に推戴した。ついに三月二五日に東学教徒五―六万人とともに頭には白い帯を巻いて、手には黄色い旗を持ち、四項目の名分を掲げた。「一．人を殺さず財物を傷つけない。二．忠・孝を兼ね備えて世を救済し、民を安らかにする。三．日本、オランケ（ゴビ砂漠の北部（モンゴル）の野蛮人）を追い払い、聖人の道理を清らかにする。四．兵を駆ってソウルに入り、権勢があって地位が高い者をすべて排除する。規律を大きく引き締め、名分を立て、聖人の教えに従う」。鄭喬『大韓季年史』一八九四年（甲午年．高宗三一年）夏四月。

67 朝鮮時代、蔑視されていた七つの身分の総称。皁隷、羅將、日守、漕軍、水軍、烽軍、驛保の七つの部類がこれに含まれる。奴婢、妓生、喪輿を担ぐ人、鞋匠、巫女、白丁、僧侶の七つの部類を指す。

68 韓沽劤『改訂版 韓國通史』（ウルユ文化社、一九八七）四四六頁。

69 東学党再起に関する前號報告 續 〇大院君の主張：全羅・忠清 両道間に東学党が蜂起したので、政府は壯衛正領官 洪啓薫（昨年五月中、東学党塵務のため忠清に出張していた人物）を全羅・忠清招討使に任命し、兵隊八〇〇人を率いて水路に派遣することを決めた。しかし、洪が率いる兵士が果たして離徒を鎮圧できるのか、信じがたい。また、地方官は今回の乱を指して東学党の再起と断定して言うが、実はこの乱は地方官の過酷な税金徴収によるもので、全羅監司 金文鉉のような者は廣州 留守であるときに二〇万両を捧げて転任した者であるため、どれほど苛斂重税をしたかが推測できる。当時、このような原因で民擾が勃発したのは全羅・忠清両道で最も多かった。現在、私の祖先の墓所である徳山および洪州などの地方でも、民乱が起こったという。嘆息の限りだ。『駐韓日本公使館記録 一巻』．全羅民擾報告 宮闕内騷擾の件 一（一）全羅監司書目大概。

70 孫秉熙は農民戦争以後、北接（ブクジョプ、組織の一つ）の指導部は地下で命脈を維持しながら組織再建作業を始め、一八九六年一月、孫天民（ソンチョンミン）、金演局（キムヨングク）と共に崔時亨（チェシヒョン）からそれぞれ義菴（ウィアム）、松菴（ソンアム）、龜菴（クアム）という道号を受け、教団再建作業を進めた。彼は弟の秉欽（ビョンフム）と共に以北地域の開港場付近や国境近くの商業地域を中心に布教活動を展開した。彼をはじめとする孫秉欽（ソンビョンフム）、李容九（イヨング）らの布教の結果、黄海道（ファンヘド）、平安道（ピョンアンド）に新たに形成された布（ポ、組織の一つ）、接（ジョプ）の首領が増え、一八九七年四月、崔時亨から新接主として正式任命状を受けた。孫秉熙が開拓した地域の教徒が増加し、彼らから得た米が中央教団の基本活動維持費の財源となったため、崔時亨は新たに教勢が拡大しつつある関西地域（平壌地域）での布教活動を重視し、孫秉熙に道統を伝授した。一八九七年に北接大道主となり、一八九八年に崔時亨が官軍に逮捕され処刑されると、東学教門を統率することになった。一九〇〇年、豊紀で行われた説法式で自ら北接の法大道主となり、金演局を信道主、孫天民を誠道主、朴寅浩を敬道主とし、教門の宗主の地位を確立した。一九〇六年一月二八日に日本から帰国し、二月一六日には天道教大憲を頒布し、自ら天道教大道主となって組織を整備、ソウルには中央総部を、各地方には教区を設置した。

71 五〇年史編纂委員会『韓神大学五〇年史』（五山：韓神大学出版部、一九九〇）、九八―九九頁。

72 五〇年史編纂委員会『韓神大学五〇年史』一〇〇頁。

73 鄭ハソン『韓国戦争後（一九四五―一九五三）、カトリック信者犠牲者事例研究』仁川カトリック大学修士学位論文、二〇〇九、一六頁。

74 鄭ハソン『韓国戦争後（一九四五―一九五三）カトリック信者犠牲者事例研究』六九頁。

75 韓仁洙『湖南教会形成人物』（ソウル：図書出版敬虔、二〇〇〇）二二六―二五三頁。

76 朝鮮末期、警務庁に置かれた官職の一つとして一八九五（高宗三二）年に置かれたが、警務官の次の序列で三〇人以下の定員が置かれた。

77 THE MISSIONARY SURVEY. February 1922, p.131.

78 巡検は朝鮮末期の一八九四（高宗三一）年に警務庁にあった警吏。現在の巡査と同じである。

79 一九三五年三月一七日以降、私、五方崔興宗は死んだ人であることを知らせます。人間の崔興琮はすでに死んだ人なので、今後、道で私に会ったら、知らないものとして考えて下さい。私、崔興琮は今日からこの地上から永遠に去り、神様と一緒に永遠に生きるつもりです。皆さんも罪を悔い改めて神様を信じて救いを得ることを望むだけです。

80 文淳太『聖者の杖：永遠の自由人、オバン崔興琮牧師の一代記』（ソウル：ダジリ、二〇〇〇）二七八頁。

81 NAEは一九四二年に米セントルイスで初めて組織され、一九四八年にスイスのクラレンスで国際大会が招集された国際機関で、その名の通り国際福音主義団体だった。わが国では一九四八年、生命の言葉社代表ガルピルド宣教師によって紹介され、一九五二年七月、朴亨龍、チョンギュオらによって組織された自由主義に反対する団体だった。韓国NAEは同年一二月、NAEの国際機関であるWEFに加盟した。

82 韓国基督教歴史学会『韓国基督教の歴史Ⅲ』（ソウル：韓国基督教歴史研究所、二〇〇九）九一頁。

83 マッキンタイアは根本主義神学と極端な反共産主義を結合して大きな人気を博し、彼は汚染されたと思われるキリスト教から「純粋な」教会を守ろうとした。世界教会協議会に対抗するため、一九四八年に国際的根本主義連帯である国際基督教協議会を結成した。韓国の保守的なキリスト教信徒はその影響を受けていた。韓国基督教歴史学会『韓国基督教の歴史Ⅲ』（ソウル：韓国基督教歴史研究所、二〇〇九）九四―九五頁。

84 『韓国長老教会分裂に対する省察と一致連合のための展望』「キリスト教思想」六四五号（二〇一二年九月）二五六―二七九頁。

85 『韓国長老教会分裂に対する省察と一致連合のための展望』「キリスト教思想」六四五号（二〇一二年九月）二六二頁。

86 林ヒグク『ソンビ牧会者鳳卿李源永研究』（ソウル：基督教文社、二〇〇一）一八三頁。

87 閔庚培『殉教者朱基徹牧師』（ソウル：大韓基督教出版社、一九八五）二二八頁。朱南皐（新武南皐）、安利淑（安川利淑）、崔鳳奭（佳山鳳奭）

88 韓尚東牧師は、訪米日記で「妻が行ってらっしゃいとあいさつする。子どももいない妻に申し訳ないと思った」と言及している。沈グンシク『世界が終わるまで』（ソウル：総会出版局、一九九七）三一八頁

89 五放（オバン）とは五つの束縛から解放されるもので、第一に家事に放漫、第二に社会に放逸、第三に経済に放縦、第四に政治に放棄、第五に宗教に放浪がそれである。すなわち、血縁の情に縛られず、社会的に拘束されず、経済的に束縛されず、政治的な利

益を求めず、宗派を超えて決めたところなく、神様の中でのみ自由を享受できるという五つの生活信条であるという。文淳太「聖者の杖：永遠の自由人、オバン崔興琮牧師の一代記」（ソウル：ダジリ、二〇〇〇）一一七頁。

90 朴ジョンヨル『牧会者としての五方の生涯と思想』「和光同塵の人生」（光州：ジョンイル実業、二〇〇〇）七三頁。

91 裵興稷（ペフンジク）〈鳳卿 李源永牧師〉Loyal Servant: The Rev. Won Young Lee（ソウル：ボイス社、一九九九）二三九頁。

92 裵興稷（ペフンジク）『鳳卿 李源永牧師』Loyal Servant: The Rev. Won Young Lee（ソウル：ボイス社、一九九九）六六—七一頁。

93 同上、四九頁。

94 同上、九三頁。

95 李承晩、『獄中伝道』「神学月報」一九〇三年五月号、一八四—一八九頁。

96 柳永益「若き日の李承晩：漢城監獄生活（一八九九—一九〇四）と獄中雑記研究」（ソウル：延世大学校出版部、二〇〇二）八六—九二頁。

97 柳大永『開化期の朝鮮と米国の宣教師』（ソウル：韓国基督教歴史研究所、二〇〇四）四〇四頁。

98 権チャンヨンは、米国北長老教会の宣教師として一九〇九年九月に韓国に到着し、一九一〇年に安東に到着し、日帝末期には本国に帰ったが、戻ってきて引退する。一九五二年まで一生を安東地域の宣教師として働いた。

99 林ヒグク『ソンビ牧会者鳳卿李源永研究』（ソウル：基督教文社、二〇〇一）七九—八五頁。

100 李相東（一八六五—一九五一）は、日帝強占期に独立運動家として安東で最初三・一万歳運動を主導した。本貫は固城であり、臨時政府初代国務領の李相龍の弟である。一九六八年の大統領表彰、一九九〇年の建国勲章愛族章に追叙された。

101 チョンヨンチョル『信頼、その偉大な遺産を求めて』（ソウル：図書出版宣教フェブル、二〇一三）八三頁。

102 李インスク、李ドクファ『白光日記』ソウル：韓国長老教出版社、二〇〇六）一四—一五頁。

103 ポサン洞教会は一九二八年発行の長老会史記では一九〇九年ポサン洞教会となっているが、一九四〇年耶蘇教長老会年鑑（京城：総会宗教教育部発刊、一九四〇、三九九年）ではポサン教会となっており、一九一一年に創立されたという。しかし、李相東の家から始まったと記された長老会史記の一九〇九年としなければならない。

104 車載明編「朝鮮イエス教長老会史記上」（ソウル：韓国基督教史研究所、二〇一四）三七二頁。

105 梁ジョンベク、咸テヨン、金ヨンフン『朝鮮イエス教長老会史記下』（ソウル：韓国基督教史研究所、二〇一七、三七二頁。

106 同上、三九三—三九四頁。

107 安東郡陶山面退渓先生の末裔数人が信じて、礼拝堂を建築した。しかし、未信者一家が迫害しているだけでなく、何度も訪問し、礼拝堂まで破壊したことで訴訟が起こされ、一年間裁判にかけられたが、最後には自分たちの軽率さを悟り、礼拝堂を以前のように修理したことで、今は無事になるだけでなく、信者の信頼はより深くなった。迫害した彼らの子供たちが夜学に通い、聖書を学ぶことになったので、栄光を神様にささげます。（現代語表記）「朝鮮イエス教長老会第一二回会議録」一九二三、一三三—一三四頁。

108 林ヒグク『ソンビ牧会者鳳卿李源永研究』八五頁。

109 同上、八六—八九頁。

110 同上、九六頁。

111 同上、一〇〇—一〇三頁。

112 慶安老会 第一一回会録、一九二六・一二・二八、二〇〇頁。

113 同上、二〇一頁。
114 慶安老会 第一一回会録、一九二六、一二・二八、一六五頁。
115 大韓イエス教長老会総会第三九回議事録、一九五四、一六三頁。
116 慶安老会 第一一回会録、一九二六、一二・二八、一八頁。

第六章　結論

これまで見てきたように、同じ儒学の伝統を受けながら、嶺南（ヨンナム）と湖南（ホナム）では異なる地域特徴がある。退渓（トゥェギェ）学派の学問的傾向性は仏教、道家、陽明学を否定的に見て硬直した態度を持つが、畿湖（キホ）儒学の傾向は、ある特定の学説に縛られず、自由奔放な学問的態度を持っている。嶺南儒学は朱子学以外の哲学はもちろん、朱子学内部の他の理論も容認しない厳格性を示し、純正な朱子学だけが探求する価値があると言った。[1] このように「退渓（トゥェギェ）学派」と「栗谷（ユルゴック）学派」の学問的特徴、傾向性が地域特徴として現れた。退渓学派を嶺南学派と称するように退渓学派の学問的な傾向性は嶺南、その中でも安東を中心とする慶北地域で顕著に表れている。

三代長老と四代長老を地域的に区分してみると、その特性がそのまま現れる。受賞者二六八人のうち、嶺南地域で四七％の一二五人であるということは、嶺南地域の信仰的傾向性の一つと見ることができる。反対に、湖南（ホナム）地域では嶺南地域では見られないキリスト教殉教地が多い。一人が殉教したのではなく、塩山（ヨムサン）教会、夜月（ヤウォル）教会のように、一つの教会ですべての信者が同じ日に殉教した。

来韓長老教会宣教部の宣教方法は、大同小異にネヴィウス式宣教で地域を分割し、教会・学校・病院宣教と文書宣教、路傍伝道、サランバン、奥の間・宣教師館見物、聖書勉強会、査経会（サキョンフェ）など、おおよそ同様の形式で宣教活動を行った。しかし、宣教内容からみれば、嶺南地域では李源永牧師の奉仕から見られるように、学校に対する費用が他地域よりも集中している。韓国で儒学による地域特性が福音化率の差で表され、信仰の類型としては、嶺南地域で三代長老が集中している。一例として、嶺南の李源永牧師の子供は父の遺志を継承するために尽力しようとしたが、崔興琮（チェフンジョン）牧師の子供は父の別名が五つを捨てるオバン（五放）なら、自分は父が捨てた五放に一つを追加して六取（ユクチュイ）とした。このような点で、三代長老が嶺南地域で一つの特徴であるのは明らかになっている。

湖南地域は、愛養園（エヤンウォン）をはじめとする病院や「東光院（トングァンウォン）」の崔興琮牧師のように、隣人愛から、ハンセン病患者の面倒を見ることと、同じ教会で多くの人々が同時に殉教する殉教地域が集中している。このように宣教地域の信仰的傾向性が異なるのは、宣教師が伝えた宣教の種の問題を越えて宣教地の土壌が異なっていることを示している。

宣教の土壌が違うというのは、嶺南地域と湖南地域で、福音化率と三代長老、殉教などの問題が地域によって著しい差異がある点から分かる。これは、現行の儒教の祭祀（ジェサ）方法のうち、紙榜（ジバン）を嶺南地域では「處士（チョサ）」を使用しており、湖南地域では「学生（ハクセン）」と記しているように、嶺南の礼学と湖南の礼学が生活風習において異なる形で現れているからだ。

儒教における先祖の祀り方である祭礼において、紙榜は祭祀を行う対象者を象徴するものであり、紙で作られた「神主（シンジュ、位牌）」である。この紙榜と墓碑に学生、處士、秀才が使用できるが、嶺南地域では「處士」、湖南地域では「学生」を主に使用している。

現在では祭祀を行う家庭の大半は、「處士」という用語よりは「学生」という用語を多く使用している。しかし、地域的な伝統と文化は、いかなる統制があっても簡単に消えるものではないため、嶺南地域ではまだ處士を好んで使用されている。結果として、この伝統が、今日まで地域特徴の一つの形で、嶺南地方では「處士」、湖南地方では「学生」を使用している。この地方でみられる「處士」と「学生」の違いが、儒教が地域的に異なる文化を作っていることを示す証拠である。このような紙榜使用の違いが、プロテスタント信仰の表出の違いにつながっている。紙榜を使用する単純な違いだが、単純に處士と学生を別々に使うのではなく、地域的に内在した礼儀表現方法で表われる特徴があるからだ。

　中国から伝わった朱子家礼を嶺南地域では今日まで守っている。しかし、湖南地域は、朱子家礼を「家礼輯覧」と「四礼便覧」に変えて守っている。朱子家礼を改訂し、朝鮮の実情に即して守る湖南地域と元来の教えを純粋に守ろうとする嶺南地域の特徴が、キリスト教の受容においても現れている。このような思考方式の違いが信仰類型にも影響を与えたのである。つまり、退渓学派によって現れる信仰類型さえも地域によって異なって現れる。嶺南地域では三代長老が絶対的多数で現れている。

　二〇一二年の韓国長老教総会一〇〇周年記念特別座談会において、李萬烈は四つの宣教部が宣教した地域と四教団の分裂された地域的様相が似ているとし、四教団の分裂を地域性問題[2]として注目した。

　高神の分裂は神社参拝問題による悔い改めだったが、出獄聖徒が主軸を成しているところが、「義」を中心とする南冥（ナンミョン）学派地域である慶南老会（中会、地方会）を中心に行っているのが特徴だ。また、来韓長老教会宣教部の中で最も保守的な豪州宣教部が担当した地域でもある。

　基長（韓国基督教長老会）の分裂は神学的な理由からも見つけることができるが、主な要因はカナダ長老教会の宣教地域である咸鏡道の金在俊（キムジェジュン）、宋チャングン、姜ウォンリョン牧師らと「気」中心の全羅道地域が現実的な状況に従って連合したものだ。

　統合と合同の分裂は、慶尚北道地方の主導権問題が慶北老会を中心に統合は西北地域と連帯し、合同は黄海道（ファンヘド）地域と連帯したことで、屏虎是非（ビョンホシビ）のような主導権問題が嶺南地域で現れたものとみえる。

一九五〇年代の教団分裂の原因は、儒学による思想が地域ごとに異なって現れているため、神社参拝を容認できない地域や自由主義神学を受容する地域が現れたり、教権主義がもとになる地域が現れたりする点にある。

花が咲き始めた頃のアジサイは、やや緑色がかった白い花だ。しかし、次第に土質によってリトマス紙のような役割を果たし、酸性の土質では青色の花、アルカリ性の土壌ではピンク色の花が咲くという。

このように、アジサイが土壌のリトマス紙の役割を果たすのと同様に、私たちの思考にも地域的思想背景がある。それが「理と気」に分かれているので、顕著な現象が「理と気」で表出される際に、特定の地域色をもとにして、教団分裂が自然に生じたのである。

1　安ビョンゴル『嶺南学派の学問的特質と現代的意味』「嶺南学派の研究」ビョンアム社、一九九八、一四九頁。
2　李萬烈『韓国長老教会分裂に対する省察と一致連合のための展望』「キリスト教思想」六四五号（二〇一二・〇九）二六〇頁。

参考文献

一．一次史料

国史編纂委員会『承政院日記』http://sjw.history.go.kr
国史編纂委員会『朝鮮王朝実録』http://sillok.history.go.kr
奎章閣韓国学研究院『日省録』http://e-kyujanggaku.snu.ac.kr
金玉均、朴泳孝、徐載弼著『甲申政変回顧録』ソウル：建国大学出版部、二〇〇六。

金ウォンモ訳『アレンの日記』ソウル：檀国大学出版部、二〇〇四。

ロヘリ著『朝鮮基督教会略史』ソウル：朝鮮イエス教書会発行、一九三三。

ソウル大学校出版部『漢城旬報』ソウル：ソウル大學校出版部、一九六九。

宋ビョンギ訳『国訳尹致昊日記Ⅰ』ソウル：延世大学出版部、二〇〇四。

ミューレンドルフ、シンボクリョン、金ウンギョン訳『ミューレンドルフ・自伝（外）』ソウル：集文堂、一九九九。

玉ソンドク、李萬烈訳『大韓聖書公会史資料集の第一巻』ソウル：大韓聖書公会、二〇〇四。

外務部『韓米関係の外交文書集、一八八三―一八八六』ソウル：外務部　檀紀（檀君紀元）四二九三年九月。

李萬烈『アペンゼラー』ソウル：延世大学出版部、一九八五。

李萬烈、玉ソンドク訳『アンダーウッド日記資料集Ⅰ』ソウル：延世大学出版部、二〇〇五。

李能和『朝鮮及　基督教外交史』ソウル：朝鮮キリスト教彰文社、一九二八。

黄ジュンホン、金スンイル訳『朝鮮策略』ソウル：汎友社、二〇〇七。

Annual Report.1897-1945.
Minutes, 1902-1945.
“Official report of the Korea Mission on the Presbyterian of the USA. to the annual meeting”.
Report of committee on work among Japanese and Chinese.
Report of the statistics Auditing Committee”.
“The Annual Reports of the Australian Presbyterian Mission in Korea”
“The Korea mission Field”.
“The Missionary Review of the Worlds”.
THE MISSIONARY SURVEY.
The Records
The Korea Review 1901-1906 Seoul: Kyung-In Publishing Co.
Annual report of the Missionary Society 1866 New York:
Methodist Eposcopal Church.
Minutes of the annual conferences of the Methodist Episcopal Church.
Missions and missionary society of the Methodist Episcopal Church.

二 国内著書

『陶山全書』三巻。
『独立運動史』（国家保勲処）第三巻。

『独立運動史』（国家報勲処）第八巻。

『独立運動史資料集』（国家保勲処）第九集。

『独立運動史資料集』（国家保勲処）第一三集。

『朝鮮イエス教長老会の会議録』。

『朱文公文集』巻四六。

『朱子語類』巻五。

『高麗史列傳』諸臣三〇、鄭夢周。

『中国歴代人名辞典』二〇一〇、イフェ文化史。『韓国初期宣教資料集』ソウル：韓国キリスト教歴史研究所、一九九八。

『韓国民族文化大百科』韓国学中央研究員五〇年史編纂委員会。

『韓神大学五〇年史』五山（オサン）：韓神大学出版部、一九九〇。

簡ハベ『韓国長老教会神学思想：長老教神学と教団分裂』ソウル：改革主義信行協会、一九九七。

姜ミンス『湖南地域の長老教会史（一九三八―一九五四年の全南老会の働きを中心に）』ソウル：韓国学術情報、二〇〇九。

姜ジョンイル『高宗の対米外交』ソウル：日月書閣、二〇〇六。

慶安老会　第一一回会議録、一九二六。

具汱列『韓国国際関係史研究一』ソウル：歴史批評社、一九九五。

具汱列『韓国国際関係史研究二』ソウル：歴史批評社、一九九五。

具仙姫『韓国近代對清政策史研究』ソウル：慧眼、一九九九。

国際関係研究会『近代国際秩序と韓半島』ソウル：ウルユ文化社、二〇〇三。

金グァンス『韓国民族基督教百年史』ソウル：基督教文士、一九七八。

金ギュヒョン訳『韓国近代外交史年表』国会図書館、立法調査局、一九六六。

金ギヒョク『近代韓・中・日 関係史』ソウル：延世大学出版部、二〇〇七。

金ボンヒ『韓国基督教文書刊行史研究（一八八二—一九四五）』ソウル：梨花女子大学出版部、一九八七。

金サングン『宣教学の構成要件と隣接学問』ソウル：延世大学出版部、二〇〇六。

金守珍、韓仁洙『韓国基督教会史：湖南編』ソウル：大韓イエス教長老会総会出版部、一九七九。

金承台編集『日帝強占期 宗教政策史 資料集基督教編、一九一〇—一九四五』

ソウル：韓国基督教歴史研究所、一九九六。

金承台『植民地権力と宗教』ソウル：韓国基督教歴史研究所、二〇一二。

金承台、朴ヘジン訳『来韓宣教師総覧：一八八四—一九八四』。ソウル：韓国基督教歴史研究所、一九九四。

金承台、朴ヘジン訳『韓末日帝強占期の宣教師研究』。ソウル：韓国基督教歴史研究所、二〇〇六。

金良善『韓国基督教史研究』ソウル：基督教文社、一九七三。

金良善『韓国基督教史研究』ソウル：基督教文社、一九七〇。

金良善『韓国基督教解放十年史』ソウル：大韓イエス教長老會總會教育部、一九五六
金ヨンサン『ソウル六百年』ソウル：大学堂、一九九六。

金原模『開化期韓米交渉關係史』ソウル：檀国大学教　出版部、二〇〇三。

金仁洙訳『裵偉良（William Martyn Bair）博士の韓国宣教』。ソウル：クムラン出版社、二〇〇四。

金チャンギル『ここがあるとは知らず』ソウル：韓国長老教出版社、二〇一〇。

金チュンヨル『高麗儒学史』ソウル：高麗大学出版部、一九八七。

金ピルニョン『東西文明と自然科学』ソウル：鵲（カチ）、一九九二。

金ハングァン『中国教会史』ソウル：イレ書院、二〇〇五。

金ハクジュン『韓国政治論辞典』ソウル：ハンギル社、一九九〇。

金興洙編集『WCC図書館所蔵 韓国教会史資料集：一〇五人事件、三・一運動、神社参拝問題編』

ソウル：韓国基督教歴史研究所、二〇〇三。

金興洙『韓国戦争と祈福（ギボク）信仰拡散研究』ソウル：韓国基督教歴史研究所、一九九九。

盧致俊『日帝下韓国基督教民族運動研究』ソウル：韓国基督教歴史研究所、一九九三。

高橋徹著、李炯成編訳『高橋徹の朝鮮儒学史―日帝皇国史観の光と影』ソウル：イェムン書院、二〇〇一。

ダルレ『韓国天主教会史』大邱：ブンド出版社、一九八二。

大韓イエス教長老会（高神）総会報告書。

大韓イエス教長老会（基長）総会報告書。

大韓イエス教長老会（統合）総会報告書。

大韓イエス教長老会（合同）総会報告書。

土肥昭夫、徐正敏訳『日本キリスト教の史論的理解』ソウル：韓国基督教歴史研究所、一九九三。

ロへリ『朝鮮基督教会略史』京城：朝鮮耶蘇教書會、昭和八年一九三三。

柳大永、池チョルミ訳『極東の支配：韓国の変化と東洋で日本の覇権掌握』

ソウル：韓国キリスト教歴史研究所、二〇一三。

柳大永『開化期朝鮮と米国宣教師』ソウル：韓国基督教歴史研究所、二〇〇四。

柳大永『初期の米国宣教師研究』ソウル：韓国基督教歴史研究所、二〇〇三。

柳大永『韓国近現代史とキリスト教』ソウル：プルン歴史、二〇〇九。

柳大永、玉ソンドク、李萬烈『大韓聖書公会社 II、翻訳・頒布と勸書事業』ソウル：大韓聖書公会、一九九四。

文淳太『聖者の杖：永遠の自由人、五方・崔興琮牧師の一代記』ソウル：ダジリ、二〇〇〇。

閔庚培『殉教者朱基徹牧師』ソウル：大韓基督敎出版社、一九八五。

閔庚培『韓国基督教会史』ソウル：延世大學校出版部、一九九六。

閔庚培『教會と民族』ソウル：大韓基督教出版社、一九八一。

閔庚培『大韓イエス教長老会百年史』ソウル：大韓イエス教長老会総会、一九八四。

閔庚培『アレンの宣教と近代韓米外交』ソウル：延世大学出版部、一九九一。

閔庚培『韓国基督教会社—韓国民族教会形成過程史—』ソウル：延世大学出版部、二〇〇九。

閔庚培『韓国民族教会形成論』ソウル：延世大学出版部、一九九二。

閔庚培『韓国民族教会形成論』ソウル：延世大学出版部、一九九二。

朴景龍『開花期漢城府研究』ソウル：一志社、一九九五。

朴德逸、朴文瑛編集『慶北教会史』

朴明洙『近代福音主義の主な流れ』ソウル：大韓基督教書会、二〇〇一。

朴ヨンホ『多夕 柳永模語録』ソウル：トゥレ、二〇〇二。

朴ヨンギュ『平壌山亭峴教会』ソウル：生命の言葉社、二〇〇六。

朴ヨンギュ『韓国基督教会史 I（一七八四—一九一〇）』ソウル：生命の言葉社、二〇〇四。

朴容雲『高麗時代の開京研究』ソウル：一志社、一九九六。

裴相賢『沙溪金長生の禮學思想考』『沙溪思想研究』一九九一。

裴宗鎬『韓国儒学史』ソウル：延世大學校出版部、一九七四。

裵興稷『鳳卿 李源永牧師』Loyal Servant: The Rev. Won Young Lee"』ソウル：ボイス社、一九九九。

白樂濬『韓国プロテスタント史、一八三二―一九一〇』。ソウル：延世大学出版部、一九九三。

白永瑞他『東アジア近代移行の三叉路』坡州：チャンビ、二〇〇九。

白ジョング『韓国初期のプロテスタント宣教運動と宣教神学』ソウル：韓国教会史研究院、二〇〇二。

邊宗浩『韓国基督教史（概要）』ソウル：心友園、一九五九。

セムンアン教会の歴史編纂委員会『セムンアン教会一〇〇年史（一八八七―一九八七）』

ソウル：セムンアン教会、一九九五。

ソウル特別市『ソウル文化』ソウル：ソウル特別市、一九九一。

ソウル特別市『ソウルのガロマン沿革』ソウル：ソウル特別市、一九八六。

ソウル特別市史編纂委員会編『漢江史』ソウル：ソウル特別市、一九八五。

徐正敏編訳『韓国とアンダーウッド』ソウル：韓国基督教歴史研究所、二〇〇四。

徐正敏『李東輝とキリスト教』ソウル：延世大学出版部、二〇〇七。

徐正敏『韓国と最も深い縁を結んだ西洋人の家門アンダーウッド物語』ソウル：サルリム出版社、二〇〇五。

徐正敏『韓国教会の歴史』ソウル：サルリム出版社、二〇〇六。

徐正敏『日韓キリスト教関係史研究』ソウル：大韓基督教書会、二〇〇二。

徐正敏『民族愛、聖書愛、金敎臣先生』ソウル：マルスムグァ マンナム、二〇〇二。

徐正敏『瞬間の光、散らばった話』ソウル：図書出版イレ、一九九六。

徐正敏『アンダーウッド家の物語』ソウル：サルリム出版社、二〇〇五。

徐正敏『歴史の中の彼：韓日基督教史論』ソウル：ハンドゥル、一九九四。

徐正敏『李東輝とキリスト教』ソウル：延世大学校出版部、二〇〇七。

徐正敏『日韓基督教関係史研究』ソウル：大韓基督教書会、二〇〇二。

徐正敏、神山美奈子訳『米国宣教師と韓国近代教育』ソウル：韓国基督教歴史研究所、二〇〇七。

孫ユンタク『韓国教会とソンビ精神』ソウル：ケノーシス、二〇一二。

孫仁洙『韓国近代教育史』ソウル：延世大学校出版部、一九七五。

宋吉燮『韓国神学思想史』ソウル：大韓基督教出版社、一九八七。

宋賢康『大田・忠南地域の教会史研究』ソウル：韓国基督教歴史研究所、二〇〇四。

崇実大学一〇〇年史編纂委員会『崇実大学一〇〇年史』。ソウル：崇実大学出版部、一九九七。

申光澈『カトリックとプロテスタント：出会いと葛藤の歴史』ソウル：韓国基督教歴史研究所、一九九八。

申福龍『申福龍教授の異邦人が見た朝鮮の読み直し』ソウル：図書出版プルビッ、二〇〇二。

慎鏞廈『韓国開化思想と開化運動の知性史』ソウル：知識産業社、二〇一〇。

申昊哲『ギュツラフ行伝』ソウル：楊花津宣教会、二〇〇九。

沈グンシク『世の終わるまで』ソウル：総会出版局、一九九七。

安ビョンゴル『嶺南学派の研究』ビョンアム社、一九九八
安炳茂『民衆神学の物語』ソウル：韓国神学研究所、一九九一。

安ジョンチョル『米国宣教師と韓米関係：一九三一―一九四八。』ソウル：韓国基督教歴史研究所、二〇一〇。

梁ジョンソク『一三〇〇年の歴史の非主流、湖南の恨（ハン）』ソウル：ジンソリ、二〇一三。

延ギュホン『韓国に来たカナダ人たち』ソウル：韓国基督教長老会出版社、二〇〇九。

延世大学出版部『延世大学一〇〇年史：一八八五―一九八五』ソウル：延世大学出版部、一九八五。

延世大學校 國學研究院『韓國近代移行期 中人研究』ソウル：新書院、一九九九。

呉文煥『トマス牧師傳』平壤：トマス牧師殉教記念會 一九二八。

オバン崔興琮先生記念事業会『和光同塵の人生』（光州：ジョンイル実業、二〇〇〇）。

呉スチャン『朝鮮後期平安道社会発展研究』ソウル：一潮閣、二〇一〇。

柳東植『風流道と韓国の宗教思想』（ソウル：延世大学校出版部、二〇〇四）。

柳東植『風流神学への旅路』（ソウル：展望社、一九八八）。

柳東植『韓国神学の鉱脈』（ソウル：展望社、一九八二）。

柳東植『韓国神学の鉱脈』（ソウル：展望社、一九九三）。

柳東植『韓国監理教会の歴史』ソウル：キリスト教大韓監理教、一九九四。

ユスンジュ、李チョルソン『朝鮮後期の中国との貿易史』ソウル：景仁文化社、二〇〇二。

柳永益『若き日の李承晩：漢城監獄生活（一八九九―一九〇四）と獄中雑記研究』（ソウル：延世大学校出版部、二〇〇二）。

兪長根外『中国歴史学界の清史研究の動向：韓国関連分野を中心に』ソウル：北東アジア財団、二〇〇九。

ユヒョンイク『李商在：キリスト教の鎧を着た儒家ソンビ（儒者）として新大韓建設に献身』ソウル：一潮閣、二〇〇二。

柳洪烈『韓国カトリック史 上』ソウル：カトリック出版社、一九八七。

兪弘濬『私の文化遺産踏査記一』ソウル：創作と批評社、一九九七。

尹ギョンロ『一〇五人事件と新民会』ソウル：一志社、一九九〇。

尹ギョンロ『韓国近代史の基督教史的理解』ソウル：平民社、一九九二。

尹聖範『韓国儒教と韓国的神学 尹聖範全集二』ソウル：図書出版監神、一九九八。

尹チュンビョン『韓国宣教の門を開いたマクレー博士の生涯と事業』ソウル：韓国基督教文化院、一九八四。

李ガンデ『朱子学の人間学的理解』ソウル：イェムン書店、二〇〇〇。

李光麟『オリバー・アール・エビソンの生涯・韓国近代西洋医学と近代教育の開拓者』

ソウル：延世大学校出版部、一九九二。

李德懋『国訳青荘館全書六』。

李徳周『初期韓国基督教史研究』ソウル：韓国基督教歴史研究所、一九九五。

李徳周『忠清道のソンビたちの信仰物語』ソウル：振興、二〇〇六。

李徳周『韓国土着教会形成史研究』ソウル：韓国基督教歴史研究所、二〇〇〇。

李萬烈『韓国基督教受容史研究』ソウル：トゥレ時代、一九九八。

李萬烈『大韓聖書公会史Ⅱ、組織受難と成長』ソウル：大韓聖書公会、一九九三。

李萬烈『韓国初期の宣教資料集』ソウル：韓国キリスト教歴史研究所、一九九八。

李萬烈『韓国基督教受容史研究』ソウル：トゥレ時代、一九九八。

李萬烈『韓国基督教と民族意識 韓国基督教史研究論考』ソウル：知識産業社、二〇〇〇。

李萬烈『韓末基督教と歴史意識』ソウル：知識産業社、一九八一。

李範鶴『宋代朱子学の成立と発展、講座中國史Ⅲ』ソウル：知識産業社、一九八九。

李象奎『釜山地方の基督教伝来史』釜山：グルマダン、二〇〇一。

李象奎、崔スギョン『韓尙東牧師、彼の生涯と信仰』

釜山：グルマダン、二〇〇〇。

李相弼『南冥學派の形成と展開』ソウル：ワウ出版社、二〇〇三。

李スンジュン『ソンビ クリスチャン』ソウル：クムラン出版社、二〇〇八。

李愛熙『朝鮮後期の人性・物性論争の研究』高麗大學校民族文化研究院、二〇〇四。

李良浩『カルヴァン：生涯と思想』ソウル：韓国神学研究所、二〇〇五。

李良浩『ルター：神様と悪魔の間の人間』チョンウォングン：韓国神学研究所、一九九五。

李ウォンミョン『朝鮮時代の文科及第者研究』ソウル：国学資料院、二〇〇四。

李ジャンラク『韓国の地に葬られる　―　フランク・ウィリアム・スコフィールド博士伝記』ソウル：正音社、一九八〇。

李哲成『朝鮮後期の對清貿易史 研究』ソウル：國學資料院、二〇〇〇。

李勛相訳『伝統韓國の政治と政策：朝鮮王朝社会の政治・経済・イデオロギーと大院君の改革』。ソウル：シンウォン文化社、一九九三。

李フンサン、孫スクギョン訳『朝鮮王朝社会の成就と帰属』ソウル：一潮閣、二〇〇七。

仁荷大学韓国学研究所『犯越と離散 満州に渡った朝鮮人たち』

仁川：仁荷大学出版部、二〇一〇。

林錫珍ほか編著『哲学辞典』ジュンウォン文化、二〇〇九。

林ヒグク『ソンビ牧会者 鳳卿李源永研究』ソウル：基督教文社、二〇〇一。

張ギュシク『日帝下韓国キリスト教民族主義研究』ソウル：ヘアン、二〇〇一。

金ギジュ、金ウォンス訳『日清韓外交関係史』ソウル：民族文化社、一九九一。

全澤鳧『トバギ信仰山脈』ソウル：大韓基督教出版社、一九九二。

全澤鳧『韓国教会発展史』ソウル：大韓基督教出版社、一九九三。

全澤鳧『韓国基督教青年会運動史』ソウル：凡友社、一九九四。

鄭マンジョ『韓国民族文化大百科事典』第一二巻、城南：韓国精神文化研究院、一九九一。

鄭ビョンジュン訳『恩恵の証人たち』ソウル：長老教出版社、二〇〇九。

鄭ビョンジュン『豪州長老教会宣教師の神学思想と韓国宣教一八八九―一九四二』ソウル：韓国基督教歴史研究所、二〇〇七。

鄭ソクジョン『朝鮮後期の社会変動研究』ソウル：一潮閣、一九八三。

鄭インジェ訳『中国哲学史』ソウル：蛍雪出版社、二〇〇四。

鄭晋錫『韓國言論史研究』ソウル：一潮閣、一九八三。

趙援來『壬辰倭乱と湖南地方の義兵抗争』ソウル：亜細亜文化社、二〇〇一。

崔ソンイル訳『ジョンロスの中国宣教方法論』ソウル：韓神大学出版部、二〇〇三。

ジュジェヨン『韓国基督教神学史』ソウル：大韓基督教書会、一九九八。

陳ジェギョ、林ギョンソク、李ギュスほか『近代転換期の東アジアの中の韓国』

　ソウル：成均館大学出版部、二〇〇四。

車サンチョルほか『米国外交史』ソウル：飛鳳出版社、一九九九。

車載明『朝鮮イエス教長老会史記（上）』京城：朝鮮基督教彰文社、一九二八。

蔡ピルグン編『韓国基督教開拓者 韓錫晋牧師とその時代』ソウル：大韓基督教書会、一九七一。

千寛宇『近世朝鮮史研究』ソウル：一潮閣、一九七九。

総会殉教者記念事業会『哀切な思いで巡る韓国教会殉教遺跡地』ソウル：デザインハウス、二〇一〇。

崔起榮『韓国近代啓蒙運動研究』ソウル：一潮閣、一九九七。

崔ムンヒョン『韓国をめぐる帝国主義列強の角逐』ソウル：知識産業社、二〇〇一。

崔ソンイル編訳『ジョン・ロスの中国宣教方法論』京畿道：韓神大学出版部、二〇〇三。

崔ジェゴン訳『米国北長老教会韓国宣教師』ソウル：延世大学校出版部、二〇〇九。

崔ジェゴン『朝鮮後期の西学の受容と発展』ソウル：ハンドゥル出版社、二〇〇五。

平壌老会一〇〇周年記念事業委員会『平壌に迫った平和統一、大韓イエス教長老会平壌老会一〇〇年史』

　ソウル：韓国長老教出版社、二〇一三。

河ウォンホ外五名『開港期の在韓外国公館研究』ソウル：北東アジア歴史財団、二〇〇九。

河ジョンシク『近代東アジアの国際関係の変貌』ソウル：ヘアン、二〇〇二。

韓国教会一〇〇周年準備委員会史料分科委員会編『大韓イエス教長老会一〇〇年史』大韓イエス教長老会総会、一九八四。

韓国教会史学研究院編『韓国基督教思想』ソウル：延世大学出版部、一九九八。

韓国基督教史研究会『韓国基督教の歴史』ソウル：基督教文社、一九八九。

韓国基督教歴史研究所 北朝鮮教会史執筆委員会『北朝鮮教会史』ソウル：韓国基督教歴史研究所、一九九六。

韓国基督教歴史研究所『韓国基督教の歴史Ⅱ』ソウル：基督教文社、一九九一。

韓国基督教歴史研究所『朝鮮イエス教長老会史記 上、下』ソウル：韓国基督教歴史研究所、二〇〇〇。

韓国基督教歴史学会『韓国キリスト教の歴史Ⅲ』ソウル：韓国基督教歴史研究所、二〇〇九。

韓国文化神学会『韓国神学、これだ』ソウル：ハンドゥル出版社、二〇〇八。

韓国神学研究所編『一九八〇年代韓国民衆神学の展開』ソウル：韓国神学研究所、一九八〇。

韓国哲学思想研究会『論争で見る韓国哲学』ソウル：イェムン書院、二〇〇一。

韓サンウン『大韓民国最初の復興会日記』ソウル：セビョクジョン、一九九九。

韓スンホン『韓国神学思想の流れ、上・下』ソウル：長神大学出版部、一九九六。

韓ヨンジェ編集『韓国基督教文書運動一〇〇年』ソウル：基督教文社、一九八七。

韓ヨンジェ編集『韓国基督教人物一〇〇年』ソウル：基督教文社、一九八七。

韓ヨンジェ編集『韓国基督教定期刊行物一〇〇年』ソウル：基督教文社、一九八七。

韓沽劤『改訂版 韓國通史』ソウル：ウルユ文化社、一九八七。

韓仁洙訳『湖南宣教初期の歴史（一八九二―一九一九）』ソウル：図書出版敬虔、一九九八。

韓仁洙『湖南教会形成人物』ソウル：図書出版敬虔、二〇〇〇。

韓チョルホ『親米開化派研究』ソウル：国学研究院、一九九八。

韓チョルホ『韓国近代開化派と統治機構の研究』ソウル：ソンイン、二〇〇九。

許ホイク『ギュツラフの生涯と朝鮮宣教活動』ソウル：韓国基督教歴史研究所、二〇〇九。

許ホイク訳『キリスト教の歴史』ソウル：大韓キリスト教出版社、一九八六。

玄グァンホ『大韓帝国の対外政策』ソウル：新書院：二〇〇二。

洪以燮『韓国史の方法』ソウル：探求堂、一九六八。

洪伊杓、洪承杓『大田第一教会史』大田：基督教大韓監理会大田第一教会、二〇〇八。

洪チモ『英米長老教会史』ソウル：改革主義信行協会、二〇〇三
黄義東『畿湖儒学研究』坡州：ソグァン社、二〇〇九。

黄義東『栗谷思想の体系的理解一』ソウル：ソグァン社、一九九八。

三 国外著書

Ahlstrom, Sydney E. A. *Religious History of the American People II*, New Haven: Yale University Press.
Bishop, I. B. *Korea and Her Neighbours*. London: John Murry, 1898.
Brown, G. T. *Mission to Korea*, (USA: Board of World Missions, 1962
Buswell, Robert E. Jr. & Lee,Timothy S. Christianity in Korea, Honululu: University of Hawaïi Press, 2006.
Chung, David. *Syncretism: The Religious Context of Christian Beginnings in Korea* NewYork: Albany State University of New 223 York Press, 2001.

Clark, Allen D. *A History of the Church in Korea*, Seoul: CLSK, 1992.

Clark, Allen D. *Protestant Missionaries in Korea 1893~1983*. Seoul: The Christian Literature Society of Korea, 1987.

Clark, Donald N. *Christianity in Modern Korea*. New York: The Asia Society, 1986.

Clebsch, William A. *American Religious Thought: a history*. Chicago: The University of Chicago Press, 1984.

Conn, Harvie M. *Korean Theology: Where Has I t Bean? Where Is It Going?* Japan: Gotemba, 1970.

Conroy, Hilary. *The Japanese Seizure of Korea 1868-1910*: A Study of Realism and Idealism in International Relations Pennsylvania : University of Pennsylvania Press, 1960.

Elord, J. McRee. *An Index to English Language Periodical Literature Published in Korea: 1890~1940*. Seoul: Yonsei University, 1960.

Ford, Margaret. *End of a Beginning*. Melbourne: Hodder and Stoughton, 1963.

Hudson, Winthrop S. & Corrigan, John. *Religion in America*, New Jersey: Prentice Hall, 1999.

Hunt, Jr., Everett Nichols. *Protestant Pioneers in Korea*. New York: Orbis Books, 1980.

Huntley, Martha. Caring, Growing, *Changing: A History of the Protestant Mission in Korea*. New York: Friendship Press, 1984.

Huntley, Martha. *To Start a Work: The Foundations of Protestant Mission in Korea(1884~1919)* Seoul: Presbyterian Church of Korea, 1987.

Jones, George Heber. *The Rise of The Church in Korea* New York: Board of Foreign Missions.

Kendall, Carlton W. *The Truth about Korea*. The Korean National Association, San Francisco, 1919.

Kerr, Edith A. Anderson, George *THE AUSTRALIAN PRESBYTERIAN MISSION IN KOREA 1889-*

1941, 1970.

McCully, E. A, Fraser, E. J. O. *Our Share in Korea.* Toronto: Published for the Board of Foreign Missions of the United Church of Canada by the Committee of Literature, General Publicity and Missionary Education, 1931.

Min, Kyoung Bae. *The Inter-action of the churches and nationalist movements in Korea. Japan*: Doshisha University School of Theology, 1983.

Moffett, Samuel Hugh. T*he Christians of Korea.* New York: Friendship Press, 1962.

Niebuhr, H. Richard. *The Kingdom of God in America.* Connecticut: The Shoe String Press, 1956.

Noll, Mark A. *A History of Christianity in the United States and Canada.* Michigan: Willam B. Eerdmans Publishing Company, 1992.

Noll, Mark A. *America's God: From J onathan Edwards to Abraham Lincoln.* New York: Oxford University Press, 2002.

Palmer, Spencer J. *Korea abd Christianity The Problem of Identification with Tradition* Seoul: Royal Asiatic Society Korea Branch, 1967.

Rodger van Allen ed., *American Religious Values and the Future of America.* Philadelphia: Fortress Press, 1978.

Rutt, Richard. *James Scarth Gale and his History of the Korean People.* Seoul: Royal Asiatic Society, Korea Branch, 1972.

Sanneh, Lamin. *Translating the Message-The Missionary Impact on Culture* New York: Orbis Books, 1989.

Scott, W. *CANADIANS IN KOREA*, 1975.

Scott, William. *Canadians in Korea - Brief Historical Sketch of Canadian Mission Work in Korea.* Nashville: Board of World Mission, 1975.

Shearer, Roy E. *Wildfire:Church Growth in Korea,* (Michigan: William B. Eerdmans Publishing Company, 1966).

Tate, L. B. "Opening of the Mission", *The Korea mission Field,* Vol. 17, No. 11 November, 1921.

Vinton, C. C. "Presbyterian Mission Work in Korea", *The Missionary Review of the Worlds,* Vol.6. No. 9.

Youngs, J. William T. *The Congregationalist.* Westport, Connecticut, London: Praeger, 1998.

四. 論文

姜グンファン『欧米教会の Asia の宣教政策に対する宣教師的考察』『神学と宣教』第五集（一九七九、一二）。

姜グンファン『韓国プロテスタント宣教政策に与えた Nevius Plan の影響』「神学と宣教」第二集（一九七四）。

姜インチョル『韓国教会形成とプロテスタント宣教師、一八八四—一九六〇』「韓国学報」第七五世帯（一九九四・六）。

金ギョンビン『一九世紀の米国基督教海外宣教における宣教師の募集とその背景』「ソウル基督大学校教授の論文集」第七集（二〇〇〇・六）。

金ギョンビン『貧困と豊かさ、韓国に来た二人の宣教師グループの対照的な暮らしに関する考察』「歴史神学論叢」第四集（二〇〇二・一二）。

金ギョンビン『日清と日露戦争時、在韓外国人宣教師の反応』「現代と神学」第二四世帯（一九九九・六）。

金ナムシク『ネヴィウス宣教方法研究』「神学指南」第五二巻第三集（一九八五）。

金ソンウン『ロゼッタホールの朝鮮の女医養成』「韓国基督教と歴史」第二七号（二〇〇七・九）。

金ソンウン『宣教師ゲイルの翻訳文体について』「韓国基督教と歴史」第三一号（二〇〇九・九）。

金承台『一九三〇、四〇年代日本の宣教師に対する政策と宣教師撤退、送還に関する考察』「韓国基督教歴史研究所ニュース」第七五号（二〇〇六・七）。

金承台『一九三〇年代日本の基督教系学校に対する神社参拝の強要と廃校顛末』「韓国近現代史研究」第一四集（二〇〇〇・九）。

金承台『南岡李昇薫の信仰行動に関するいくつかの問題』「韓国基督教と歴史」第一七号（二〇〇二・八）。

金承台『日帝末期の聖潔教会の受難と教団解散』「韓国基督教と歴史」第二五号（二〇〇六・九）。

金承台『日帝末期の韓国基督教界の変質、再編と附日（プイル）協力』「韓国基督教と歴史」第二四号（二〇〇六・三）。

金承台『日帝末期の韓国教会』「韓国基督教と歴史」第二号（一九九二・一一）。

金承台『鄭仁果牧師』「韓国基督教と歴史」第三号（一九九四・一二）。

金承台『韓国プロテスタントと近代史学』「歴史批評」第七〇号（二〇〇五・二）。

金承台『旧韓末日帝侵略期の日帝と宣教師の関係に関する研究（一八九四―一九一〇）』「韓国基督教と歴史」第六号（一九九七・二）。

金承台『旧韓末カナダ長老教会宣教師たちの宣教活動と日本との葛藤』「韓国基督教と歴史」第一二号（二〇〇〇・三）。

金ユンソン『咸鏡道地域教会史』「韓国基督教と歴史」第三号（一九九四・一二）。

金仁洙『ウィリアム・メケンジ宣教師の蘇來宣教』「長神論壇」第二一集（二〇〇四）。

金仁洙『Charles F・Bernheisel 牧師の韓国宣教と神学思想』「長神論壇」第二三集（二〇〇五・六）。

金ジョンヒョン『韓国の初の宣教師 John Ross』「基督教思想」第二八八号（一九八二・六）。

金チョルス『朝鮮神宮設立をめぐる論争の検討』「順天郷人文科学論叢」二七（二〇一〇）。

金興洙『一九世紀末―二〇世紀初め、西洋宣教師たちの韓国宗教理解』「韓国基督教と歴史」第一九号（二〇〇三・八）。

金興洙『江景地域の基督教：初期の歴史と教派別の特性』「韓国基督教と歴史」第三一号（二〇〇九・九）。

金興洙『ホレイス・グラント・アンダーウッドの韓国宗教研究』「韓国基督教と歴史」第二五号（二〇〇六・九）。

羅ジョンウ『嶺湖南義兵活動の比較検討』「慶南文化研究」一四号（一九九二）慶尚大学校、慶南文化研究所。

南グンウォン『宣教師ゲイルの漢文教科書執筆の背景と教科書の特徴』「東洋漢文学研究」第二五世帯（二〇〇七・八）。

柳大永『国内発刊英文雑誌を通して見た西欧人の韓国宗教理解、一八九〇―一九四〇』「韓国基督教と歴史」第二六号（二〇〇七・三）。

柳大永『キリスト教宣教師に対する高宗の態度と政策』「韓国基督教と歴史」第一三号。

柳大永『延禧専門学校、セブランス医専関連の宣教師たちの韓国研究』「韓国基督教と歴史」第一七号（二〇〇二・八）。

柳大永『ウィリアム・レイノルズの南長老教会の背景と聖書翻訳事業』「韓国基督教と歴史」第三三号（二〇一〇・九）。

柳大永『ウィリアム・ベアードの教育事業』「韓国基督教と歴史」第三二号（二〇一〇・三）。

柳大永『初期韓国教会における evangelical の意味と現代的解釈の問題』「韓国基督教と歴史」第一五号

（二〇〇一・八）。

閔庚培『ゲイル、韓国を愛して韓国文化を大切にした宣教師』「韓国史市民講座」第三四集（二〇〇四・二）。

閔庚培『一九〇七年代復興運動に対する歴史的考察』「二〇〇七フォーラム学術資料集」（二〇〇六・一・二三）。

閔庚培『三・一運動と外国宣教師らの関与の問題』「東方学志」（一九八八・九）。

閔庚培『斉藤朝鮮総督と宣教師の関係』「白石神学ジャーナル」第一六冊（二〇〇九・三）。

閔庚培『宣教師か民族教会史か』「基督教思想」第一三〇号（一九六九・三）。

閔庚培『初期のソウル、地方教会に対する分析的考察』「神学思想」第二七集（一九七九）。

閔庚培『韓国教会の信仰地理学序説』「基督教思想」一九九八、四。

朴ボギョン『韓国長老教会の初期女性宣教師の働きと宣教学的意義、一九〇八―一九四二』「宣教と神学」第一九集（二〇〇七・三）。

朴ヨンシン『初期基督教宣教師の宣教運動戦略』「東方学志」第四六、四七、四八の合本集（一九八五）。

朴ヨンギュ『アレクサンダー・ピータース』「神学指南」第二九四号（二〇〇八・三）。

朴チャンシク『米国北長老教会の嶺南地方の宣教と教会形成（一八九三～一九四五）』「韓国基督教歴史研究所ニュース」第七一号（二〇〇五・六）。

朴ヘジン『ソウル地域の米国北長老教会宣教部の教育事業撤退と学校引継ぎの研究』「韓国基督教と歴史」第三二号（二〇一〇・三）。

ペクジョンク『初期基督教宣教部の宣教神学』「基督教思想」第四五一号（一九九六・七）。

邊鮮煥『韓国基督教の土着化：過去・現在・未来』「敎會史研究」Vol.-No.7、一九九〇。

邊チャンウク『初期来韓長老教会、監理教会宣教師間の超教派協力』の二重的な性格：「連合と協力」対「競争と葛藤」（宣教と神学）第一四集（二〇〇四・一二）。

サジェミョン『疢庵鄭仁紅の義兵活動と共同体的国家教育観』「南冥学派義兵活動調査・研究（一）」南冥学研究院二〇〇八。

徐南同『民衆神学』「基督教思想」Vol9. No.4. 一九七五。

徐正敏『韓国基督教の現象に対する歴史的検討』「韓国基督教と歴史」第三一号（二〇〇九・九）。

徐正敏『近代アジアでの宣教師問題』「韓国基督教と歴史」第五号（一九九六・九）

徐正敏『ぎこちない宣教師たち』「基督教思想」第四四二号（一九九五・一〇）。

徐正敏『日帝末韓国キリスト教受難の宗教問葛藤側面』「韓国基督教と歴史」第一五号（二〇〇一・八）。

徐正敏『日帝下日本キリスト教の韓国教会認識の神学的根拠』「韓国基督教と歴史」第一一号（一九九九・七）。

徐正敏『初期韓国教会大復興運動の理解』「韓国基督教と民族運動」ソウル：鍾路書籍、一九九二。

徐正敏『平安道地域の基督教史の概観』「韓国基督教と歴史」第三号（一九九四・一二）。

徐正敏『韓国基督教史研究の傾向と課題』「教会史研究」第二三集（二〇〇四・一二）。

徐正敏『韓国教会の初期大復興運動に対する社会的反応』「韓国基督教と歴史」第二六号（二〇〇七・三）。

徐正敏『韓国教会土着化と土着化神学に対する歴史的理解』「韓国基督教と歴史」（二〇〇三・二）。

孫ジョンモク『朝鮮総督府の神社普及・神社参拝強要政策研究』「韓国史研究」五八（一九八七）。

宋ギルソプ『宣教師たちが見た三・一運動』「基督教思想」第二四九号（一九七九・三）

宋賢康『南長老教会の木浦支部（Station）の設置と運営』「教会と歴史：清菴朴ジョンギュ牧師古稀記念論文集」二〇〇九。

宋賢康『地域教会史叙述方法』「韓国基督教と歴史」第二一号（二〇〇四・九）。

宋賢康『忠南地方長老教伝来と受容』「韓国基督教と歴史」第一七号（二〇〇二・八）。

宋賢康『忠清、全羅地域基督教文化遺産の現況と由来』「韓国基督教と歴史」第二九号（二〇〇八・九）。

宋ヒョンスク『韓国基督教の展開過程（一八九三―一九四〇年）に関する地理的考察 ―湖南地方を例に』「文化歴史地理」第一六巻第一号（二〇〇四・四）。

宋ヒョンスク『解放前湖南地方の長老教会拡散過程』「韓国基督教と歴史」第二三号（二〇〇五・九）。

宋ヒョンスク『湖南地方、基督教宣教基地形成と拡張に関する研究』「韓国基督教と歴史」第一九号（二〇〇三・九）。

辛承云『文集の編纂と刊行の拡散』「朝鮮時代の印刷、出版・政策と歴史発展」清州：清州古刷博物館、二〇〇七。

安炳茂『民族・民衆・教會』「基督教思想」Vol.9 No.4. 一九七五。

安ジョンチョル『米軍政に参加する米国宣教師、関連人物の大韓民国政府樹立』「韓国基督教と歴史」第三〇号（二〇〇九・三）。

安ジョンチョル『尹山溫の教育宣教活動と神社参拝問題』「韓国基督教と歴史」第二三号（二〇〇五・九）。

安ジョンチョル『日帝の神社参拝強要と米国国務省の対応、一九三一―一九三七』「韓国史研究」第一四五集（二〇〇九・六）。

梁スンオ『大邱地域での宣教の父ジェームズ・アダムスの生涯と宣教』「神学と牧会」第三〇集（二〇〇八・一一）。

尹絲淳『朝鮮朝理気論の発達』「石堂論叢」第一六輯。

尹聖範『韓国における韓国神学：組織神学での可能な道』「現代と神学」ソウル：延世大学連合神学大学院、一九六七。

李グヮンリン『平壌と基督教』「韓国基督教と歴史」第一〇号（一九九九・四）。

李德周『エンゲル（G・Engel）の宣教活動と神学思想』「韓国基督教と歴史」第三二号（二〇一〇・三）。

李徳周『初期の来韓宣教師たちの信仰と神学』「韓国基督教と歴史」第六号（一九九七・二）

李東熙『朝鮮朝 朱子学史における主理・主気用語使用の問題点について』「東洋哲学研究」一二冊一号一九九一。

李萬烈『韓国長老教会の分裂に対する省察と一致連合のための展望』「基督教思想」第六四五号（二〇一二・九）。

李萬烈『宣教師アンダーウッドの初期活動に関する研究』「韓国基督教と歴史」第一四号（二〇〇一・二）。

李萬烈『韓国初代教会の宣教師アペンゼラー』「基督教思想」第三二二号（一九八五・四）。

李萬烈『韓国基督教と民族運動』「韓国基督教と歴史」第一八号（二〇〇三・二）。

李象奎『基督教の釜山伝来と宣教運動』高神大学論文集一三集、一九八五。

李象奎『釜山地方基督教伝来史（一八八〇―一九〇〇）』「韓国基督教と歴史」韓国基督教歴史研究所、Vol.7。

李象奎『豪州（ビクトリア）長老教会の釜山、慶南地方の宣教活動』「基督教思想研究」第五号（一九九八年一月）高神大基督教思想研究所。

李象奎『釜山地方基督教伝来史』「韓国基督教と歴史」第三号（一九九四、一二）。

李象奎『最初の居住宣教師ホレイス・アレン』「高神」第二二九号（二〇〇六・八）。

李サンフン『旧韓末の米国プロテスタント宣教師に対する認識』「精神文化研究」第二七巻第二号（二〇〇四・七）。

李ソンジョン『宣教師と植民地統治下朝鮮の教育』「韓国基督教と歴史」第三号（一九九四・一二）。

李承晩『獄中の伝道』「神学月報」一九〇三年五月号。

李ジョンスク『M・C・ホワイト宣教師の元山訪問再考』「韓国教会史学会誌」第二一集（二〇〇七）。

李ジング『平安道地域の教会史』「韓国基督教歴史研究所ニュース」第一一号（一九九四・七）。

李ジンホ『京畿・忠清地方の基督教』「韓国基督教と歴史」第三号（一九九四・一二）。

林ヒグク『一八九〇年代、朝鮮の社会、政治的状況に対する来韓宣教師たちの理解』「宣教と神学」第二三集（二〇〇九）。

林ヒグク『エキュメニズムに立脚した慶尚道地域教会史研究』「神学と牧会」第一二集（一九九八・五）。

林ヒグク『地域教会史研究 - 慶尚北道安東地域を中心に』「韓国基督教歴史研究所ニュース」第八一号（二〇〇八・一）。

林ヒグク『初期韓国宣教師の韓国文化理解』「宣教と神学」第一三集（二〇〇四）。

鄭ギョンヒ『一六世紀後半―一七世紀初頭、退溪学派の礼学』「韓国学報」Vol.26。

鄭ビョンジュン『豪州キリスト教の学生運動の発展と韓国宣教』「韓国基督教と歴史」第二四号（二〇〇六・三）。

鄭ビョンジュン『豪州ビクトリア長老教会の形成と韓国宣教動機』「韓国基督教と歴史」第二二号（二〇〇五・三）。

鄭ソンファン『アンダーウッドとマフェット宣教師の報告書を通じて見た嶺南地域宣教』「神学と牧会」第二二集（二〇〇四・一二）。

趙善出『宣教師に対する姿勢』「基督教思想」第六四号（一九六三・四）。

朱ミョンジュン『米国南長老教会宣教部の全羅道宣教』「全州大学校論文集」第二二集（一九九三・一）。

朱ミョンジュン『ユジンベル宣教師の木浦宣教』「全北史学」第二一、二二集（一九九九・一二）。

朱ミョンジュン『初期米国南長老教会の宣教師たちの全羅道地域での宣教活動について』「韓国基督教歴史研究所ニュース」第一一号（一九九三・三）。

池明観『三・一運動と宣教師』「基督教思想」第一六六号（一九七二・三）。

車ジョンスン『湖南教会史で福音的な社会運動に対する一つの研究』「韓国基督教と歴史」第一一号

（一九九七・七）。

崔ジェゴン『一九二〇年代のプロテスタント宣教師の教育政策転換』「歴史神学論叢」第一五集（二〇〇八・六）。

崔ジェゴン『Underwood 大学設立の差別性：延喜の創立を中心に』「歴史神学論叢」第一二集（二〇〇六・一二）。

韓ギュム『開港期に宣教師たちのソウル認識』「郷土ソウル」第六八号（二〇〇六・一〇）。

韓スンホン『初期宣教師たちの神学や思想』「韓国基督教と歴史」第一号（一九九一・一）。

咸錫憲『金教臣と私』「ナラサラン」Vol.17. 一九七四。

洪チモ『初期米国宣教師らの信仰と神学』「基督教思想」第二八四号（一九八二・二）。

五．学位論文
金デギル『朝鮮後期の定期市に関する研究』中央大学大学院の博士学位論文、一九九三。

金ベクヨン『日帝下のソウルにおける植民権力の支配戦略と都市空間の政治学』ソウル大学博士学位論文、二〇〇五。

金ヨングン『日帝下の日常生活の変化とその性格に関する研究』延世大学博士学位請求論文、一九九九。

金致雨『朝鮮朝前期地方刊本の研究　―冊板目錄所載の傳存本を中心に―』成均館大學校大學院 博士學位請求論文、一九九九。

金ハンギュ『アペンゼラーのエキュメニズム研究』延世大学連合神学大学院の修士学位論文、二〇〇五。

金ヒョソン『H. H. アンダーウッドの教育宣教活動研究』延世大学院の修士学位論文、二〇一〇。

馬ホヨン『アペンゼラーの教会と国家関係の類型に研究』延世大学連合神学大学院の修士学位論文、二〇〇六。

朴ヒェス『李承晩の基督教活動と基督教国家論の具現研究』延世大学院の博士学位論文、二〇一二。

裵ユンスク『チェピン（Chaffin）夫人の生涯と女性神学研究』監理教神学大学神学大学院の修士学位論文、二〇〇六。

孫ユンタク『ソンビ精神が初期韓国基督敎に及ぼした影響』嶺南大学大学院の博士学位論文、二〇一二。

梁ボギョン『朝鮮時代の邑誌の性格と地理的認識に関する研究』ソウル大学博士学位論文、一九八七。

李ソンホ『Oliver R. Avison の宣教活動とエキュメニズム』延世大学院の博士学位論文、二〇一〇。

林ヨンヒ『Louise H. McCully の宣教活動に関する研究』監理教神学大学院の修士学位論文、二〇〇八。

チョソンユン『朝鮮後期のソウル住民の身分構造やその変化―近代市民形成の史的起源』延世大学博士学位論文、一九九二。

チョヨンホ『米国南長老教会宣教師ウィリアム・D・レイノルズの生涯と神学研究』延世大学院の博士学位論文、二〇〇七。

崔ヨングン『初期米国宣教師、アンダーウッドとマペットの比較研究』延世大学連合神学大学院の修士学位論文、二〇〇一。

洪承杓『アンダーウッドのエキュメニズム研究』延世大学連合神学大学院の修士学位論文、二〇〇五。

洪伊杓『アンダーウッドの教会と国家認識研究』延世大学連合神学大学院の修士学位論文、二〇〇五。

黄ミスク『初期宣教師たちの伝道活動と場市―場市の宣教拠点化を中心に』延世大学連合神学大学院の修士学位論文、二〇〇八。

訳　注

まえがき

一　ネヴィウス宣教方式：土着教会の Self-Propagation（自伝）、Self-Support（自力運営）、Self-Government（自主治理）の三原則を重視し展開する宣教活動。

二　助師（チョサ）：韓国初期教会において宣教師を補助しながら教会行政・礼拝・家庭訪問・伝道に従事するプロテスタントの教職者。実質的な初期韓国教会の建設者であり宣教の主役である。

三　退溪李滉（トゥェギェ　イファン、一五〇一年―一五七一年）：彼の学問は徹底した内省を出発点としており、この立場から朱熹の学説を整理した。

四　栗谷李珥（ユルゴック　イイ、一五三六年―一五八四年）：儒学のみならず多種多様な学問を研鑽し従来の朱子学をさらに発展させた。

五　南冥曺植（ナンミョン　チョシク、一五〇一年―一五七二年）：朝鮮前期の性理学者であり、嶺南学派の巨頭である。

一章（序論）

六　嶺南地域（ヨンナム）：現在の慶尚道に該当する地域。

七　湖南地域（ホナム）：現在の全羅道に該当する地域。

八　一〇五人事件：寺内正毅朝鮮総督暗殺計画に関わったとして、一九一一年に朝鮮の独立運動家約七〇〇人が検挙され、翌年一〇五人が一審有罪となった事件。
九　幣帛（ぺべック）：披露宴の時に行う婚礼儀式。
一〇　喪礼（サンレ）：葬儀を行う際に伴うすべての儀礼である。
一一　祭礼：祖先崇拝の儀礼を指す言葉。
一二　四七論争（サチルノンジェン）：四端七情論をめぐって発生した李滉と奇大升の性理学論争をいう。四端は孟子の、惻隠之心、羞悪之心、辭譲之心、是非之心であり、七情は、喜怒哀懼愛悪欲を言う。
一三　嘉礼：五礼の一つで、民と喜びを分かち合う儀礼のことである。
一四　礼訟論争：礼節に関する論争である。服喪問題とも言う。
一五　辛亥迫害：朝鮮初のカトリックに対する迫害事件。
一六　祀孫（サソン）：祖先の祭祀を行う子孫。
一七　四色党派（サセクダンパ）：朝鮮の宣祖の時代から後期までの思想と理念の違いにより分化し、国の政治的状況を左右した四つの党派。老論、少論、南人、北人。
一八　朋党（ブンダン）：朝鮮時代中期以降、特定の学問的政治的立場を共有する両班たちが集まって構成された政治集団である。
一九　両班（ヤンバン）：両班は、高麗、李氏朝鮮王朝時代の官僚機構・支配機構を担った支配階級の身分のこと。
二〇　乙未事変：一八九五年一〇月八日に起こった閔妃（王妃）暗殺事件。
二一　義兵：儒教の義の観念に基づき、国家的危機に際して、在野士人や民衆が自発的に立ち上がって内外の敵に抵抗する兵士。

二二　柳東植の「ハン」：一般的な語義のハン（恨み）ではない。本来は、有仏禅の三つの宗教を包括することにその起源を求めている。
二三　柳東植（リュウドンシク）の風流神学：柳東植は、「神学はその国の文化を反映しなければならず、特に民族精神と韓国人の精神を土台に神学化しなければならない」という。彼によると、西欧的な神学はそのまま移植されるのではなく、韓国の土壌の中で新たに土着化されるべきだと主張する。
二四　高神派：この教団は大韓イエス教長老会（高神）である。別名「高神派」と呼ばれる。日本による植民地時代に神社参拝拒否運動を行い投獄された教会指導者たちを中心に一九五二年に組織された。神学校としては「高神大学校」がある。
二五　基長（キジャン）：「韓国基督教長老会」であり、略称として「基長」と表記する。一九五三年、大韓イエス教長老会から分裂した
二六　紙榜（ジバン）：祭祀の時、紙に故人の名前を書いた一回用の位牌。祭祀が終わると燃やす。
二七　学生、處士：儒学生として、生前官職に就けずに亡くなった者に対する尊称
二八　書院（ソウォン）：朝鮮中期から後期にかけて韓国で最も一般的な教育機関。
二九　家礼集覧：金ジャンセンが、朱熹の『家礼』を中心に増補・解説して編纂した礼書。
三〇　四礼便覧：李縡（イジェ）が冠婚葬祭の事例に関して編述した儀礼書。

二章　韓国の思想的流れから見た儒学

三一　大韓イエス教長老会：韓国のキリスト教長老派教会。ここから多くの長老派の教会が形成された。「長

老教」という名称も用いられる。

三二　新進士大夫（シンジンサデブ）：高麗末期と朝鮮初期の政治的・社会的・文化的変革を導いた勢力を指す。思想的に彼らは性理学を勉強した学者である。

三三　三綱五倫：孔子の教え。三つの最も重要な人間関係と五つの最も重要な美徳である。

三四　程朱系：南宋の朱熹（一一三〇年―一二〇〇年）によって構築された儒教の新しい学問体系。程朱学派と呼ばれる。

三五　本然の性：中国宋代の儒学者が人間性について提起した学説の一つ。すべての人が平等に持っているとされる、天から与えられた自然の性。

三六　經學：儒教経書の意味を解釈し、研究する学問。

三七　士大夫（サデブ）：中国の北宋以降で、科挙官僚・地主・文人の三者を兼ね備えた者。

三八　経書：儒教の最も基本的な教義を記した書物。四書、五経、十三経などの類。孔子の六経以前は書籍一般を経と称した。

三章　来韓長老教会宣教部と地域特性との出会い

三九　東学（ドンハク）：朝鮮半島において一八六〇年に慶州出身の崔済愚が起こした新宗教。

四〇　東学教祖伸冤運動：東学の幹部による、創始者崔済愚の罪名の取り消しと教団の合法化を求める運動。

四一　巡回伝道：宣教地域の下見を行ってから宣教地域を設定し、個人伝道を通じて信者の集いを作っていくのが目的である。

四二　サランバン：人々がお互いに交流する韓国家屋の伝統的なタイプであるサランバンを利用した伝道方法。

四三　査経会（サギョンフェ）：韓国人教役者を養成する方法の一つが査経会である。聖書を集中的に講義することにより　信仰を強化し生活態度の変化を強調。

四四　願入教人：イエスを信じることを決心し、教会に登録し、礼拝に参加する人。

四章　地域特性をもとにする信仰類型

四五　監理教会：韓国にあるメソジスト教会。

四六　高麗神学大学（高神大）：大韓イエス教長老会が運営する大学。一九四六年九月、朱南善（チュナムソン）牧師と韓尙東（ハンサンドン）牧師が高麗神学校として設立した。

四七　良人（ヤンイン）：朝鮮時代における、奴隷を除いたすべての階層。

四八　丁卯胡乱（ジョンミョホラン）：後金のホンタイジによる李氏朝鮮への侵攻（一六二七年）。

四九　丙子胡乱（ビョンジャホラン）：清による李氏朝鮮への侵略（一六三六年―一六三七年）。

五〇　勧士（コンサ）：監理教では、教会で伝道と奉仕に従事し、信徒を勧める教職者である。長老教会では、勧師（コンサ）と書く。

五一　老会（ノフェ）：日本においては中会、地方会に当たる。

五二　元老牧師（ウォンロ牧師）：ある教会で二〇年以上牧会し引退する牧師。

五章　地域特性をもとにする一九五〇年代の長老教会分裂

五三　郷校（ヒャンギョ）：朝鮮王朝時代、地方の文廟に付属した教育機関である。

五四　独老会：外国人宣教部から独立した韓国人だけの老会。一九〇七年、「平壌長老会神学校」第一回卒業生七人が輩出され、自主組織の必要性が台頭し、一九一二年総会が創設されるまでの時代を「独老会時代」という。

五五　南部総会：当時の分断状況から慶南老会（中会、地方会）など韓国の老会だけが参加したため、これを普通「南部総会」と呼んでいる。

五六　期成会：志を共にする人たちが組織した団体。

五七　慶南法統老会：金吉昌と親日派勢力が主導する慶南老会の不法を総会に上訴したが、改善されなかったので、新たに慶南老会（法統）が結成された。

五八　倡義（チャンウィ）：義兵を起こすこと

五九　在地士族家門：在地士族は郷村の支配勢力として首都で任官していたが、国家の変乱期または政治的変革期などある時期に本郷へ都落ちした家門。

六〇　慶南再建老会：日帝下の神社参拝拒否抗争をした人物の一部が既成教会の組織を拒否して新たに組織した教会。慶尚南道は、韓国での神社参拝拒否運動の中心地だった。

六一　西北（ソブク）教会：韓国戦争中、北朝鮮地域から三八度線を越えて来た人々が中心になった教会。

六二　侍天主：上下貴賤にもかかわらず、我が内に天主を祀った至尊な人格体、天主とはハヌニム、「天の神」、朝鮮における古代からのシャーマニズムに由来する概念。

六三　乙卯天書（ウルミョチョンソ）：朝鮮後期の東学の創始者・崔済祐が東学を創道する前に経験した神秘体験について述べた天道教書。

六四　執綱所：東学農民軍が全羅道一帯に組織した農民自治組織。

六五　畿湖学派：朝鮮時代、李珥（イイ）の学説に従う性理学者を指す。主気論者はほとんど畿湖地方（京畿・忠清地域）に居住したため、「畿湖学派」と呼ぶようになった。

六六　合同（ハブドン）、統合（トンハブ）：一九〇七年に朝鮮長老教公議会が組織した独老会を継承し、一九一二年に設立された朝鮮イエス教長老会総会を母胎とするが、一九五九年分裂して、大韓イエス教長老会合同（ハブドン）、大韓イエス教長老会統合（トンハブ）となった。

六七　屛虎是非（ビョンホシビ）：一六二〇年（光海君一二）、ヨガン書院を建立する際に発生した柳成龍と金誠一の配亨の際の位次問題を契機に安東（アンドン、嶺南地域）をはじめとする嶺南儒林が屛派と虎派に分かれて展開された論争である。

六八　配享：高麗時代と朝鮮時代、国に大きな功績を残した功臣を王室の祠堂である宗廟に祀ったもの。

六九　賣書人（メソイン）：宣教初期における聖書販売人。

著者紹介

金　燦亨（キム　チャンヒョン）

長老会神学大学（Th.B.）、同神学大学院修了（M.Div.）、延世大学連合神学大学院修了（教会史専攻、Th.M.）、同大学院修了（韓国教会史専攻、Ph.D.）。新村教会の副牧師を経て、現在、栄光教会の担任牧師および湖西大学講師。著書として、『ソウル西老会四〇年史』（共著）、『龍山連合諸職会四〇年史』、『ソウル西老会の男子宣教会連合会四〇年史』、『二村洞教会六五年史』、『ソウル西老会の長老会四〇年史』、『長老会全国連合会四〇年史』、『男子宣教会の全国連合会九〇年史』、『三角教会七〇年史』など。

監訳者紹介

徐　正敏（ソ　ジョンミン）

延世大学、同大学院修了。同志社大学大学院で博士学位取得。延世大学、同大学院教授を歴任。現在、明治学院大学教授。著書として、『日韓キリスト教関係史研究』（日本基督教団出版局）、『日韓関係論草稿』（朝日新聞出版）、『韓国キリスト教史概論』、『日韓キリスト教関係史論選』、『韓国カトリック史概論』、『東京からの通信』（以上、かんよう出版）など多数。

訳者紹介

朴　成均（パク　ソンギュン）

韓国外国語大学経済学部卒業。London Reformed Baptist Seminary（LRBS）、神戸改革派神学校本科卒業後、関西聖書神学院修了。第六八、六九回関西地方会会長。在日大韓基督教会　和歌山第一教会牧師。

儒学から見出した韓国キリスト教会の成長

二〇二二年九月十日　発行

著　者　金　燦亨
訳　者　朴　成均
監訳者　徐　正敏

発行者　松山　献
発行所　合同会社　かんよう出版
〒五三〇-〇〇一二
大阪市北区芝田二丁目八番十一号
共栄ビル三階
電　話　〇六-六五六七-九五三九
ＦＡＸ　〇六-七六三二-三〇三九
http://kanyoushuppan.com
info@kanyoushuppan.com

装　幀　堀木一男
印刷・製本　有限会社　オフィス泰

ISBN978-4-910004-06-8　C0016
Printed in Japan